应用型本科财务管理、会计学专业精品系列教材

财务报表分析(第2版)

主　编　杨孝安
副主编　张健维　谢　丽　王　瑾

北京理工大学出版社
BEIJING INSTITUTE OF TECHNOLOGY PRESS

内 容 简 介

本课程以企业利益相关者为分析主体,以企业基本活动为分析对象,以财务和财务相关信息为依据,以决策有用为目标,以会计分析、财务分析和预测分析为核心,以企业价值分析为综合,主要讲授:

(1) 财务分析的主体、对象、目的和资料来源,以及财务报表分析的方法和原则,财务报表分析的前提、假设和特殊问题。

(2) 财务风险的分析方法,包括偿债能力分析、营运能力分析、盈利能力分析、发展能力分析。

(3) 企业经营活动的内涵以及其与报表分析和企业诊断之间的关系,企业资产的构成及运用效率分析、收入的构成及变动分析、成本费用的构成及变动分析。

(4) 介绍以销售为主的获利能力分析、以资产为基础的获利能力分析、股东投资报酬分析和收益质量分析等企业财务报表综合分析方法。

版权专有　侵权必究

图书在版编目(CIP)数据

财务报表分析/杨孝安主编. —2 版. —北京:北京理工大学出版社,2020.8
(2023.6 重印)

ISBN 978 – 7 – 5682 – 8789 – 0

Ⅰ. ①财… Ⅱ. ①杨… Ⅲ. ①会计报表 – 会计分析 Ⅳ. ①F231.5

中国版本图书馆 CIP 数据核字(2020)第 136295 号

出版发行 / 北京理工大学出版社有限责任公司

社　　址 / 北京市海淀区中关村南大街 5 号

邮　　编 / 100081

电　　话 / (010)68914775(总编室)

　　　　　(010)82562903(教材售后服务热线)

　　　　　(010)68948351(其他图书服务热线)

网　　址 / http://www.bitpress.com.cn

经　　销 / 全国各地新华书店

印　　刷 / 涿州市新华印刷有限公司

开　　本 / 787 毫米×1092 毫米　1/16

印　　张 / 13

字　　数 / 310 千字

版　　次 / 2020 年 8 月第 2 版　2023 年 6 月第 4 次印刷

定　　价 / 42.00 元

责任编辑 / 申玉琴
文案编辑 / 申玉琴
责任校对 / 周瑞红
责任印制 / 李志强

图书出现印装质量问题,请拨打售后服务热线,本社负责调换

前 言

财务报表分析是基于财务报表数据的分析活动。在当前的大数据时代，结合现代化的会计信息技术，财务报表分析日益成为财务工作者的重要技能。财务报表分析既是高等院校经管类专业重要的基础课程，也是财会类专业的重要技能课程，也是金融、投资等专业的专业基础课程。

本书以2006企业会计准则体系（基本准则、具体准则）为依据，结合2014年财政部新增和修订的8项准则，以报表项目质量分析为基础，以企业财务能力为主线，系统地阐述了四大板块的内容，即财务分析的主体、目的、对象和资料来源，财务风险的分析方法，企业经营活动的内涵及其与报表分析和企业诊断之间的关系，以及财务报表综合财务能力分析。

本书系统介绍了财务报表分析的内容、方法与技能，共分为12章，主要内容有财务报表分析概论、财务报表分析基础、资产负债表分析、利润表分析、现金流量表分析、所有者权益变动表分析、偿债能力分析、营运能力分析、盈利能力分析、发展能力分析、综合分析与业绩评价、财务分析报告的撰写。每章开始设有引言，章后附有本章小结、关键术语、思考题及同步练习，并在同步练习中设置了实践教学与案例分析。

本书的特点是突出重点、体系合理、新颖实用。通过本书的学习，学员可以获得财务报表分析技能的基本认知和训练。本书明确了财务报表分析的主体角色和基本方法，介绍了财务报表分析的约束环境，详细分析了资产负债表、利润表、现金流量表、所有者权益变动表，重点介绍了偿债能力、营运能力、盈利能力和发展能力的评价指标体系，通过财务综合分析与业绩评价方法以及财务分析报告的撰写方法的案例，使读者建立和培养起对财务报表进行分析的基本认知和基本技能。

本书由杨孝安担任主编，负责全书的总纂及审定工作；由张健维、谢丽、王瑾担任副主编，负责全书的统稿工作。杨孝安编写第一章、第十章；张健维编写第二章、第三章、第四章；谢丽编写第五章、第七章、第十二章及习题等；王瑾编写第六章、第八章、第九章、第十一章。

本书在内容上强化技能训练，注重实用性和可操作性，可以作为高等院校会计专业、经济管理专业的课程教材使用,还可作为教育会计、金融证券、投资理财、工商管理等专业人员及各类经济从业人士的参考用书。

  本书在编写过程中参考借鉴了大量的专家著作、网络资料、同类教材和专业文献,吸取和借鉴了同行的相关研究成果,在此谨向有关单位和作者表示最诚挚的谢意!由于时间仓促和水平有限,书中难免存在不妥之处,恳请广大读者及同仁批评指正!

编 者

目 录

第一章 财务报表分析概论 ………………………………………………（1）
   第一节 财务报表分析的产生与发展 ……………………………………（1）
   第二节 财务报表分析的内涵与目的 ……………………………………（3）
   第三节 财务报表分析的程序与方法 ……………………………………（5）

第二章 财务报表分析基础 ………………………………………………（14）
   第一节 财务报表分析的各类信息基础 …………………………………（14）
   第二节 制约财务报表分析的法规环境 …………………………………（24）

第三章 资产负债表分析 …………………………………………………（32）
   第一节 资产负债表分析概述 ……………………………………………（33）
   第二节 资产负债表项目质量分析 ………………………………………（39）
   第三节 资产负债表水平分析和垂直分析 ………………………………（53）
   第四节 资产负债表项目趋势分析 ………………………………………（58）

第四章 利润表分析 ………………………………………………………（69）
   第一节 利润表分析概述 …………………………………………………（69）
   第二节 利润表项目质量分析 ……………………………………………（73）
   第三节 利润表水平分析和垂直分析 ……………………………………（79）
   第四节 利润表项目趋势分析 ……………………………………………（82）

第五章 现金流量表分析 …………………………………………………（89）
   第一节 现金流量表分析概述 ……………………………………………（89）
   第二节 现金流量表主要报表项目分析 …………………………………（92）
   第三节 现金流量的质量分析 ……………………………………………（98）
   第四节 现金流量的水平分析和垂直分析 ………………………………（102）

第六章 所有者权益变动表分析 …………………………………………（111）
   第一节 所有者权益变动表分析概述 ……………………………………（111）

第二节 所有者权益变动表项目分析 ·· (113)
第三节 所有者权益变动表水平分析和垂直分析 ······························· (115)

第七章 偿债能力分析 ··· (122)
第一节 偿债能力分析概述 ·· (122)
第二节 短期偿债能力分析 ·· (124)
第三节 长期偿债能力分析 ·· (127)

第八章 营运能力分析 ··· (137)
第一节 营运能力分析概述 ·· (137)
第二节 流动资产营运能力分析 ··· (139)
第三节 固定资产营运能力分析 ··· (143)
第四节 总资产营运能力分析 ·· (144)

第九章 盈利能力分析 ··· (149)
第一节 盈利能力分析概述 ·· (150)
第二节 商品经营盈利能力分析 ··· (151)
第三节 资产经营盈利能力分析 ··· (154)
第四节 上市公司盈利能力分析 ··· (156)

第十章 发展能力分析 ··· (162)
第一节 发展能力分析概述 ·· (162)
第二节 发展能力的指标分析 ·· (164)
第三节 可持续发展能力分析 ·· (166)

第十一章 综合分析与业绩评价 ··· (171)
第一节 综合分析与业绩评价概述 ·· (171)
第二节 综合分析与业绩评价的方法 ··· (172)

第十二章 财务分析报告的撰写 ··· (181)
第一节 财务分析报告概述 ·· (181)
第二节 财务分析报告的格式及要求 ··· (184)

参考文献 ·· (202)

第一章

财务报表分析概论

引 言

随着信息化和全球化的发展，财务报表作为会计信息系统的重要产物，日益成为组织经济活动重要的信息披露载体。随着会计电算化的深入应用和财务信息的广泛普及，财务报表分析在经济生活中起到越来越重要的作用，也因此逐渐成为财会专业知识素养的重要支撑内容，从而强化了会计职能从传统的核算反映职能向现代的分析管理职能的转变。同时，财务报表分析课程作为会计信息化背景下会计、财务、经济等学科知识的融合创新，架起了会计和财务课程之间的桥梁，在经济实践领域有着广泛的应用价值。

通过本章的学习，要求了解财务报表分析的发展历程，掌握财务报表分析的概念内涵，理解财务报表分析的目的、主体、客体、对象、分析的步骤和方法；理解财务报表分析的主体和目的具有决定意义，决定了信息资料的选择和分析方法的采纳；理解财务报表分析是一个分析研究的探索应用过程；理解财务报表分析是科学与艺术的结合，而不仅是有固定程序的计算过程。

本章的教学重点是财务报表分析的概念、财务报表分析的主体及目的、财务报表分析的基本步骤及一般方法。

本章的教学难点是如何明确财务报表分析的目的及掌握财务报表分析的一般方法。

第一节 财务报表分析的产生与发展

财务报表分析作为一门综合学科，起源于19世纪末20世纪初美国银行家对企业进行的信用分析。19世纪末，由于美国经济的快速发展，企业规模不断扩大，银行贷款在企业融资中的比重迅速增加，银行为了防范贷款的违约风险，需要借助财务报表对贷款人进行信用调查与分析，以判断客户的偿债能力，由此形成了偿债能力分析等内容。之后又广泛应用于投资领域与公司财务，至今已有100多年的历史。从最初的信用分析、投资分析到后来的内部分析，财务报表在不同时期的分析重心有所不同。

一、信用分析

财务报表分析最早产生于美国,是美国工业大发展的产物。其源起于美国银行家进行的所谓信用分析。在美国工业大发展之前,企业规模较小,银行根据个人信用给企业贷款。然而,随着市场经济的发展,银行不能仅仅依据个人的信用给企业扩大贷款,银行更关心的是企业的财务状况及企业是否具有偿债能力。19世纪末20世纪初,美国银行为确保发放贷款的安全性,要求申请贷款的企业提供资产负债表,并形成了比较财务报表的格式和分析方法。随后,美国银行家亚历山大·沃尔(Alexander Wall)在比较报表观点普遍被使用的基础上,首创了比率分析体系,由此成为比率分析方法的积极倡导者。当时沃尔的比率分析体系仅限于"信用分析",他选取了包括流动比率指标在内的7个财务比率指标,主要为银行提供财务信息分析服务,以防贷款的违约风险,对贷款人进行信用调查和分析,据此判断其偿债能力。所以,信用分析又称资产负债表分析,主要用于分析企业的流动资金状况、负债状况和资金周转状况等。在比率分析方法被人们广泛接受和使用的同时,以行业活动为基础并反映行业特点的平均或标准财务比率逐渐流行并被广泛地应用。

必须强调的是,企业良好的偿债能力(尤其是长期偿债能力)必须以良好的财务状况和强大的盈利能力为基础。因此,现代企业的财务报表分析不再只是单纯对资产负债表进行分析,而是朝着以利润表为中心的方向转变,人们在比率分析的基础上进一步融入了趋势分析的内容。在实践中,银行往往混合采用几种不同的方法来做出是否贷款的决策。

二、投资分析

1900年,美国人汤姆斯发表了《铁路报告分解》,指出在处理各种铁路报表因素时,可使用现代分析方法将报表分析应用于投资领域。到了20世纪20年代,随着资本市场的发展,财务报表分析由主要为银行贷款服务扩展到为投资人服务。在资本市场上,随着社会筹资范围的扩大,非银行的贷款人和股权投资人增加,公众开始进入资本市场和债券市场,投资人对财务信息分析的要求更为广泛。为确保和提高投资收益,广大投资者纷纷利用银行对不同企业及行业的分析资料进行投资决策。于是,财务报表分析由信用分析阶段进入投资分析阶段,其主要任务也从稳定性分析过渡到收益性分析。这时,财务报表分析涵盖了偿债能力、盈利能力、筹资结构、利润分配等分析内容,发展成为比较完善的外部财务报表分析体系。

需要注意的是,对企业财务报表的分析由稳定性分析转变为收益性分析,并非后者对前者的否定,而是两者在分析中的并存。由于盈利能力的稳定性是企业经营稳定性的重要方面,企业的流动性在很大程度上依赖于盈利能力,所以,随着对企业盈利能力稳定性分析的深化,收益性分析也成为稳定性分析的重要组成部分。这时的稳定性分析,其内涵不仅包括企业支付能力的稳定性,还包括企业收益能力的稳定性。于是,财务报表分析又朝着以收益性为中心的稳定性分析方向发展,逐步形成了目前企业财务报表分析的基本框架。

三、内部分析

在企业财务报表分析的初始阶段,企业财务报表分析只是用于外部分析,即企业外部利益相关者根据各自的需求进行分析。后来,企业在接受银行的分析与咨询过程中逐渐认识到财务报表分析的重要性，开始由被动地接受分析逐步转变为主动地进行自我分析，企业的财务报表分析开始由外部分析向内部分析拓展，并表现出以下两个显著特征：①内部分析不断扩大和深化，成为财务报表分析的重心；②分析所需和所用的资料非常丰富，为扩大分析领域、提高分析效果、发展分析技术提供了前提条件。通过财务报表分析掌握企业的财务状况，进而判断企业的经营管理状况，已经成为现代企业及社会的一大要求。

第二节 财务报表分析的内涵与目的

一、财务报表分析的内涵

财务报表是企业经营活动的缩影，是传递会计信息的工具和载体。在社会经济现象复杂多变的情况下，财务报表本身并不能直接成为会计信息使用者决策的依据。因此，要使财务报表与其他工具一样，能对那些有能力并且愿意用心去研究的使用者有直接的助益，并且成为其制定决策的有用工具，就需要对财务报表加以整理分析，找出其中所包含的信息。

财务报表分析是以企业的财务报表及其他相关资料为基本依据，采用专门的分析方法，从财务报表中寻找有用的信息，有效地寻求企业经营和财务状况变化的原因，从而对企业的财务状况、经营成果和现金流量进行综合分析与评价的过程。不同形式的财务报表传达着不同方面的财务信息，所发挥的作用亦各有侧重。财务报表分析的意义在于：将大量的财务报表数据转换成对特定决策有用的信息，用以评价企业的财务实力、经营业绩、管理效率及企业的风险和战略前景，为利益相关者做出决策提供依据。

我们也可以从财务会计与财务报表分析的区别与联系中理解什么是财务报表分析，以及为什么要进行财务报表分析。财务会计研究的重点在于如何加工与对外披露会计信息，即在政府会计准则框架体系内如何向企业利益相关者提供会计信息、对相关理论与技术问题进行研究。财务会计是使用标准会计语言，对企业目标实现程度、企业履行其义务的情况所做的法定陈述与披露。换言之，财务会计是一门翻译学，主要研究如何将交易与事项对企业财务状况、经营成果与资金变动情况的影响翻译成通用会计语言，并以财务报告的形式将这种影响同会计信息的用户（即利益相关者）进行沟通。从更深层次的理论角度来分析，财务会计可能需要信息提供者首先界定企业的外部利益相关者，其次研究这些人可能做出哪些经济决策、这些决策需要哪些信息，然后研究如何确认、计量与报告交易、事项对其决策的影响。

财务报表分析从企业所做的法定陈述与披露文件的解读与分析中，评价企业目标的实现程度与义务的履行情况。即财务报表分析主要研究企业利益相关者如何在信息不对称的前提下解读、分析与评价这些信息，信息的解读过程是信息生成过程的逆过程。不同的利益相关与企业相关利益的性质不一样，其决策信息需求、对会计信息关注的重点（即分析目标）、使用的分析方法等也会不同。财务报表分析作为一门课程，不仅要讨论财务报表分析的一般目标与通用方法，还要分别研究不同利益相关者各自的分析目标、分析方法及应用实践。

财务报表分析的概念有狭义与广义之分。狭义的财务报表分析是指以企业财务报表为主要依据，有重点、有针对性地对有关项目及其质量加以分析和考察，并对企业的财务状况、经营结果进行评价和剖析，以反映企业在运营过程中的战略执行、决策管理及发展趋势，为报表使用者的经济决策提供重要信息支持的一种分析活动。广义的财务报表分析在此基础上，还包括公司概况分析、企业优势分析（地域、资源、政策、行业、人才、管理等）、企业战略分析及金融市场分析等。

如果说财务报表的产生过程是一种综合过程，即把企业各个部分、各个方面、各种因素变化产生的经济业务按照一定的会计规则加以分类、汇总，从整体上反映企业的财务状况和经营成果的过程，那么财务报表分析则是把这个整体重新分解为各个部分来认识，从中揭示出企业各种管理活动与经营活动和财务状况之间内在联系的过程。

二、财务报表分析的主体及目的

财务报表的目标是明确财务报表应当向谁提供什么样的会计信息、应当保护谁的利益。财务报表包括受托责任观和决策有用观两种目标定位。受托责任观认为：财务报表的目标应以恰当的方式有效反映受托者受托管理委托人财产责任的履行情况。财务报表在委托人和受托人之间扮演着桥梁的作用，其核心是揭示企业过去的财产经营业绩。决策有用观认为：财务报表应当向投资者等外部使用者提供对决策有用的信息，尤其是提供与企业财务状况、经营成果和现金流量等相关的信息，从而有助于使用者评价公司未来现金流量的金额、时间和不确定性，除了需要揭示过去的经营业绩，还需要提供有助于未来决策的相关信息。财务会计准则委员会（Financial Accounting Standard Board，FASB）、国际会计准则理事会（International Accounting Standards Board，IASB）以及我国企业会计准则都支持决策有用观。

理性的公司利益相关者都希望通过财务报表分析来取得与辅助决策相关的会计信息，但不同的利益主体进行财务报表分析的目的却不尽相同，不同的分析目的导致其具体分析内容有所差异和侧重。

1. 债权人角度

一般而言，由于债务合约具有利息确定和到期偿还的特征，债权人从法理上不对公司承担终极风险。所以债权人更多的是关心企业的偿债能力、企业的负债资本比例及长短期负债的比例，以及企业是否能按时偿还本金和利息。通过流动比率、速动比率等指标，短期债权人可以获得公司短期偿债能力的评价；长期债权人除关注资产负债率等长期偿债能力指标之外，还会更多地考虑企业的经营方针、发展方向、项目性质及潜在风险等综合盈利能力。例如，商业银行在信贷风险管理中的主要任务之一就是识别和发现企业的信用风险，基于财务报表的企业财务分析是管控风险的重要手段。

2. 投资者角度

公司的投资者对公司的财产拥有所有权，同时也是终极风险的承担者，他们密切关注企业的财务状况以及投资所对应的企业资产的保值增值。如果投资者的投资目的仅仅是单纯获利的话，则公司的盈利能力就是这类投资者进行财务报告分析的基本目的；如果投资的目的不仅仅是为了获利，而是包括扩大经营规模、占领市场、避免财务风险等，那么投资者进行财务报告分析的目的就不仅仅是关注公司的盈利能力，还必然要分析公司的财务状况。

资本市场上的投资者希望买入具有未来发展潜力的公司股票，以分享企业成长的收益。但是对未来的预测只能建立在历史信息的基础上，所以，基于企业已经披露的财务信息进行财务报表分析就成为投资者支持投资决策的重要手段。投资者需求的信息主要与企业价值评估有关，影响企业价值的主要因素是未来的盈利能力。同时，投资者还需要关注投资风险，注重企业财务安全性的信息。

3. 经营管理者角度

公司经营管理者进行的财务报表分析比其他财务报表分析主体的分析更加全面。他们要对公司财务的各个方面进行分析，以了解公司的整体财务状况和经营成果，同时需要进行原因分析，以改进公司的经营管理，做出正确的经营和财务决策。经营管理者需要非常重视企业的绩效分析，十分关注与自身利益密切相关的利润表和现金流量表信息。

4. 政府部门角度

政府机构使用财务报表主要是为了履行自己的监督管理职责。对企业负有监督职责的政府部门主要包括财政、税务、工商、审计、国资、社保、证监会等，它们主要通过定期了解和检查企业的财务信息，把握和判断企业是否依法经营、依法纳税，维护正常、公平的市场秩序，保证国家经济政策、法规和有关制度的有效执行。

5. 公司员工角度

公司员工不仅关心公司目前的经营状况和盈利能力，而且关心公司未来的发展前景，并期待在企业经营状况改善的情况下得到更多的薪水。通过财务报表分析，公司员工可以了解工资、奖金状况、公司的福利保障程度、员工持股计划的执行和分配状况等。

6. 其他利益相关者角度

公司的其他利益相关者可能包括业务往来相关单位，如客户、供货商、顾客、中介机构、社会公众、竞争对手等，他们更多关心的是公司的信用状况。通过财务报表分析，业务单位可以判断公司的商业信用和财务信用，顾客则通过分析公司的整体信用借以判断公司的产品质量。注册会计师通过财务报表分析，可以确定审计的重点，对异常项目实施更细致的审计程序。注册金融分析师通过分析报表的专业能力，为投资者提供专业的咨询服务。经济学家可以结合财务报表分析来解释和研究经济现象和经济问题。

第三节　财务报表分析的程序与方法

一、财务报表分析的基本程序

财务报表分析是一项系统工作，并不是一蹴而就的，它必须依据科学的程序和方法，才能得出逻辑合理、推理可靠的分析结论。

财务报表分析主要包括以下几个基本程序：①确立分析目标。②明确分析范围。③收集分析资料。④确定分析评价标准。⑤选择分析方法。⑥得出分析结论并提出对策建议。

（一）确立分析目标

从行为学的角度看，行为的目标对整个行为过程起着指引与统帅作用，行为的各个方面都要为目标服务。财务报表分析作为一种分析行为，也符合行为学的这一原理。行为的目标即财务报表分析目标是整个财务报表分析的出发点，决定着分析范围的大小、收集资料的详细程度、分析标准及分析方法的选择等整个财务报表分析过程。前已述及，财务报表分析的主体不同，财务报表分析的内容不同，财务报表分析的目标也会不同，这就要求分析者首先确立分析目标。当然，分析者进行分析必然是带着一定的目的而进行的，但目标是一种内在的事物，分析者必须把分析目标明确化，以利于下一步的分析工作。

（二）明确分析范围

并不是每一项财务报表分析都需要对企业的财务状况和经营成果进行全面分析，更多的情况是仅对其中的某一个方面进行分析，或者是重点对某一方面进行分析，其他方面的分析仅起辅助参考作用。按照成本效益原则，分析者进行财务报表分析的原则应当是分析效益与分析成本之间的差额，即分析净效益，这就要求分析者在确立分析目标的基础上明确分析的范围，做到有的放矢，将有限的精力放在分析重点上，以节约收集分析资料、选择分析方法等环节的成本。

（三）收集分析资料

确定分析目标和内容后，财务报表分析人员应当按照准备实施的内容收集所需的资料。按照事先确定的财务报表分析目标与范围，分析人员应当收集尽可能丰富的财务信息和辅助信息。财务信息主要包括企业定期的财务报告、企业财务预算、企业内部的成本费用计算资料等；辅助信息主要包括审计报告、企业产品市场状况和行业信息及宏观经济情况等。资料的收集方式有：通过公开渠道获取，如可以在相关网站及媒介上取得上市公司的财务报告；通过实地调研取得；通过参加会议取得等。

在取得相关资料后还应当对资料进行检查和核实，尤其需要核对财务报告数据的真实性，仔细查看审计报告，审核注册会计师是否出具了非标准审计意见。此外，还需要对数据的时间序列进行检查，观察企业是否存在某些数据异常的事项，核实该事项的可靠性。只有在核对数据的真实性后，才能开始财务报表分析，否则得到的分析结论是没有价值的。

（四）确定分析评价标准

财务报表分析结论应当通过比较得出，所以确定合理的分析评价标准就非常重要。财务报表分析的评价标准包括4类：经验标准、行业标准、历史标准、预算标准。不同的标准有不同的优缺点，在进行财务报表分析时，应当结合分析对象的实际情况和分析目标进行选择。例如，对于垄断型企业，由于不存在具有可比性的其他企业，所以只能使用本企业自身的历史标准或者是预算标准。此外，还应当注意分析评价标准自身随着时间、地域等不同而发生的变动，进行适当调整，以适合分析对象和分析目的。

（五）选择分析方法

财务报表分析方法是多种多样的，而且随着财务报表分析学科的发展，新方法也在不断涌现。在现代的财务报表分析中，大量使用数学方法和数学模型可以强化分析结果的可靠性，并尽量减少分析人员的主观影响。但是新方法的出现并不说明原有的一些基本方法必须淘汰，相反，传统的基本分析方法在实际分析中因为简便易行、易于理解等原因仍然具有重要的作用。因为每种分析方法都有其自身的优点和局限，所以财务人员应当依据分析目的和可能得到的分析资料进行分析方法的比较，选择更优的方法，以得出客观全面的结论。

（六）得出分析结论，提出对策建议

采用特定的方法计算出有关的指标，并与分析标准进行对比，从而做出有针对性的判断，为各类决策提供参考依据。对内部财务报表分析人员来说，需要揭示企业财务管理中存在的问题，对于一些重大的问题还需要进行深入细致的分析，找出问题存在的原因，以便采取对策加以改进。

在符合财务报表分析程序的基础上，财务报表分析工作应该坚持遵循一些基本原则，主要包括以下几种。

1. 目的明确原则

目的明确原则要求财务报表分析工作人员确立财务报表分析的主体及立场，明确财务分析的重点及目标，明确财务分析报告的使用对象和服务对象，对一些重大问题必须站在所服务主体的角度进行分析和判断。

2. 动态分析原则

动态分析原则要求进行财务报表分析时不能陷入数据海洋，而要用发展的和动态的眼光去看待企业经营主体的战略和执行。

3. 系统分析原则

系统分析原则要求通过数据分析财务系统内部各层次的构成要素和相互联系，对企业的外部广泛联系进行双向反馈和分析评价。

4. 成本效益原则

成本效益原则要求在开展财务报表分析工作时，关注每一项分析工作所耗费的人、财、物力的成本与其可能取得的决策效果之间的配比关系，力求做到在成本有限的情况下达到最佳效果。

5. 实事求是原则

实事求是原则要求财务报表分析人员具备客观、公正的品质，形成扎实、全面的专业素养和灵活、敏锐的职业能力，在尊重事实的基础上考虑分析对象的特殊性，全面、深入地分析各种不同的影响因素，形成比较令人信服的分析结论。

二、财务报表分析的一般方法

财务报表分析的方法多种多样，在实际工作中应根据分析主体的具体目的和分析资料的实际特征进行选择确定。财务报表分析的一般方法概括起来主要有比较分析法、趋势分析法、比率分析法、因素分析法等。

（一）比较分析法

比较分析法（Comparative Analysis Approach）是通过比较相关的两个数据，找出差别并发现规律的一种分析方法。用于比较的数据可以是绝对数，也可以是相对数，其主要作用在于计算指标间客观存在的差距，并为进一步分析指出方向。比较形式可以是本企业同期实际与计划或定额指标的比较、本期实际与以前各期指标的比较，从中可以了解企业经济活动的变动情况和变动趋势，也可以将企业相关项目和指标与其他企业进行比较，从中横向了解企业的经营能力和管理水平。比较的标准有以下几种分类。

1. 经验标准

经验标准指依据大量且长期的实践经验而形成的标准（适当）的财务比率值。经验标准的优点是相对稳定、客观；经验标准的不足是其并非"广泛适用"（即受行业限制），并会随时间推移而变化。

2. 历史标准

历史标准指本企业过去某一时期（如上年或上年同期）该指标的实际值。历史标准对于评价企业自身经营状况和财务状况是否得到改善是非常有用的。历史标准可以选择本企业历史最好水平，也可以选择企业正常经营条件下的业绩水平，或者可以取以往连续多年的平均水平。另外，在财务分析实践中，还经常用上年实际业绩作比较。应用历史标准的好处：比较可靠、客观；具有较强的可比性。历史标准的不足：往往比较保守；适用范围较窄（只能说明企业自身的发展变化，不能全面评价企业的财务竞争能力和健康状况）；当企业主体发生重大变化（如企业合并）时，历史标准就会失去意义或至少不便直接使用；企业外部环境发生突变后，历史标准的作用会受到限制。

3. 行业标准

行业标准可以是行业财务状况的平均水平，也可以是同行业中某一比较先进企业的业绩水平。行业标准的优点：可以说明企业在行业中所处的地位和水平（竞争的需要）；可用于判断企业的发展趋势（例如在一个经济萧条时期，企业的利润率从12%下降为9%，而同期该企业所在行业的平均利润率由12%下降为6%，那么就可以认为该企业的盈利状况是相当好的）。行业标准的不足：同行业内的两个公司并不一定具有可比性；多元化经营带来标准不同的困难；同行业企业的数据也可能存在会计差异。

4. 预算标准

预算标准指实行预算管理的企业所制定的预算指标。预算标准的优点：符合战略及目标管理的要求，对于新建企业和垄断性企业尤其适用。预算标准的不足：通常无法利用外部分析；预算具有主观性，也未必可靠。

比较分析法有绝对数比较和相对数比较两种形式。①绝对数比较，即利用财务报表中两个或两个以上的绝对数直接进行比较，以揭示其数量差异。例如，企业2017年年末的资产总额为2 300万元，2018年年末的资产总额为3 200万元，则2018年与2017年的差异额为900万元。②相对数比较，即利用财务报表中由具有相关关系的数据构成的相对数进行对比，如将绝对数换算成百分比、结构比重、比率等进行对比，以揭示相对数之间的差异。换算公式有以下几种：

绝对值变动数量（差异额）＝分析期某项指标实际数－参照期同项指标实际数

$$增减变动率 = \frac{变动绝对值}{参照期实际数量} \times 100\%$$

$$变动比率 = \frac{分析期实际数值}{参照期实际数值} \times 100\%$$

水平分析法是比较分析法的代表性方法，指将反映企业分析期财务状况的信息（特别指会计报表信息资料）与某一比较标准的（参照期）信息进行对比，研究企业各项经营业绩或财务状况的发展变动情况的一种财务分析方法。这种方法可以用绝对数比较，也可以用相对数作比较，结果可以用来编制比较会计报表。具体分析如下：①选择近两期的数据并列编制，一般作差异分析用。②也可以选取连续若干期的数据并列编制，可作趋势分析用。③选择同一时期不同公司的相关数据并列编制，数据可以是报表项目，也可以是财务比率。一般作对比分析用。

垂直分析法也是一种比较分析法，指通过计算报表中各项目占总体的比重或结构，反映报表中的项目与总体关系情况及其变动情况。

经过垂直分析法处理的会计报表通常称为度量报表，或称总体结构报表、共同比报表等。具体方法如下：①确定报表中各项目占总额的比重或百分比。②通过各项目的比重分析各项目在企业经营中的重要性，一般来说，项目比重越大，说明其重要程度越高，对总体的影响越大。③将分析期各项目的比重与前期同项目比重对比，研究各项目的比重变动情况。也可将本企业报告期项目比重与同类企业的可比项目比重进行对比，研究本企业与同类企业的不同，以及取得的成绩和存在的问题。

在运用比较分析法时，应注意相关指标的可比性。具体来说，应注意以下几点：

(1) 指标内容、范围和计算方法的一致性。

例如，在运用比较分析法处理大量资产负债表、利润表、现金流量表等财务报表中的数据时，必须注意这些项目的内容、范围及使用这些项目数据计算出来的经济指标的内容、范围和计算方法的一致性，只有一致才具有可比性。

(2) 会计计量标准、会计政策选择和会计处理方法的一致性。

财务报表数据来自账簿记录，而在会计核算中，会计计量标准、会计政策选择和会计处理方法都有变动的可能，有变动则必然会影响数据的可比性。因此，在运用比较分析法时，对那些由于会计计量标准、会计政策选择和会计处理方法的变动而不具有可比性的会计数据必须进行调整，使之具有可比性，才可以进行比较。

(3) 时间和长度的一致性。

在采用比较分析方法时，不管是本期实际与前期实际的历史对比、本期实际与预定目标(或计划目标)的对比还是本企业与先进企业的对比，都必须注意使用数据的时间及其长度的一致性，包括月、季度、年度的对比，不同年度的同期对比，特别是本企业的多期对比或本企业与先进企业的对比，选择的时间长度和选择的年份都必须具有可比性，这样才能保证通过比较分析做出的判断和评价具有可靠性和准确性。

(二) 趋势分析法

趋势分析法 (Trend Analysis Approach) 是将两期或连续数期的财务报表中相同指标进行对比，确定其增减变动的方向、数额和幅度，以说明企业财务状况和经营成果的变动趋势的一种方法。采用这种方法时，确定基期是至关重要的。基期通常有两种：固定基期和移动基期。趋势分析的目的在于决定：①引起财务和经营变动的主要项目。②变动趋势的性质是否有利。③预测将来的发展趋势。

趋势分析法的优点是：①便于统观全貌。②便于事实的相互比较。③变化倾向的表示极为明显。④分析数字的解释较为容易。⑤计算简单。

运用趋势分析法时应注意：①用于进行对比的各个时期的指标，在计算口径上必须一致。②剔除偶发性项目的影响，使作为分析的数据能反映正常的经营状况。③应用例外原则，即应对某项有显著变动的指标做重点分析，研究其产生的原因，以便采取对策，趋利避害。④分析的项目应有针对性，切合分析目的的需要。⑤对基年的选择要有代表性，如果基年选择不当、情况异常，则以其为基数计算出的百分比趋势会使有关人员判断失误或做出不准确的评价。

（三）比率分析法

比率分析法（Ration Analysis Approach）是把某些彼此存在相关关系的项目加以对比，计算出比率并据以确定经济活动变动程度的分析方法。

比率分析法是财务报表分析中的一个重要方法。由于比率是由密切联系的两个或者两个以上的相关数字计算出来的，所以往往利用一个或几个比率就可以独立地揭示和说明企业某一方面的财务状况和经营业绩，或者说明某一方面的能力。例如，总资产报酬率可以揭示企业的总资产获取利润的水平和能力，投资收益率也可以在一定程度上说明投资者的获利能力。比率分析的形式有：①百分比率，如资产负债率为56%。②比率，如速动比率为1:1。③分数，如固定资产为总资产的1/2。

比率分析法以其简单明了、可比性强等优点在财务报表分析实践中被广泛应用。比率分析法和比较分析法一样，只是用于评价某一方面的能力，解释信息的范围也有一定的局限，更为重要的是，在实际运用比率分析时必须以比率所揭示的信息为起点，结合其他有关资料和实际情况做更深层次的研究，只有这样才能做出正确的判断和评价，更好地为决策服务。因此，在财务报表分析中既要重视比率分析法的利用，又要和其他方法密切配合，合理运用，以提高财务报表分析的效果。

（四）因素分析法

因素分析法（Factor Analysis Approach）又称因素替代法或连环替代法，是在许多因素都对某一项指标综合发生作用的情况下，分别确定各个因素的变动对该指标变动的影响。具体而言，连环替代法是指将多个因素所构成的指标分解成各个具体因素，然后顺序地把其中的一个因素作为变量，把其他因素看作不变量，依次逐项进行替换，逐一测算各个因素对指标变动影响程度的方法。运用这一方法，可以分析某项指标的完成受哪些因素影响，可以帮助人们抓住主要矛盾，或者更有说服力地评价企业的财务状况。

因素分析法可以分为比率因素分解法和差异因素分解法两种。比率因素分解法是把一个财务比率分解为若干个影响因素的方法。例如，资产收益率可以分解为资产周转率和销售利润率两个比率的乘积。而为了解释比较分析中形成差异的原因，则需要使用差异因素分解法。这种方法是一种测定和比较差异成因的定量分析方法，它往往按一定顺序，采用连环替代法或差额分析法分析差异因素。采用这种方法，需要依次用标准值替代实际值（或用实际值替代标准值），测定各因素对财务指标总差异的影响程度。

本章小结

财务报表分析作为一门综合性较强的应用学科，目前已经具有比较广泛的应用领域，它起源于为银行家服务的信用分析，流行于为投资者服务的收益分析，拓展于为经营者服务的管理分析。财务报表分析是指以财务报表为主要依据,有重点、有针对性地对有关项目及其质量加以分析和考察,对财务状况、经营结果进行评价和剖析,以反映运营过程的利弊得失、财务状况及发展趋势,为报表使用者的经济决策提供重要信息支持的一种分析活动。财务报表分析的使用者十分广泛,不同的信息使用者各有不同的使用目的,不同的信息使用者对信息的深度和广度的需求不同。财务报表分析工作的客体适用范围较为广泛,不但适用于企业这种组织类型,今后也将逐步拓展于其他各类组织的运营评价之中。通过对资产负债表、利润表、所有者权益变动表、现金流量表等财务报表的分析,有助于对偿债能力、营运能力、盈利能力、发展能力等做出评价,进而有助于财务综合分析和辅助决策。财务报表分析的程序比较明晰,常用的方法主要有比较分析法、趋势分析法、比率分析法、因素分析法等,每种方法都有其特点和局限性,需要结合使用并做出恰当的分析结论。

思考题

1. 财务报表分析知识演进的历史轨迹是怎样的?
2. 说明财务报表分析的概念内涵。
3. 企业财务报表分析的使用主体有哪些?不同的主体在进行财务报表分析时所关注的内容有何差异?
4. 普通股东进行财务报表分析的目的是什么?债权人进行财务报表分析的目的是什么?
5. 财务报表分析的基本程序是什么?
6. 简述财务报表分析基本方法的内涵及其特点。
7. 什么是比较分析法?有哪些比较标准?
8. 举例说明比率分析法在财务报表分析中的作用和局限性。
9. 举例说明因素分析法的步骤及使用中应注意的问题。
10. 什么是趋势分析法?该方法有何特点?其主要分析步骤是什么?
11. 财务报表分析知识的应用实践领域都有哪些?
12. 通过查找资料,谈谈财务报表的局限性。
13. 如何对其他各类社会组织应用财务报表分析技能?

同步练习

一、单项选择题

1. 财务报表分析产生与发展的阶段不包括( )。
   A. 信用分析　　　　B. 投资分析　　　　C. 内部分析　　　　D. 趋势分析
2. 不同的财务报表分析主体对财务报表分析的侧重点不同,产生这种差异的原因主要在于各分析主体的( )。
   A. 分析对象不同　　　　　　　　　B. 分析目的不同
   C. 分析方法不同　　　　　　　　　D. 分析依据不同

3. 从债权人的角度看,财务报表分析直接的目的是（   ）。
   A. 投资决策   B. 经营决策   C. 信贷决策   D. 监督决策
4. 经营者分析资产运用效率的目的是（   ）。
   A. 评价盈利能力   B. 判断财务的安全性
   C. 评价偿债能力   D. 发现和处置闲置资产
5. 企业投资者进行财务报表分析主要侧重于（   ）。
   A. 资本的保值增值   B. 企业的营运管理
   C. 企业的技术改造   D. 企业的职工福利
6. 投资者了解上市公司会计信息主要的途径是（   ）。
   A. 财务报表   B. 会计账簿   C. 会计凭证   D. 财产清查
7. 财务报表分析中最基本的分析方法是（   ）。
   A. 比较分析法   B. 因素分析法   C. 比率分析法   D. 趋势分析法
8. 通常与因素分析法密不可分的是（   ）。
   A. 指标计算   B. 指标分析   C. 指标分解   D. 指标预测

二、多项选择题

1. 企业财务报表分析具有广泛的用途,一般包括（   ）。
   A. 寻找投资对象和兼并对象
   B. 预测企业未来的财务状况、经营成果和现金流量
   C. 评价公司管理业绩和企业决策
   D. 判断投资、筹资和经营活动的成效
2. 财务报表分析的主体有（   ）。
   A. 债权人   B. 投资者   C. 经营管理人员   D. 政府机构
3. 作为财务报表分析主体的政府机构,包括（   ）。
   A. 政府税务部门   B. 国有资产的管理部门
   C. 证券管理机构   D. 会计监管机构
4. 以下属于财务报表分析内容的有（   ）。
   A. 偿债能力分析   B. 投资报酬分析
   C. 资产运用效率分析   D. 获利能力分析
5. 在运用比较分析法时,应选择合理的比较标准,通常有（   ）。
   A. 经验标准   B. 历史标准   C. 行业标准   D. 预算标准

三、判断题

1. 投资者进行财务报表分析根本目的是关心企业的偿债能力。（   ）
2. 财务报表的水平分析法是对报表同一时间不同项目的分析。（   ）
3. 共同比财务报表是垂直分析法的一种重要形式。（   ）
4. 信用风险产生的原因在于信用市场上存在着严重的信息不对称。（   ）
5. 公司股东和管理者之间对公司经营状况并不存在信息不对称的问题。（   ）
6. 投资者进行财务报表分析并辅助交易决策,有助于信息迅速、全面地传递到证券价

格中。 （　　）

7. 趋势分析法是将企业的财务数据按时间序列进行分析比较，从而发现变化规律的一种动态分析方法。 （　　）

8. 财务报表分析是对财务报表数据的利用和再加工，是信息分析在财务领域的应用。
（　　）

四、综合分析题

S 公司为小型工业企业，某年度管理费用的预算数为 20 万元，实际数为 18.5 万元；净利润的预算数为 30 万元，实际数为 32.3 万元。

要求：用比较分析法分别计算管理费用及净利润的绝对差异额和增减变动率，并简要分析。

第二章

财务报表分析基础

引 言

  财务报表是财务报表分析的主要依据。财务报表是会计信息系统的重要成果，基本会计原理是理解财务报表信息本质的重要前提。财务会计报表的编制过程本身受到会计准则体系的严格约束，同时会计财务工作也处在一个复杂严格的有法必依的法规体系环境之中，这些都是财务报表分析必须研究的制度环境。本章将使我们对于执行财务报表分析工作所处的约束体系有全面的认知和把握。

  通过本章的学习，要求了解财务报表分析的各类信息基础；掌握财务报表分析的内部信息基础；熟悉财务报表体系的主要构成内容；了解基本会计假设和公认会计原则对财务报表加工过程及财务信息披露产生的影响；了解在我国制约企业财务报表编制和会计财务工作的法律法规体系；了解制度环境对财务报表编制和分析的交互影响。理解财务报表分析的信息基础和约束环境具有重要价值，因为其决定了财务报表分析的可行性和可靠性。财务报表本身是一个通用编制框架下的具体应用产物，因此财务报表分析工作应该和财务报表会计信息质量评估充分结合起来。财务报表分析的研究过程是一个减少分析主体财务信息不对称的过程。

  本章的教学重点是财务报表分析的内部信息基础、主要财务报表反映的财务活动、各类财务报表之间的关系、财务报表编制信息质量要求的公认会计原则。

  本章的教学难点是如何结合财务报表分析工作的制度环境，从财务报表中获取并理解财务报表分析所需要的信息及其作用。

第一节 财务报表分析的各类信息基础

  财务报表分析是以会计核算和报告资料及其他相关资料为依据，采用一系列专门的分析技术和方法，对企业等经济组织过去和现在的有关筹资活动、投资活动、经营活动的盈利能力、营运能力、偿债能力和发展能力状况等进行分析与评价，为企业的投资者、债权人、经营管理者及其他关心企业的组织或个人了解企业过去、评价企业现状、预测企业未来、做出正确决策与估价提供准确的信息或依据。从财务报表分析的定义可以看出，财务报表有关数据及信息是财务报表分析的基础和不可分割的组成部分，它对于保证财务报表分析工作的顺利进行、提高财务报表分析的质量与效果都有着重要的作用：①财务报表数据及信息是财务报表分析的根本依据，财务报表分析实际上就是对财务信息的分析。②收集和整理财务报表数据及信息是财务报表分析的重要步骤和方法之一。从一定意义上说，财务报表数据及信息的收集与整理过程就是财务报表分析的过程，财务报表数据及信息的收集与整理是财务报表分析的基础环节。③财务报表数据及信息的数量和质量决定着财务报表分析的质量与效果。

一、内部信息基础

（一）基本财务报表

一般而言，基本财务报表是对企业财务状况、经营成果和现金流量的结构性表述。从基本财务报表的发展、演变过程来看，世界各国的报表体系逐渐趋于形式上的一致。目前，世界各国的基本财务报表一般包括资产负债表、利润表、现金流量表和所有者权益变动表。

目前企业财务报表分析涉及的财务报表主要是指财务会计报表。财务会计是一种对外会计，又称监管会计或者法律会计，是会计主体依据政府会计准则对所发生的财务活动或经济活动进行确认、计量、记录和报告后，对外部提供的反映财务状况和经营情况的会计报表。这里所指的财务会计报表也可以简称为财务报表。

1. 资产负债表

资产负债表是基本财务报表之一，它是以"资产＝负债＋所有者权益"会计等式为平衡关系，反映企业在某一特定日期财务状况的报表，它揭示企业在某一特定日期所拥有或控制的经济资源、所承担的现时义务和所有者享有的剩余权益。

（1）资产要素。

资产是因为过去的交易或事项而形成、由企业拥有或者控制、能以货币计量、预期会给企业带来经济利益的资源，包括财产、债权和其他权利。资产有如下几个方面的特征：

① 资产预期会给企业带来经济利益。资产应该具有直接或间接导致资金或现金等价物流入企业的潜力。这种潜力可以来自企业日常的生产经营活动，也可以是非日常活动；带来的经济利益可以是现金或者现金等价物，或者是可以转化为现金或者现金等价物的形式，或者是减少现金或现金等价物流出的形式。如果某一项目预期不能给企业带来经济利益，就不能将其确认为企业的资产。即使前期已经确认为资产的项目，如果不能再为企业带来经济利益，也不能将其确认为企业的资产。

② 资产应为企业拥有或者控制的资源。资产作为一项资源，应为企业拥有或者控制，具体是指企业享有某项资源的所有权，或者虽然不享有某项资源的所有权但该资源能被企业控制。通常在判断资产是否存在时，所有权是考虑的首要因素。在有些情况下，虽然某些资产不为企业所拥有即企业并不享有其所有权，但企业控制这些资产，同样表明企业能够从这些资产中获取经济利益。

③ 资产是由过去的交易和事项形成的。企业所能利用的经济资源能否列为资产，其区

分标志之一就是资产是否由已发生的交易所引起。

④ 资产必须能以货币计量。这就是说，会计报表上列示的资产并不是企业的所有资源，能用货币计量的资源才在报表中列示。而企业的某些资源如人力资源等，由于无法用货币计量，目前的会计实务并不在会计系统中对其进行处理。一般而言，资产按其变现能力（即流动性）的大小分为流动资产和非流动资产两大类。

(2) 负债要素。

负债是指企业由过去的交易或者事项形成的，预期会导致经济利益流出企业的现时义务。负债具有如下几个基本特征：①负债是由过去的交易或事项形成的。②负债的清偿预期会导致经济利益流出企业。③负债应是金额能够可靠计量的债务责任。一般而言，负债按其偿还时间（也可看作流动性）的长短，分为流动负债和非流动负债两大类。

(3) 所有者权益要素。

所有者权益是指企业资产扣除负债后由所有者享有的剩余权益，公司的所有者权益又称为股东权益。所有者权益的来源有：企业投资者对企业的投入资本，直接计入所有者权益的利得和损失、留存收益等。具体项目包括：实收资本（或股本）、资本公积、盈余公积和未分配利润等。

资产负债表信息对于财务报表分析的作用主要在于以下几个方面：①资产负债表向人们揭示了企业拥有或控制的能用货币表现的经济资源（即资产）的总体规模及具体的分布形态。由于不同形态的资产对企业的经营活动具有不同的效用和意义，因而对企业资产分别从项目具体质量、资产结构质量及资产总体质量等多层次进行分析与评价将非常有助于分析制定与执行情况。②通过对企业债务规模、债务结构及所有者权益的对比，可以对企业的长期偿债能力及举债能力（潜力）做出评价。一般而言，企业的所有者权益占负债与所有者权益的比重越大，企业清偿长期债务的能力越强，企业进一步举借债务的潜力也就越大。③通过对企业不同时点资产负债表的比较，可以对企业财务状况的发展趋势做出判断。可以肯定地说，企业某一时点的资产负债表对信息使用者的作用极其有限，只有把不同时点的资产负债表结合起来分析，才能把握企业财务状况的发展趋势。同样，将不同企业同一时点的资产负债表进行对比，可对不同企业的相对财务状况做出评价。

2. 利润表

利润表是反映企业某一会计期间经营成果的会计报表，它可以提供企业在月度、季度或年度内净利润或亏损的形成情况。利润表各项目间的关系可用"收入－费用＝利润"这一会计等式来概括。

收入是指企业在日常活动中形成的、会导致所有者权益增加的、与所有者投入资本无关的经济利益的总流入。收入只有在经济利益很可能流入从而导致企业资产增加或者负债减少，且经济利益的流入额能够可靠计量时才能予以确认。收入不包括为第三方或者客户代收的款项。

费用是指企业在日常活动中发生的、会导致所有者权益减少的、与向所有者分配利润无关的经济利益的总流出。应该指出，不同类型的企业，其费用构成不尽相同。

对制造企业而言，按照是否构成产品成本，费用可划分为生产成本和期间费用。生产成本是指与产品生产有关的各种费用，包括直接材料、直接人工和间接制造费用。一般而言，在制造过程中发生的上述费用应通过有关成本计算方法，归集、分配到各成本计算对象。各成本计算对象的成本将从有关产品的销售收入中得到补偿。期间费用是指那些与产品的生产无直接关系，而与某一时期相联系的费用，一般包括管理费用、销售费用和财务费用。

此外，在企业的费用中还有一项所得税费用。在会计利润与应税利润没有差异的条件下，所得税费用是指企业按照当期应税利润与适用税率确定的应缴纳的所得税支出。

利润表对于财务报表分析的作用主要在于以下几个方面：①有助于分析、评价、预测企业经营成果和获利能力。通过比较和分析同一企业不同时期、不同企业同一时期的收益情况，可评价企业经营成果的好坏和获利能力的高低，预测未来的发展趋势。②有助于分析、评价、预测企业未来的现金流动情况。我们知道，报表使用者主要关注各种预期的现金来源、金额、时间及其不确定性，而这些预期的现金流动与企业的获利能力具有密切的联系。尽管过去的业绩不一定意味着未来的成功，但对一些重要的趋势可从中进行分析把握。如果过去的经营成果与未来的活动之间存在着相互联系，那么由此即能可靠地预测未来现金流量及其不确定性程度，评估未来的投资价值。

3. 现金流量表

现金流量表是反映企业在一定会计期间现金流入与现金流出情况的报表。需要说明的是，现金流量表中的"现金"概念指的是货币资金（包括库存现金、银行存款、其他货币资金等）和现金等价物（一般指企业持有的期限短、易于转换为已知金额现金、价值变动风险很小的投资）。

现金流量表对财务报表分析的作用主要体现在以下几个方面：①有助于评价企业的支付能力、偿债能力和周转能力。②有助于预测企业的未来现金流量。③有助于分析企业的收益质量及影响现金净流量的因素。掌握企业经营活动、投资活动和筹资活动的现金流量，可从现金流量的角度了解利润的质量，为分析和判断企业的财务前景提供信息。

4. 所有者（股东）权益变动表

所有者（股东）权益变动表是反映构成所有者权益的各个组成部分当期增减变动情况的报表。所有者权益变动表是我国 2006 年颁布的《企业会计准则》中新增加的报表。通过所有者权益变动表，既可以为报表使用者提供所有者权益总量增减变动的信息，也能为其提供所有者权益增减变动的结构性信息，特别是能够让报表使用者理解所有者权益增减变动的根源。

（二）财务报表附注

财务报表附注（Notes to Financial Statements）是为便于财务报表使用者理解财务报表的内容，而对财务报表的编制基础、编制依据、编制原则和方法及主要项目等所作的解释。

1. 财务报表附注的作用

财务报表附注有以下几个方面的作用：

（1）突出信息的重要性。报表附注有助于报表使用者全面了解企业的财务状况和经营成果。作为表外信息披露的重要组成部分，报表附注是对报表本身内容及未包括的项目所作的补充说明和详细解释。许多很重要且可以公开的重要信息由于受会计报表形式的制约无法得以反映，附注弥补了这一缺陷，使报表使用者能够获得更多的有用信息。

（2）有助于信息的可理解性。财务报表附注有助于报表使用者更好地理解会计报表。财务报表的内容具有一定的专业性，不具备会计专业知识的人无法准确地理解财务报表信息。不同于财务报表以数字为主的形式，财务报表附注是以文字资料为主。财务报表附注的解释和说明不但可以使专业人士能够深刻理解会计报表信息，也使非专业人士能看懂财务报表。

（3）提高了信息的可比性。财务报表附注有助于报表使用者正确分析和评价企业。相对于财务报表的固定格式和披露要求，财务报表附注的信息披露与表达要灵活得多，其内容除了详细的财务信息外，还包括一些非财务信息，而这些非财务信息对正确分析和评价企业的财务状况及经营成果可能是至关重要的。另外，对由于会计政策及处理方法等变化导致的报表项目不可比的问题，可以通过辅助的相关说明进行调整，使其具有可比性，从而使报表使用者做出正确的分析和评价。

2. 一般企业财务报表附注的内容

根据《企业会计准则第30号——财务报表列报》及其应用指南的规定，一般企业应披露的附注信息包括下列内容：

（1）企业的基本情况：①企业注册地、组织形式和总部地址。②企业的业务性质和主要经营活动。③母公司以及集团最终母公司的名称。④财务报告的批准报出者和财务报告批准报出日。

（2）财务报表的编制基础。

（3）遵循企业会计准则的声明。

（4）重要会计政策和会计估计。

（5）会计政策和会计估计变更以及差错更正的说明。

（6）报表重要项目的说明。

（7）或有事项。

（8）资产负债表日后事项。

（9）关联方关系及其交易。

（三）审计报告

由于财务报表编制人与报表使用人之间、企业内部管理层与企业投资人之间可能存在利益冲突，为了使财务报表能客观真实地反映一个企业的财务状况和经营成果，加强对企业的外部监督，《中国注册会计师审计准则》要求注册会计师在接受上市公司委托后对公司财务报表实施必要的审计程序，对会计报表实施总体性复核，并按照《中国注册会计师审计准则第1501号——审计报告》的要求，以经过核实的审计证据为依据，形成审计意见，出具审计报告。注册会计师出具的审计报告有两类，即标准审计报告和非标准审计报告。

1. 标准审计报告

如果认为财务报表符合下列所有条件，注册会计师应当出具无保留意见的审计报告：

① 财务报告已经按照使用的会计准则和相关会计制度的规定编制，在所有重大方面公允反映了被审计单位的财务状况、经营成果和现金流量。

② 注册会计师已经按照中国注册会计师审计准则的规定计划和实施审计工作，在审计过程中未受到限制。

在无保留审计意见报告中，往往用"我们认为"字样作为意见段的开头，并使用"在所有重大方面公允地反映了"等专业术语。

当注册会计师出具的无保留意见的审计报告不附加说明段、强调事项段或任何修饰性用语时，该报告称为标准审计报告。

2. 非标准审计报告

非标准审计报告是指标准审计报告以外的其他审计报告，包括带强调事项段的无保留意见的审计报告和非无保留意见的审计报告。非无保留意见的审计报告包括保留意见的审计报告、否定意见的审计报告和无法表示意见的审计报告。

（1）带强调事项段的无保留意见的审计报告。

审计报告的强调事项段是指注册会计师在审计意见段之后增加的对重大事项予以强调的段落。强调事项一般包括以下两类：

① 当存在可能导致对持续经营能力产生重大疑虑的事项或情况、但不影响已发表的审计意见时，注册会计师应当考虑在审计意见段之后增加强调事项对此予以强调。

② 当存在可能对财务报表产生重大影响的不确定事项（持续经营问题除外）、但不影响已发表的审计意见时，注册会计师应当考虑在审计意见段之后增加强调事项对此予以强调。不确定事项是指其结果依赖于未来行动或事项，不受被审计单位的直接控制，但可能影响财务报表的事项。

注册会计师应当在强调事项段中指明"该段内容仅用于提醒财务报表使用者关注"，并不影响已发表的审计意见。

（2）保留意见的审计报告。

注册会计师经过审计后，认为被审计单位会计报表就其整体而言还是公允的，但还存在下述情况之一时，应出具保留意见的审计报告：

① 会计政策的选用、会计估计的做出或财务报表的披露不符合适用的会计准则和相关会计制度的规定，虽影响重大，但不至于出具否定意见的审计报告。

② 因审计范围受到限制，不能获取充分、适当的审计证据，虽影响重大但不至于出具无法表示意见的审计报告。

当出具保留意见的审计报告时，注册会计师应当在审计意见段中使用"除……的影响外"等术语。如因审计范围受到限制，注册会计师还应当在注册会计师的责任段中提及这一情况。

（3）否定意见的审计报告。

注册会计师经过审计后，认为被审计单位会计报表存在下述情况之一时，应出具否定意见的审计报告：

① 会计处理方法严重违反《企业会计准则》和国家其他有关财务会计法规的规定。

② 未能在所有重大方面公允反映被审计单位的财务状况、经营成果和现金流量。

当出具否定意见的审计报告时，注册会计师应当在审计意见段中使用"由于上述问题造成的重大影响""由于受到前段所述事项的重大影响"等术语。

（4）无法表示意见的审计报告。

在审计过程中，审计范围因受到限制而产生的影响可能非常重大和广泛，注册会计师不能获取充分、适当的审计证据,以至于无法对财务报表发表审计意见,注册会计师应当出具无法表示意见的审计报告。

当出具无法表示意见的审计报告时,注册会计师应当删除注册会计师的责任段,并在审计意见段中使用"由于审计范围受到限制可能产生的影响非常重大和广泛""我们无法对上述财务报表发表意见"等术语。

当出具保留意见、否定意见和无法表示意见的审计报告时,注册会计师应当在注册会计师的责任段之后、审计意见段之前增加说明段,清楚地说明导致所发表意见或无法发表意见的所有原因,并在可能的情况下指出其对财务报表的影响程度。分析者应将注册会计师关于审计意见涉及实行报告期内公司财务状况和经营成果的影响说明进行比较分析,从中找出二者对同一问题的不同看法所在,形成一个较为全面的认识和比较清晰的判断。

从市场经济的发展趋势看,越来越多的上市公司需要注册会计师对其财务报告进行审计,并出具审计报告。因此,了解审计报告的种类、出具条件及具体含义,对理解企业财务报告所包含的信息质量及进行合理的财务报表分析都具有重要意义。一般认为,注册会计师签发的针对企业年度财务报告出具的审计报告主要具有鉴证、保护和证明三方面的作用。注册会计师签发审计报告,是以超然独立的第三者身份对被审计单位财务报表合法性、公允性发表意见。这种意见具有鉴证作用,并且注册会计师通过审计可以对被审计单位财务报表出具不同类型审计意见的审计报告,以提高或降低财务报表信息使用者对财务报表的信赖程度,能够在一定程度上对被审计单位的财产、债权人和股东的权益及企业利害关系人的利益起到保护作用。审计报告是对注册会计师审计任务完成情况及其结果所作的总结,它可以表明审计工作质量并明确注册会计师的审计责任。

(四) 年度财务报告与中期财务报告

1. 年度财务报告

年度财务报告是指以整个会计年度为基础编制的财务报告。《中华人民共和国公司法》(以下简称《公司法》)第一百六十四条规定,公司应当在每一会计年度终了时编制财务会计报告,并依法经会计师事务所审计。为了规范上市公司年度报告的编制及信息披露行为,保护投资者的合法权益,根据《公司法》《中华人民共和国证券法》(以下简称《证券法》)等法律法规及中国证券监督管理委员会的有关规定,中国证监会于2005年重新修订了《公开发行股票公司信息披露的内容与格式准则第2号〈年度报告的内容与格式〉》,对公司年度报告中应披露的信息作了更为详细的规定和说明。同时明确指出,该准则的规定是对公司年度报告信息披露的低要求。

公司年度报告中的财务会计报告必须经具有证券、期货相关业务资格的会计师事务所审计,审计报告必须由该所至少两名注册会计师签字。已发行境内上市外资股及其衍生证券并在证券交易所上市的公司还应进行境外审计(指会计师依据国际审计准则或境外主要募集行为发生地审计准则,对公司按照国际会计准则或境外主要募集行为发生地会计准则调整的财务会计报告进行审计)。

2. 中期财务报告

鉴于投资者、债权人对公开披露的财务报表信息的质量提出了更高的要求,财政部

《企业会计准则第32号——中期财务报告》对中期财务报告的编制及原则进行了规范。中期财务报告是指以中期为基础编制的财务报告。"中期"是指短于一个完整的会计年度（自公历1月1日起至12月31日止）的报告期间，它可以是一个月、一个季度或者半年，也可以是其他短于一个会计年度的期间，如1月1日至9月30日的期间等。因此，中期财务报告包括月度财务报告、季度财务报告、半年度财务报告，也包括年初至本中期末的财务报告。中期财务报告至少应当包括资产负债表、利润表、现金流量表、附注等内容，企业可以根据需要自行决定是否编制和披露所有者权益变动表。中期财务报告在编制时应当和年度财务报告保持一致的会计原则，遵循重要性原则，体现及时性原则。

中期财务报告的数据只是年度财务报告数据的组成部分，应以发展的、动态的眼光来看待相关财务数据，不能仅仅依据静态数据进行决策，因为许多财务活动的会计账务处理是以会计年度作为确认、计量和报告的依据，可能无法在中报数据中体现出来。

（五）管理用财务报表、成本报表与预算报表

由于企业的经营管理者是企业运营活动的实际执行者，因此他们除了对外会计财务报表以外还有比外部利益相关者更多的报表信息分析来源，也就是在企业内部产生和使用的管理类各种报表，主要有管理用报表、成本报表、预算报表。这些报表的使用主体范围非常有限，通常主要就是企业的经营管理者，这也是企业内部经营管理者和外部利益相关者的决策依据在信息不对称问题上的重要表现。获取这些信息对外部主体的财务报表分析工作及决策有较大的辅助价值。

1. 管理用财务报表

通用财务报表基于会计准则的需要编制而成，但它所提供的信息并不完全适用于财务分析及企业内部管理。企业的财务活动主要可以围绕经营活动和金融活动两个方面来分类，与企业密切相关的市场主要是证券市场和产品市场。因此企业的资产主要也可以分为两类，一类是为了进行生产经营活动而配置形成的经营类资产，一类是基于投融资目标而投资于资本市场所形成的金融类资产。基于这种分类，企业内部管理编制了管理用财务报表进行分析，主要包括管理用资产负债表、管理用利润表及管理用现金流量表，以及在此基础上的管理用财务分析体系。

2. 成本报表

成本决定着企业的生存与发展，是反映工作质量的综合性指标。成本报表的编制与分析工作是成本管理工作的重要环节。成本报表是服务于企业内部经营管理的内部管理会计报表，不需要对外报送或者公布，具有非公开性、针对性、灵活性和及时性等特征。成本报表按照所反映的内容可以分为反映产品成本情况的报表（如产品生产成本报表、主要产品单位成本报表等）和反映费用支出情况的报表（如制造费用明细表、管理费用明细表、财务费用明细表和销售费用明细表等）。

产品生产成本表是反映企业在报告期内生产的全部产品的总成本的报表，分为按照成本项目编制的产品生产成本表及按照产品种类编制的产品生产成本表。按成本项目编制的产品生产成本表是按成本项目如直接材料、直接人工、制造费用等汇总反映企业在报告期内发生的全部生产成本及产品生产成本合计额的报表。按产品种类编制的产品生产成本表是按照产品不同的种类汇总反映企业在报告期内生产的全部产品的单位成本及总成本的报表。对产品生产成本表进行分析时可以采用比较分析法、比率分析法及趋势分析法进行不同层面的分析。

3. 预算报表

财务预算是企业全面预算的重要组成部分，它与业务预算、资本预算、筹资预算共同构成企业的全面预算。财务预算作为总预算，从价值方面总括反映经营期业务预算、资本预算、筹资预算的结果，形成了一系列预计资产负债表，这些财务报表是在经营活动发生以前编制的财务报表，从而为企业经营管理提供战略目标。

预算财务报表记录的是预期数据，并不是实际发生的业绩，是全面预算过程中后的环节和产物，所有财务数据都是根据一定的规则、制度和预测数据计算编制，是企业经营管理活动的起点，一般是按年度进行编制，分季度和月份加以落实和考核。

二、外部信息基础

（一）行业信息与产业政策

企业的财务特点受制于企业的行业特点，对企业财务状况的优劣要结合行业特点和横向类比进行判断。对企业进行财务报表分析，要熟悉行业特点，掌握行业的一般财务指标特征。例如，房地产开发企业的资产负债率可能比一般行业高，商业企业的存货周转速度要远远高于制造业企业，等等。收集行业信息，要更多地收集行业标准值、行业经验值、行业典型企业的财务值等。分析者对于不熟悉的行业，应从理解行业的主要特点、业务流程、行业环境、发展动态等环节入手。

产业政策是政府为了合理调配经济资源、实现特定经济和社会目标而对特定产业实施干预的政策和措施。特定的产业政策面向特定产业，对产业内的企业发挥作用。产业政策按照其作用方向可分为产业扶植政策、产业规范政策和产业抑制政策。产业扶植政策指运用财政、金融、价格、贸易、政府购买和行政等手段扶植和保护幼稚产业、主导产业等特定产业发展的政策。它的功能在于倾斜性地为特定产业提供资源并扩大市场。产业规范政策是指为了环保、安全、保护战略资源等经济社会发展需要，规范产业发展方式和发展方向的产业政策。产业抑制政策是为了供求平衡、环保、安全等原因短期性或长期性地抑制甚至禁止一定产业发展的政策。

产业政策改变社会经济资源在产业之间和产业内的分配，对企业发展和生产经营活动产生重要影响，从而改变企业的财务状况和经营成果。国家实行固定资产投资项目资本金制度，对不同行业固定资产投资资本金比例的改变会影响到相关行业的资本结构、资产负债率，改变企业的财务风险。国家对特定行业实行淘汰落后产能的政策，会打压行业内的中小企业的生存空间，提高产业的集中度，对产业内的大企业和技术先进企业而言则意味着扩大了市场空间。进行财务报表分析，必须关注产业政策的变化与调整及对其产业内不同企业的影响。

（二）宏观经济政策与信息

宏观经济政策是指政府调节宏观经济运行的政策与措施。宏观经济政策主要着眼于经济增长、稳定物价、促进就业等目标，它包括财政政策、金融政策、收入分配政策等。宏观经济政策的变化最终会改变企业的财务运行过程和结果。

财政政策是指政府运用支出和收入来调节总需求、控制失业和通货膨胀、实现经济稳定增长和国际收支平衡的政策。财政政策工具包括财政支出（政府购买和政府转移支付）、政府税收、国债等。在财政政策中，税收政策对企业的影响最为直接。政府会根据经济运行情况和财政政策的特点不断调整国家财政政策，国家财政政策的调整会直接或间接地影响到企业。国家实行积极的财政政策时，财政支出会扩大，社会消费能力会增强，经济增长速度会加快（或经济下降速度会减缓），物价会回升；而国家实施紧缩财政政策时则会出现相反的效应。财政政策的变化对不同企业会产生不同的影响。

金融政策是指中央银行为实现宏观经济调控目标而采用各种方式调节货币、利率和汇率水平，进而影响宏观经济的各种方针和措施的总称。金融政策的作用一般是稳定货币供应、维护金融秩序，进而实现经济增长、物价稳定、充分就业和国际收支平衡，主要包括货币政策、利率政策和汇率政策。

货币政策是指中央银行为实现特定的经济目标而采用的各种控制和调节货币、信用及利率的方针和措施的总称。货币政策工具分为一般性货币政策工具和选择性货币政策工具。前者包括法定存款准备金制度、再贷款、再贴现业务和公开市场操作，后者主要有消费者信用控制、证券市场信用控制、不动产信用控制、信贷配给直接信用控制等。利率政策是中央银行调整社会资本流通的手段，利率的变化会改变居民储蓄和消费，改变社会资本的流向和流量，改变企业的融资和投资策略，可以在一定程度上调节产品结构、产业结构和整个经济结构。

汇率政策对于国际贸易和国际资本流动具有重要的影响，汇率变化对出口型企业和依赖进口的企业会产生不同的影响。

宏观经济信息是国民经济运行情况的信息，反映了经济运行的一般状况。物价指数、社会商品零售总额、固定资产投资规模、货币供应量、贷款总额、工业产品出厂价格、生产用电量、就业人数等指标都属于宏观经济信息。宏观经济信息的主要来源渠道为宏观经济统计报告。由于财务报表分析的对象是针对单个企业的财务状况和经营状况，分析人士往往容易忽视宏观经济信息，忽视宏观经济数据变化对企业可能产生的影响。宏观经济数据的变化预示着经济发展趋势的变化，例如，物价指数的下降或增幅的降低预示着存在经济下行的可能，资本结构不合理的企业有可能在未来存在较大的财务风险。在财务报表分析过程中，对企业未来发展前景、财务风险的大小等需要结合宏观经济信息，才能做出正确的判断。

三、表外信息基础

财务报表分析主要建立在对法定财务报表进行分析的基础之上，法定财务报表的编制必须严格按照会计准则和会计制度来执行，因此受制于法律框架范围及会计信息披露的成本。尽管存在会计信息披露质量原则的统一要求，但是主要财务报表并不能够做到信息的完全描述和详尽披露。因此对表外信息的关注逐渐进入财务分析工作者的研究视野。

表外信息是指会计报表的提供者不能或者不便在法定会计报表框架内反映的，但是却能帮助财务报表使用者比较全面地、正确地理解有关会计报表的内容、企业财务状况、或有事项及未来发展的重要信息，它是会计报表的重要补充和说明，处于主要报表的从属地位。

表外信息披露有其存在的必要性：表内信息的局限性要求进行表外信息披露加以补充，以反映更多的非货币化信息；适当的表外信息有利于解决由于委托代理关系的存在而形成的信息不对称问题，也是评价管理人员履行受托责任的重要依据；表外信息内容多样，不受格式、范围和时间的限制，是对利益相关者决策依据的重要参考补充。

表外信息的含义广泛、内容多样，没有固定的表格和指标的限制。表外信息披露的内容主要包括以下几个方面。

1. 有关会计政策的披露

会计政策是指企业在编制和披露财务报表时所采用的特定的原则、基础、惯例、规则和实际方法。会计政策的揭示有助于会计信息的使用者了解会计信息加工生产的过程。

2. 有关预测信息和辅助信息的披露

利用前景报表进行预测信息的披露可以克服历史信息的滞后性，从而降低与信息使用者未来决策相联系的不确定风险。辅助信息主要反映物价变动方面的信息，是对以历史成本为基础的会计信息的重要补充。

3. 有关分部信息的披露

分部信息披露是重组、借壳企业在跨行业、跨地区经营状态下会计报表的必要补充。分部信息披露应重点反映三个方面的内容：①营业收入、营业成本及营业收益，其中营业成本要揭示共同费用的分摊方法。②要揭示分部之间的转移价格，看是否存在操作价格调节利润的行为。③可辨认资产信息，包括折旧、折耗及摊销、资本支出等。

4. 有关人力资源信息的披露

人力资源是企业发展的重要财富，人力资产和人力资本目前尚未明确量化地纳入会计准则及信息披露框架，但是在当前经济快速发展、知识日益更新的环境下，企业确实投入了大量的资源用于员工的在职培训和职业发展。因此为满足信息使用者对企业人力资源状况的了解需求，应该从人力资产的投资成本、人力资产的流通成本及人力资产的管理效率和使用效益等多方面进行表外信息披露。

由于信息的供给者和信息的使用者之间存在信息不对称行为，因此表外信息披露可能会存在误导使用者的违规披露行为。当然，随着会计信息披露规范体系的不断发展和完善，制度的内容将不断更新，制度的细节将不断完善，制度的可执行性和可操作性将越来越强，这不但会将部分表外信息逐步纳入表内信息披露的内容中，也会促使各行业企业的表外信息披露更加充分有序，同时审计监督的加强也会引领企业正确规范地进行表外信息披露。

第二节　制约财务报表分析的法规环境

如果没有一定的具有强制性、约束性的法规来制约企业财务报表的编制，那将会给报表信息使用者的使用带来极大障碍。从世界各国的实际情况来看，各国大都对企业财务报表的编制与报告内容制定了一些法规，使报表信息的提供者——企业在编制报表时操纵报表信息的可能性受到限制。在我国，制约企业财务报表编制的法规体系包括会计规范体系及约束上市公司信息披露的法规体系。从目前的情况来看，制约我国企业编制财务报表的法规规范体系主要包括以下内容。

一、《中华人民共和国会计法》

《中华人民共和国会计法》（以下简称《会计法》）于 1999 年 10 月 31 日由第九届全国人大常委会第十二次会议修订通过。《会计法》制定于 1985 年，此后曾于 1993 年进行过一次修正，2000 年修订后于 7 月 1 日开始实施。《会计法》是调整我国经济活动中会计关系的法律总规范，是会计法律法规体系的高层次，是制定其他会计法规的基本依据，也是指导会计工作的高准则，相当于规范会计工作的"宪法"。《会计法》中明确规定了其作用、适用范围、会计人员行使职权的保障措施和会计工作的管理体制等，明确规定了会计信息的内容和要求及企业会计核算、监督的原则，会计机构的设置、会计人员的配备及相关人员的法律责任。

二、公认会计准则体系

1. 公认会计准则的重要治理意义

公认会计准则由财政部负责发布和解释，是从政府层面制定的对各类单位有关财务核算行为的规范指南，是各类单位的财务会计工作所应遵循的政府监管标准。会计准则委员会是我国会计准则咨询机构，在会计准则制定及修订过程中发挥着重要的作用。会计准则委员会委员主要来自政府部门、监管机构、实务界、学术界，为提高准则质量、堵塞准则漏洞提供了重要保障。会计准则体系作为一种规范会计核算和信息披露的重要会计制度安排，以及具体会计准则在具体修订中体现的时效性和持续性，体现了会计准则体系适应实务环境而不断演化的能力。财政部的会计司与条法司严格按照有关立法程序执行准则的制定工作。各财政监督机构作为会计准则的贯彻执行机构，负责企业会计信息质量检查和会计师事务所执业质量检查。

财政是国家治理的基础和重要支柱，其中会计在财政经济工作中发挥着重要的基础性作用，它是国家、政府、企业和各行政事业单位强化管理、提高治理能力与水平的重要工具和手段，是现代公共管理和公司治理的有机组成部分。企业会计准则从制度法规层面进一步完善了我国会计标准体系，填补了有关会计规范的空白，有力地推动了我国的现代公司治理建设，同时通过引进国际先进的会计核算和管理理念，服务于我国企业治理的现代化。

会计通过生成、加工、披露有关单位财务状况和经营成果的信息，发挥信号作用，引导资本流动和投融资决策，从而促进市场资源的有效配置，而会计信息质量的高低直接影响资本市场的效率及资源配置的效果。企业会计准则的修订完善促使会计信息质量进一步提高，有助于企业投融资活动和可持续发展，有助于推进我国多层次资本市场的构建，有助于充分发挥市场在资源配置中的决定性作用。

会计作为国际通用的商业语言，多年来在改革开放尤其是在我国深入实施的"引进来"和"走出去"战略中发挥着重要作用。随着经济全球化趋势的日益加深，我国经济与世界经济相互联系、相互依存和相互影响的程度更加紧密。我国企业会计准则与国际财务报告准则的持续趋同，有利于深化中外经贸合作、促进要素有序自由流动，为构建开放型经济新体制奠定了会计制度基础。

2. 企业会计准则体系的具体内容

新的企业会计准则体系由基本准则、具体准则和解释三部分组成,具体准则在体例上包括正文、应用指南和起草说明。具体准则正文是关于各项具体业务事项的确认、计量和报告的规范性条文,应用指南和起草说明是对具体准则正文提供操作性指引和说明。新体系体例充分体现了连续性、灵活性和实用性的特点,在层次结构上更加严谨完善,在内容安排上更加符合准则制定的国际惯例,既便于我国的实务操作,也便于国际趋同。

2014年新发布的7项会计准则严格遵循了新的体系体例,合理梳理整合了原准则中的应用指南、解释、讲解中的规范性条款,准则之间也更加协调一致,为我国企业会计准则的后续发展和完善奠定了基础。

新准则还进一步改进了企业财务报表体系,强调各报表和附注对报表使用者同等重要,突破了传统的单一会计报表的概念,同时,进一步改进和完善了资产负债表、利润表等报表及报表附注的列报内容,强化了有关风险管理和披露要求,使企业财务报表的内涵与外延进一步延伸。

我国于2006年修订的《企业会计准则——基本准则》包括五部分:①财务会计报告的目标:向财务会计报告使用者提供与企业财务状况、经营成果和现金流量等有关的会计信息,反映企业管理层受托责任履行情况,有助于财务会计报告使用者做出经济决策。②会计核算的基本前提,包括会计主体、持续经营、会计分期和货币计量。③会计核算的一般原则,包括客观性原则、相关性原则、可比性原则、一贯性原则、及时性原则、明晰性原则、权责发生制原则、配比原则、谨慎原则、历史成本原则、划分收益性支出与资本性支出原则、重要性原则共12条。④会计要素及其相关内容,即对资产、负债、所有者权益、收入、费用、利润六要素的确认、计量和报告做出的规定。⑤会计报表的基本内容和要求。

基本准则处于会计准则的高层次,是制定具体准则的前提条件和基本依据,在会计准则体系处于重要指导地位。2014年7月29日,财政部做出对《企业会计准则——基本准则》的修改决定,对公允价值的内涵界定有了新的变化。具体会计准则是按照基本会计准则的内容要求,针对各种具体经济业务的会计处理及报表披露做出的具体规定,它的特点是操作性强,可以根据其直接组织该项业务的核算。

我国的具体会计准则包括以下几个方面:①一般业务处理准则(主要是基本准则的具体化)。②特殊业务准则(如物价变动会计准则和破产清算会计准则)。③特殊行业会计准则和特殊经营方式会计准则。

财政部于2006年11月发布了《企业会计准则——应用指南》(以下简称《应用指南》)。《应用指南》是根据基本准则和具体准则制定的用于指导会计实务操作的细则,是企业会计准则体系的重要组成部分,主要解决在运用会计准则处理业务时所涉及的会计科目、账务处理、会计报表及其格式、编制说明,类似于以前的会计制度。《应用指南》的发布有助于会计人员完整、准确地理解和掌握新准则,确保新准则的贯彻实施,同时也标志着我国企业会计准则体系的构建工作已基本完成。

解释公告是随着企业会计准则的贯彻实施,就实务中遇到的实施问题而对准则做出的具体解释。

需要注意的是,财政部于2006年2月15日发布《企业会计准则》(自2007年1月1日起实行)后,近年来已对准则进行过多次修订与发布。在我国,制约企业财务报表编制的会计规范体系一直处于不断完善和变化之中,今后仍将继续完善、发展和变化。

三、上市公司信息披露法规体系

目前,我国证券市场结构主要包括场内和场外两个交易市场。场内交易市场,包括两个交易所即上海证券交易所和深圳证券交易所。场外交易市场,包括两个,一个是全国中小企业股份转让系统,一个是产权交易所。对参与证券市场的各个主体来说,财务会计文件是它们重要的信息沟通载体。

按照信息披露的要求,上市公司信息披露可以分为强制性披露和自愿性披露两方面。在强制性披露方面,我国的会计制度主要规定上市公司的年度报告必须附有会计报表附注和会计数据摘要;非上市公司的年度报告应附有会计报表附注和财务情况说明书。在自愿性披露方面,披露的表外信息由报表提供者自主选择,一般应包括预测信息、辅助信息、管理当局的管理目标、计划及预算等。

我国现行的上市公司信息披露法规体系主要包括证券发行的信息披露制度和二级市场财务信息披露制度。基本法律层面主要有公司法、证券法、刑法等法律制度,行政法规层面主要有国务院颁布的《股票发行与交易管理暂行条例》《上市公司监管条例》,部门规章层面主要有中国证监会制定的部门规章如《上市公司信息披露管理办法》《公开发行证券公司信息披露内容与格式准则》《公开发行证券的公司信息披露编报规则》《上市公司证券发行管理办法》等,属于行业自律性的文件有证券交易所股票上市规则、信息披露工作指引、格式指引。

会计信息披露文件一般包括招股说明书、上市公告书、年度报告、中期报告(包括半年度报告和季度报告)及临时报告(包括重大事件公告和收购合并公告)。证监会在《上市公司信息披露管理办法》中规定,上市公司应当披露的定期报告包括年度报告、中期报告和季度报告。每个会计年度结束之日起4个月内,是各大上市公司公布年度报告(简称"年报")的时间。中期报告主要是半年度报告,每个会计年度的上半年结束之日起2个月内,是上市公司公布半年度报告的时间。目前对中期报告没有须经过注册会计师审计的要求,因此对中报所提供信息的可靠性分析应谨慎对待。

年报中应当包括的内容有:重要提示、目录和释义,公司简介,会计数据和财务指标摘要,董事会报告,重要事项,股份变动及股东情况,董事、监事、高级管理人员和员工情况,公司治理,内部控制,财务报告,备查文件目录等。中报中应当包括的内容有:重要提示、目录和释义,公司简介,会计数据和财务指标摘要,董事会报告,重要事项,股份变动及股东情况,优先股相关情况,董事、监事、高级管理人员和员工情况,财务报告,备查文件目录等。中报主要关注报告期内重大诉讼、仲裁等事件对公司的影响,年报更关注期末公司前10大股东持股情况,持股5%以上的股东、控股股东及实际控制人的情况。

其中,年度财务报告包括以下内容:经过注册会计师签字的审计报告、财务报表、财务报表附注。具体涵盖内容有:公司基本情况,财务报表的编制基础,重要会计政策及会计估计,税项,合并财务报表项目注释,在其他主体中的权益,与金融工具相关的风险,关联方及关联交易,承诺及或有事项资产负债表日后事项,其他重要事项,母公司财务报表主要项目注释,补充资料。

上市公司年报编制在整体上遵循的原则有重要性原则、清晰性原则和从多从严原则。指在合理预期下，如果财务报表某项目的省略或错报会影响使用者据此做出经济决策的，那么该项目就具有重要性。重要性应该根据企业所处的具体环境，从项目的性质和项目的金额两方面予以判断，一经确定，不得随意变更。判断项目性质的重要性，应当考虑该项目在性质上是否属于企业的日常活动，是否显著影响企业的财务状况、经营成果和现金流量等因素；判断项目金额大小的重要性，应当考虑该项目金额占资产总额、负债总额、所有者权益总额、营业收入总额、营业成本总额、净利润、综合收益总额等直接相关项目金额的比重或所属报表单列项目金额的比重。

四、企业内部控制规范体系

内部控制起源于内部牵制。1936 年，美国注册会计师协会（American Institute of Certified Public Accountants，AICPA）在其发布的《注册会计师对财务报表的审查》公告中首次提出，审计师在制定审计程序时应审查企业的内部控制，并从财务审计的角度把内部控制定义为"为保护公司现金和其他资产，检查账簿记录事务的准确性而在公司内部采用的手段和方法"。1939 年的"罗宾斯公司审计案"促使 AICPA 把强化内部控制制度审计作为审计程序的主要内容。1941 年，美国社会各界认识到了企业内部控制及审计的重要性，指出没有内部控制的企业就不具备基本的审计条件。内部控制理论在理论界和实务界得到广泛的研究和实践，并不断地产生及反馈新的问题。1985 年，美国反虚假财务报告委员会（Treadway Commission）成立。该委员会在 1987 年的报告中指出，防止虚假财务报告需要所有上市公司保持良好的内部控制，并建议成立发起组织委员会（The Committee of Sponsoring Organizations of the Treadway Commission，COSO）专门研究内部控制问题。1992 年，COSO 委员会发布"COSO1992 报告"（《内部控制整体框架》，被认为是广泛认可的关于内部控制整体框架的国际标准）。2002 年的《萨班斯—奥克斯利法案》是美国又一部里程碑性质的法律，强调了公司内部控制的重要性，从管理者、内部审计及外部审计等几个层面对公司内部控制作了具体规定，并设置了问责机制和相应的惩罚措施。其中 404 条款要求上市公司在年报中提供内部控制报告和内部控制评价报告，注册会计师要对企业的内部控制报告进行审核和报告。2004 年，COSO 发布了《企业风险管理整合框架》（"COSO2004 报告"），这份报告将内部控制与风险管理日益融合，涉及公司管理的所有层次，控制与管理的职能和界限相互融合。

我国内部控制理论与实践的发展起步较晚。2008 年 5 月 22 日，财政部、证监会、审计署、银监会、保监会联合发布了《企业内部控制基本规范》，并于 2009 年 7 月 1 日正式实施。2010 年 4 月，五部委联合发布了《企业内部控制基本规范——配套指引》，包括内部控制应用指引、内部控制评价指引与内部控制审计指引，并规定自 2011 年 1 月 1 日在境内外同时上市的公司中施行，2012 年起逐步扩大实施范围。执行企业内部控制规范体系的企业必须对本企业的内部控制的有效性进行自我评价，出具年度自我评价报告，并聘请会计师事务所对财务报告内部控制的有效性进行审计并出具审计报告。至此，我国的企业内部控制规范体系日趋成熟和完善。

《企业内部控制应用指引第 14 号——财务报告》指出，企业编制、对外提供和分析利用财务报告，至少应当关注下列风险：①编制财务报告违反会计法律法规和国家统一的会计准则，可能导致企业承担法律责任和声誉损失的风险。②提供虚假财务报告，误导财务报告使用者，造成决策失误，干扰市场秩序的风险。③不能有效地利用财务报告，难以及时发现企业经营管理中存在的问题，可能导致企业财务和经营风险失控的风险。该指引文件要求企业应当严格执行会计法律法规和国家统一的会计准则，加强对财务报告编制、对外提供和分析利用全程的管理，明确相关工作流程和要求，落实责任制，确保财务报告的合法合规、真实完整和有效利用。总会计师或分管会计工作的负责人负责组织领导财务报告的编制、对外提供和分析利用等相关工作。企业负责人对财务报告的真实性、完整性负责。该指引文件明确要求企业财务报告编制完成后应当装订成册，加盖公章，由企业负责人、总会计师或分管会计工作的负责人、财会部门负责人签名并盖章。财务报告须经注册会计师审计的，注册会计师及其所在的事务所出具的审计报告应当随同财务报告一并提供。该指引文件要求企业重视财务报告分析工作，定期召开财务分析会议，分析财务状况、经营成果和现金流量情况，企业定期的财务分析应当形成分析报告，并及时传递至各管理层级，发挥财务报告在企业财务报表分析的内部信息经营管理中的重要作用。

本章小结

财务报表分析信息是财务报表分析的基础和不可分割的组成部分，它对于保证财务报表分析工作的顺利进行、提高财务报表分析的质量与效果都有着重要的作用。财务报表分析的内部信息基础主要包括：①基本财务会计报表，主要包括资产负债表、利润表、所有者权益变动表、现金流量表。②会计报表附注。③各类审计报告。④年度财务报告及中期财务报告。财务报表分析的外部信息基础主要关注行业信息与产业政策、宏观经济政策及信息等。无论是编制财务报表还是分析财务信息，都受到各国相关法规体系环境的制约，必须在理解相关法律法规框架的前提下开展应用于不同使用目的的各类财务分析工作。

思考题

1. 《企业会计准则》要求编制的财务报表主要包括哪几张报表？报表之间有何逻辑联系？
2. 什么是财务报表附注？包括哪些内容？对财务报表分析有何作用？
3. 财务报表分析的内部信息基础主要包括哪些内容？各有何特点？

同步练习

一、单项选择题

1. 年度财务会计报告，在每年度终了时编制，应于年度终了后（ ）个月内对外提供，包括财务会计报告的全部内容。
   A. 3　　　　　　　B. 4　　　　　　　C. 5　　　　　　　D. 6
2. 制约财务报表的会计规范体系的高层次是（ ）。
   A. 企业会计制度　　B. 企业会计准则　　C. 会计法　　　　D. 会计基础工作规范

3. 只在企业内部编制，不对外报送的报表是（　　）。
A. 成本管理报表　　B. 资产负债表　　C. 利润表　　D. 现金流量表
4. 财务信息生成的基础是（　　）。
A. 会计核算　　B. 会计分析　　C. 会计监督　　D. 会计控制
5. 可以反映企业经营活动和财务收支的全貌的是（　　）。
A. 会计账簿　　B. 总分类账　　C. 财务会计报告　　D. 明细分类账

二、多项选择题

1. 月份终了，一般企业需编制和报送的财务报表有（　　）。
A. 资产负债表　　　　　　　　B. 利润表
C. 股东权益变动表　　　　　　D. 现金流量表
2. 在财务报表附注中应披露的会计政策有（　　）。
A. 坏账的数额　　　　　　　　B. 收入确认的原则
C. 所得税的处理方法　　　　　D. 存货的计价方法
3. 对财务报表的可靠性做出判断时，下列属于常见危险信号的是（　　）。
A. 财务报告的形式不规范　　　B. 大额的关联方交易
C. 大额资本利得　　　　　　　D. 异常的审计报告
4. 企业的财务报表至少应当包括（　　）。
A. 资产负债表　　B. 利润表　　C. 现金流量表　　D. 所有者权益变动表

三、判断题

1. 变更会计政策或发生重大会计差错时，应采用追溯调整法。（　　）
2. 会计分期不同，不会对利润总额产生影响。（　　）
3. 资产负债表数据的计价基础是公允价值。（　　）
4. 财务报表的附表和附注不属于必须对外提供的资料。（　　）
5. 审计报告对保证财务报表信息的质量起关键性作用。（　　）

四、综合分析题

1. 为表 2-1 所列的 TRT 公司、YNBY 公司、GZBL 公司编制共同比利润表，计算填空并进行初步财务分析。

表 2-1　三大公司共同比利润表金额　　　　　　　　单位：百万元

2018 年	TRT		YNBY		GZBL	
	金额	（%）	金额	（%）	金额	（%）
销售收入	969		1 881		157	
费用总额	844		1 631		125	
净利润	125		250		32	

2. 为表 2-2 所列的 TRT 公司 2016—2018 年度部分财务数据编制共同比利润表，计算填空并对该公司收益情况进行趋势分析。

表 2-2 TRT 公司 2016—2018 年度共同比利润表金额   单位：百万元

TRT	2016 年		2017 年		2018 年	
	金额	（%）	金额	（%）	金额	（%）
销售收入	752		871		969	
费用总额	664		764		844	
净利润	88		107		125	

3. 资料分析：

资料 1：经过 8 个月的调查审理终结，YT 实业公告了证监会下发的《行政处罚决定书》。根据上述处罚决定，YT 实业财务报表内容主要在三个方面涉及违法。其一，因上市公司的持股公司 GD 公司会计处理不当，导致 YT 实业 2016 年虚减净利润 257.04 万元、2017 年虚增净利润 257.04 万元。其二，YT 实业因 2017 年未计提 GD 公司长期股权投资减值准备，致使同期净利润虚增 237.79 万元。其三，YT 实业控股子公司 JY 房地产开发有限公司，存在提前或延迟确认销售收入的情形，导致上市公司合并报表 2014 年、2015 年、2016 年、2017 年分别虚增营业收入 971.46 万元、4 122.7 万元、1 055.93 万元、2 043.16 万元，并导致 2013 年虚减营业收入 974.15 万元。针对上述违法情形，证监会决定给予 YT 实业警告并处以 60 万元罚款，对公司前董事长等多名涉事责任人给予警告，对其中多名人员处以 3 万～30 万元不等的罚款，合计罚款金额 180 万元。

即便摆脱了退市风险，连续 5 年的财务出错情节也委实严重，为其出具"财务健康报告"的审计机构也难辞其咎。YT 实业 2014—2016 年聘请的外部审计机构为 G 会计师事务所，2017—2018 年聘请的外部审计机构为 R 会计师事务所，目前则聘请 X 会计师事务所为外部审计机构。前公司法人在证监会处罚方面辩称"审议相关报告时受时任财会人员、审计机构及独立董事的误导"。（文章来源：每日经济新闻）

资料 2：通过查阅财政部网站相关文件发现，2018 年 10 月 28 日，财政部监督检查局披露了 2017 年全国开展的会计信息质量检查结果及相关处罚整改落实情况。其中，第 29 号公告主要是针对中央企业、上市公司、外资企业等共计 95 户企业和 44 家证券业务资格会计师事务所开展会计监督检查，并对有关违规企业进行了处罚。（文章来源：澎湃新闻）

资料 3：为了做好检查工作，中国注册会计师协会组织 8 个检查组、97 名检查人员，对瑞华、天衡、华普天健、希格玛、立信中联、亚太、福建华兴、山东和信 8 家会计师事务所及其 19 家分所进行了检查。检查组抽查了 106 份审计报告，其中，上市公司财务报表审计报告 43 份、内控审计报告 19 份、IPO 审计报告 5 份、非上市公众公司审计报告 20 份、其他报告 19 份。根据检查发现的问题，对 2 家证券业务会计所和 2 名注册会计师给予惩戒，通报批评，整改通知。（文章来源：中国会计视野）

根据以上资料思考并讨论，完成相关任务。

问题要求：公司管理层对财务报表信息披露负有什么样的责任？会计师事务所在财务报表信息披露中应承担什么样的责任？围绕财务报表信息披露监督检查的监管机构有哪些？上市公司、外部审计机构、监管机构之间是何种制约关系？

第三章

资产负债表分析

引 言

资产负债表（Statement of Financial Position）是财务报表中最重要的一张报表，它是反映企业在某一特定日期财务状况的"体检表"。我国的企业会计准则规定资产负债表采用账户式结构，遵循借贷相等的基本会计原理。现行企业会计准则强化了资产负债表观念，追求对企业财务状况和价值增值的全面了解。资产负债表分析是财务报表分析的重要内容。在资产负债表的左方，应该对各类资产项目的内涵进行分析，并对各类资产的质量进行深度判断，并应挖掘各个资产项目与所属财务活动之间的对应关系。在资产负债表的右方，应该对负债及权益项目的内涵进行分析，并对资本结构的质量进行评估思考，并理解企业资本结构和资产组合的对应关系，从而进一步深入分析企业的财务战略安排和投融资活动的特点。

通过本章的学习，要求了解资产负债表的概念及结构、分析作用及局限性；掌握资产负债表各个项目的编制方法及质量分析内容；理解资产负债表框架结构分析的内涵，能够进行流动资产和非流动资产的结构分析，能够对资本结构进行基本判断，并能对报表所体现的资产组合和资本结构之间的对应关系进行判断和评价；掌握资产负债表初步分析的基本方法，例如，能够对资产负债表进行项目趋势分析，能够编制比较资产负债表和共同比资产负债表；理解资产负债表是财务报表的核心，是许多重要单项能力分析和财务比率指标构建的数据来源；理解资产负债表分析是对企业的财务状况、资产质量和资本结构进行全面评价的过程。

本章的教学重点是资产负债表各项目质量分析、资产结构的计算和分析、资本结构的特征及分析、资产负债表的初步分析方法的应用。

本章的教学难点是利用资产负债表信息来分析资本结构变动对企业资产质量和经营管理带来的影响。

第一节 资产负债表分析概述

一、资产负债表的概念及结构

1. 资产负债表的概念

资产负债表（Balance Sheet）是反映企业在某一特定日期财务状况的会计报表。它反映企业在某一特定日期所拥有或控制的经济资源、所承担的现时义务和所有者对净资产的要求权，是一张静态反映企业财务状况的会计报表。

资产负债表是根据资产、负债和所有者权益之间的相互关系，按照一定的分类标准和一定的顺序，将企业在某一特定日期的资产、负债和所有者权益各项目予以适当的排列，并根据会计账簿日常记录的大量数据浓缩整理后编制而成。

2. 资产负债表的结构

资产负债表的结构一般是指资产负债表的组成内容及各项目在表内的排列顺序。就组成内容而言，资产负债表包括表头、基本内容和补充资料。其中：表头部分提供了编报企业的名称、报表的名称、报表所反映的日期、金额、单位及币种等内容；基本内容部分列示了资产、负债及所有者权益等内容；补充资料列示或反映了一些在基本内容中未能提供的重要信息或未能充分说明的信息，这部分资料主要在报表附注中列示。

阅读资产负债表表头部分时，首先应该关注编制单位，它体现了会计核算的主体及范围，是分析财务报表数据内涵的重要前提。资产负债表列示编报的日期表明了资产负债表体现的财务状况的时点，称为资产负债表日，这是会计处理中的一个重要概念，许多会计核算的账务处理内容及调整都与资产负债表日密切相关。在我国，年度资产负债表日是每年12月31日，中期资产负债表日是指各会计中期期末时点。资产负债表列示的货币计量单位表明了资产负债表会计计量所采取的币种及小单位。在实务处理中，鉴于财务分析的整体要求，也可以通过计算机软件提供的舍位平衡功能将数据处理后再进行分析。

3. 资产负债表的格式

资产负债表一般有两种格式：账户式和报告式。

（1）账户式。在账户式下，资产负债表左边列示资产项目，右边列示负债和所有者权益项目，左右两边的合计数应保持平衡。在资产方，资产按照流动性（即变现能力）的强弱顺序排列，从强到弱依次为流动资产和非流动资产；在负债与所有者权益方，负债也是按照流动性（即偿还的时间长短、偿债压力）的大小顺序排列，依次列示为流动负债和非流动负债。所有者权益列示在负债的下方。此种格式与"资产＝负债＋所有者权益"的会计等式是完全吻合的。由于这种排列呈左右水平对称式，故此种格式被称为账户式（水平式）。资产负债表的基本格式如表3－1所示。

（2）报告式。报告式也叫垂直式，即资产负债表中的项目按照资产、负债和所有者权益的顺序，依次垂直地加以列示。各具体项目的列示顺序则与账户式相同。报告式资产负债表的基本格式如表3－2所示。

表3-1 资产负债表(基本格式)

编制单位:ABC公司　　　　　201×年12月31日　　　　　　　　　　单位:元

项目	期末余额	期初余额	项目	期末余额	期初余额
资产			负债		
流动资产			流动负债		
…			…		
非流动资产			非流动负债		
…			…		
			负债合计		
			所有者权益		
资产总计			负债及所有者权益总计		

表3-2 资产负债表(基本格式)

项　目	期末余额	期初余额
资产		
流动资产		
…		
非流动资产		
…		
资产总计		
负债		
流动负债		
…		
非流动负债		
…		
负债合计		
所有者权益		
负债及所有者权益总计		

我国企业资产负债表的排列及各项目的含义受《企业会计准则》的直接制约。目前我国的资产负债表编制基本采用报告式。为了使报表使用者能够比较不同时点资产负债表的数据,每个项目又分为"年初余额"和"期末余额"两栏分别填列。在实务中可能出现一些项目排列上的变化,但基本内容不变。

二、资产负债表的作用

1. 通过资产负债表了解企业拥有或控制的经济资源，据以解释、评价和预测企业的短期偿债能力

偿债能力是指企业以其资产偿付债务的能力，短期偿债能力主要体现在资产的流动性上。所谓流动性是指资产转换成现金或负债到期清偿所需的时间。企业拥有和控制的经济资源包括流动资产、固定资产及其他资产。企业的流动资产除现金及银行存款可随时偿还负债外，其余流动资产变现越快，其流动性越强，偿债能力也越强。一般来讲，交易性金融资产的流动性较应收票据和应收账款强，而应收账款又较存货变现能力强。可见通过对企业流动资产构成的分析，可以识别企业的短期偿债能力。

2. 通过资产负债表了解企业的资本结构，据以解释、评价和预测企业的长期偿债能力

企业的长期偿债能力主要指企业以全部资产清偿全部负债的能力。一般认为资产越多、负债越少，企业的长期偿债能力越强，反之，若资不抵债，则企业缺乏长期偿债能力。资不抵债往往由企业长期亏损、蚀耗资产引起，还可能因为举债过多所致。所以，企业的长期偿债能力一方面取决于它的获利能力，另一方面取决于它的资本结构。通过资本结构分析，可以识别企业的长期偿债能力及企业财务稳定性。

3. 通过资产负债表了解企业资源的分布，据以识别企业的财务弹性

财务弹性指标反映企业迎接各种环境挑战、抓住经营机遇的适应能力，包括进攻性适应能力和防御性适应能力。所谓进攻性适应能力，指企业有财力去抓住经营中所出现的稍纵即逝的获利机会、及时进行投资的能力。防御性适应能力指企业能在客观环境极为不利或因某一决策失误使其陷入困境时转危为安的生存能力。企业的财务弹性主要来自资产变现能力、从经营活动中产生现金流入的能力、对外筹集和调度资金的能力，以及在不影响正常经营的前提下变卖资产获取现金的能力。资产负债表本身并不直接提供有关企业财务弹性的信息，但是可通过对资源分布状况及资产权益进行分析，间接识别企业财务弹性。

4. 通过资产负债表可以了解企业资源的占用情况，有助于识别和评价企业的经营业绩

企业的经营业绩主要取决于获利能力。企业获利能力的大小直接影响企业的盈利水平及其稳定增长，也关系到能否向债权人还本付息和向投资者支付较高的股利。但企业要获得盈利必须占用一定的资源，资源分布状况对获利有一定的影响。获得的利润与占用的资源之比称为资金利润率或投资利用率，它是衡量获利能力的重要指标。

三、资产负债表的报表项目内涵

1. 资产负债表列报总体要求

资产负债表列报的根本目的就是如实反映企业在资产负债表日所拥有的资源、所承担的负债及所有者所拥有的权益。因此，资产负债表应当按照资产、负债和所有者权益三大类分别列报。

资产项目分为流动资产和非流动资产。按照各项资产的流动性排列，流动资产列于非流动资产之前。资产类项目至少包括以下单列项目：货币资金、交易项金融资产、应收及预付

款项、存货、持有至到期投资、长期股权投资、投资性房地产、固定资产、生物资产、递延所得税资产和无形资产等。负债项目按照债务归还期的长短排列，其排列顺序是流动负债列于长期负债之前。负债类项目至少包括以下单列项目：短期借款、应付及预收款项、应交税金、应付职工薪酬、预计负债、长期借款、长期应付款、应付债券和递延所得税负债。所有者权益以其永久性程度的高低作为项目排列标准，即永久性程度高者列于前，反之列于后。因此，实收资本（股本）项目列于其他权益项目之前。所有者权益类项目至少包括以下单列项目：实收资本（股本）、资本公积、盈余公积和未分配利润。

2. 资产项目的列报及编制要点

报表项目不同于账户名称，资产负债表报表项目的内涵主要通过其编制内涵来体现。

（1）"货币资金"项目，反映企业库存现金、银行结算户存款、外埠存款、银行汇票存款、银行本票存款、信用卡存款、信用证保证金存款等的合计数。

（2）"以公允价值计量且其变动计入当期损益的金融资产"项目，反映企业持有的以公允价值计量且其变动计入当期损益的为交易目的所持有的债券投资、股票投资、基金投资、权证投资等金融资产。

（3）"应收票据"反映企业因销售商品、提供劳务等收到的商业汇票，包括银行承兑汇票和商业承兑汇票。

（4）"应收账款"项目，反映企业因销售商品、提供劳务等经营活动应收取的款项。

（5）"预付款项"项目，反映企业按照购货合同规定预付给供应单位的款项等。

（6）"其他应收款"项目，反映企业除应收票据、应收账款、预付账款、应收股利、应收利息等经营活动以外的其他各种应收、暂付的款项。

（7）"存货"项目，反映企业期末在库、在途和在加工中的各种存货的可变现净值。存货包括各种材料、商品、在产品、半成品、包装物、低值易耗品、委托代销商品等。

（8）"合同资产"项目，是指企业已向客户转让商品而有权收取对价的权利，且该权利取决于时间流逝之外的其他因素。如企业向客户销售两项可明确区分的商品，企业因已交付其中一项商品而有权收取款项，但收取该款项还取决于企业交付另一项商品的，企业应当将该收款权利作为合同资产。

（9）"持有待售资产"项目，反映资产负债表日划分为持有待售类别的非流动资产及处置组中的流动资产和非流动资产的期末账面价值。该项目应根据"持有待售资产"科目的期末余额，减去"持有待售资产减值准备"科目的期末余额后的金额填列。

（10）"一年内到期的非流动资产"项目，反映企业将于一年内到期的非流动资产项目金额。

（11）"其他流动资产"项目，反映企业除货币资金、交易性金融资产、应收票据、应收账款、存货等流动资产以外的其他流动资产。

（12）"债权投资"项目，反映企业持有的以摊余成本计量的持有至到期投资。

（13）"其他债权投资"项目，反映企业持有的以公允价值计量的可供出售的债券投资。

（14）"其他权益工具投资"项目，反映企业持有的以公允价值计量的可供出售的股权投资。

（15）"长期应收款"项目，反映企业融资租赁产生的应收款项、采用递延方式具有融资性质的因销售商品和提供劳务等产生的长期应收款项等。

（16）"长期股权投资"项目，反映企业持有的对子公司、联营企业和合营企业的长期权益性投资。

（17）"投资性房地产"项目，反映企业持有的投资性房地产。

（18）"固定资产"项目，反映企业各种固定资产原价减去累计折旧和累计减值准备后的净值，加固定资产清理余额。

（19）"在建工程"项目，反映企业期末各项未完工程的实际支出，包括交付安装的设备价值、未完建筑安装工程已经耗用的材料、工资和费用支出、预付出包工程的价款等可收回金额。

（20）"工程物资"项目，反映企业尚未使用的各项工程物资的实际成本。

（21）"生产性生物资产"项目，反映企业持有的生产性生物资产。

（22）"油气资产"项目，反映企业持有的矿区权益和油气井及相关设施的原价减去累计折耗和累计减值准备后的净值。

（23）"无形资产"项目，反映企业持有的无形资产，包括专利权、非专利技术、商标权、著作权、土地使用权等减去累计摊销和减值准备后的净值。

（24）"开发支出"项目，反映企业在开发无形资产过程中能够资本化形成无形资产成本的支出部分。

（25）"商誉"项目，反映企业合并中形成的商誉的价值。

（26）"长期待摊费用"项目，反映企业已经发生但应由本期和以后各期负担的分摊期限在1年以上的各项费用。长期待摊费用中在1年内（含1年）摊销的部分，在资产负债表"一年内到期的非流动资产"项目填列。

（27）"递延所得税资产"项目，反映企业确认的可抵扣暂时性差异产生的递延所得税资产。

（28）"其他非流动资产"项目，反映企业除长期股权投资、固定资产、在建工程、工程物资、无形资产等资产以外的其他非流动资产。

3. 负债项目的列报及编制要点

（1）"短期借款"项目，反映企业向银行或其他金融机构等借入的期限在1年以内（含1年）的各种借款。

（2）"交易性金融负债"项目，反映资产负债表日企业承担的交易性金融负债，以及企业持有的直接指定为以公允价值计量且其变动计入当期损益的金融负债的期末账面价值。该项目应根据"交易性金融负债"科目的相关明细科目期末余额填列。

（3）"应付票据"反映企业因购买材料、商品和接受劳务供应等而开出、承兑的商业汇票，包括银行承兑汇票和商业承兑汇票。

（4）"应付账款"项目，反映企业因购买材料、商品和接受劳务供应等经营活动应支付的款项。

（5）"预收款项"项目，反映企业按照合同规定在未发出商品或提供劳务外向客户预先收取的款项。

（6）"合同负债"项目，是指企业已收或应收客户对价而应向客户转让商品的义务。

（7）"应付职工薪酬"项目，反映企业为获得职工提供的服务或解除劳动关系而给予的各种形式的报酬或补偿，主要包括短期薪酬、离职后福利、辞退福利和其他长期职工福利。

（8）"应交税费"项目，反映企业按照税法规定计算应缴纳的各种税费，包括增值税、消费税、所得税、资源税、土地增值税、城市维护建设税、房产税、土地使用税、车船使用税、教育费附加、矿产资源补偿费等。企业代扣代交的个人所得税也通过本项目列示。企业所交纳的税金不需要预计应交数的，如印花税、耕地占用税等不在本项目列示。

（9）"其他应付款"项目，反映企业除应付票据、应付账款、预收款项、应付职工薪酬、应付股利、应付利息、应交税费等经营活动以外的其他各项应付、暂收款项。

（10）"一年内到期的非流动负债"项目，反映企业非流动负债中将于资产负债表日后1年内到期部分的金额，如将于一年内偿还的长期借款。

（11）"其他流动负债"项目，反映企业除短期借款、公允价值计量且其变动计入当期损益的金融负债、应付票据、应付账款、应付职工薪酬、应交税费等流动负债以外的其他流动负债。

（12）"长期借款"项目，反映企业向银行或其他金融机构借入的期限在1年以上（不含1年）的各项借款。

（13）"应付债券"项目，反映企业为筹集长期资金而发行的债券本金和利息。

（14）"长期应付款"项目，反映企业除长期借款和应付债券以外的其他各种长期应付款项。

（15）"专项应付款"项目，反映企业取得政府作为企业所有者投入的具有专项或特定用途的款项。

（16）"预计负债"项目，反映企业确认的对外提供担保、未决诉讼、产品质量保证、重组义务、亏损性合同等预计负债。

（17）"递延所得税负债"项目，反映企业确认的应纳税暂时性差异产生的所得税负债。

（18）"其他非流动负债"项目，反映企业除长期借款、应付债券等负债以外的其他非流动负债。本项目应根据有关科目的期末余额减去将于1年内（含1年）到期偿还数后的余额填列。非流动负债各项目中将于1年内（含1年）到期的非流动负债，应在"一年内到期的非流动负债"项目内单独反映。

4. 所有者权益项目的列报及编制要点

（1）"实收资本（或股本）"项目，反映企业各投资者实际投入的资本（或股本）总额。股份有限公司称该项目为"股本"。

（2）"其他权益工具"项目，反映企业发行的除普通股以外的归类为权益工具的各种金融工具。

（3）"资本公积"项目，反映企业资本公积的期末余额。包括股本溢价、股份支付和其他资本公积等明细核算内容。

（4）"库存股"项目，反映已经被认购缴款的股票，由发行公司通过购入、赠予或其他方式重新获得，可供再行出售或注销之用的股票。

（5）"其他综合收益"项目，反映企业其他综合收益的期末余额。

（6）"专项储备"项目，反映用于核算高危行业企业按照规定提取的安全生产费及维持简单再生产费用等具有类似性质的费用。

（7）"盈余公积"项目，反映企业盈余公积的期末余额。主要包括法定盈余公积、任意盈余公积。

(8)"未分配利润"项目，反映企业尚未分配的利润。未分配利润是指企业未做分配的利润，可在以后年度进行分配，主要通过"利润分配——未分配利润"二级明细科目的余额来进行计算填列。

第二节 资产负债表项目质量分析

资产负债表是根据会计等式"资产＝权益"分别列报资产、负债（债权人权益）和所有者权益三大部分内容。资产负债表质量分析就是对资产、负债和所有者权益三个要素质量的分析。

一、资产项目质量分析

资产的质量，是指资产的变现能力或被企业在未来进一步利用的质量。资产质量的好坏，主要表现在资产的账面价值量与其变现价值量或被进一步利用的潜在价值量（可以用资产的可变现净值或公允价值来计量）之间的差异上。资产按照其质量分类，可以分为以下几类：

(1)按照账面价值等金额实现的资产，如货币资金。

(2)按照低于账面价值的金额贬值实现的资产，如应收票据、应收账款、其他应收款、部分存货、部分投资、部分固定资产、待摊费用等。

(3)按照高于账面价值的金额增值实现的资产，如大部分存货、部分对外投资、部分固定资产、已经提足折旧继续使用的固定资产、已经作为低值易耗品一次摊销到费用中去而在资产负债表上未体现价值的资产及未纳入资产负债表的人力资源等无形资产。

（一）货币资金

货币资金是指企业生产经营过程中处于货币形态的资产，包括库存现金、银行存款和其他货币资金。货币资金具体会计核算内容包括企业的库存现金、银行存款、外埠存款、银行汇票、银行本票、信用证存款和在途资金等。其特点是：①流动性强，是现实的支付能力和偿债能力。②是企业各种收支业务的集中点，也是资金循环控制的关键环节。

"货币资金"报表项目质量分析的要点如下：

(1)判断货币资金与企业的规模和行业特点是否适当。一般而言，企业的资产规模越大，相应的货币资金规模应当越大，业务收支频繁，处于货币形态的资产也会较多。在相同的总资产规模条件下，不同行业（如制造业、商业、金融业企业）的企业货币资金的规模也不同。同时，它还受企业对货币资金运用能力的影响。企业过高的货币资金规模，可能意味着企业正在丧失潜在的投资机会，也可能表明企业的管理人员生财无道。

(2)分析企业筹资能力。如果企业信誉好，在资本市场上就能够较容易地筹集资金，向金融机构借款也较方便，就能应付突发事件而降低风险，就没有必要持有大量的货币资金；反之，如果企业信誉不好，借款能力有限，就不得不储存较多的现金来应付各种可能发生的突发性现金需求。

(3)分析货币资金的构成内容。企业的银行存款和其他货币资金中有些是不能随时用于支付的存款，例如，不能随时支取的一年期以上的定期存款、有特定用途的信用证存款、商业汇票存款等，它们必将减弱货币资金的流动性，对此应在报表附注中加以列示，以正确评价企业资产的流动性及其支付能力。

(4) 分析货币资金内部控制制度的完善程度及实际执行质量。包括企业货币资金收支的全过程，如客户的选择、销售折扣与购货折扣的谈判与决定、付款条件的决定、具体收款付款环节及会计处理等。

(二) 商业债权

1. 应收账款

应收账款是指企业因销售商品、产品或提供劳务等原因，应向购货客户或接受劳务的客户收取的款项或代垫的运杂费等。应收账款的发生具有经常性的特点，同时，应收账款存在一定的风险。

一般来讲，企业的应收账款符合下列条件之一的，应确认为坏账：①债务人死亡，以其遗产清偿后仍然无法收回。②债务人破产，以其破产财产清偿后仍然无法收回。③债务人较长时间内未履行其偿债义务，并有足够的证据表明无法收回或收回的可能性极小。

在确定坏账准备的计提比例时，企业应当根据以往的经验、债务单位的实际财务状况和现金流量等相关信息予以合理估计。坏账损失的核算方法有直接转销法和备抵法两种。企业会计制度规定，企业只能采用备抵法核算坏账损失。企业采用备抵法进行坏账核算时，首先，应按期估计坏账损失，计入管理费用。实际发生坏账时，冲减计提的坏账准备金。应收账款保理业务是指企业将赊销形成的未到期的应收账款在满足一定条件的情况下转让给商业银行（保理商），以获得银行流动资金的支持，提高资金的周转。保理可以分为有追索权保理和无追索权保理，无追索权的应收账款保理能改善应收账款的变现质量。

2. 应收票据

在我国，应收票据是指企业因赊销产品、提供劳务等在采用商业汇票结算方式下收到的商业汇票，包括商业承兑汇票和银行承兑汇票。一般而言，应收票据是一种流动性相对较强的资产。应收票据分为不带息应收票据和带息应收票据。根据企业现金需求的变化，应收票据还可以用于贴现。在我国的信用环境下，商业承兑汇票流动性不强，使用较少，使用比较广泛的是银行承兑汇票。

分析者在了解应收票据特点和分类的基础上，应该重点加强对应收票据贴现和转让的管理，降低应收票据的风险，要重点关注企业是否存在票据融资的行为。票据贴现分为带追索权的贴现和不带追索权的贴现，带追索权的贴现相当于筹资活动，而不带追索权的贴现能改善应收票据变现的质量。

应收账款和应收票据统称应收款项。应收款项产生于企业的销售业务，是企业发生频率比较高的经营活动，与企业的赊销收入密切相关，因此分析时应关注客户的情况和有关的销项税额。应收款项质量分析的要点如下：

(1) 分析应收款项的规模。应收款项的规模受诸多因素影响，应结合企业的行业特点、经营方式、信用政策来分析。例如，广告业往往采用预收款方式，制造业企业常常采用赊销方式，商业企业相当一部分业务是现金销售，因而应收款项较少，而在采用赊销方式较多的企业中应收款项就较多。企业放松信用政策、刺激销售，就会增加应收款项；反之会减少应收款项。

（2）分析坏账损失风险。在市场经济条件下，企业生产经营存在着各种风险，采用商业信用赊销商品不可避免地会发生坏账损失，即出现货款长期被拖欠甚至收不回来而给企业造成损失的情况。因此分析应收款项的质量可从以下几点来看：

① 账龄分析。一般而言，未过信用期或已过信用期但拖欠期较短的债权出现坏账的可能性比已过信用期较长时间的债权发生坏账的可能性要小。与其他企业进行比较时，应参考其他企业的计算口径、确定标准。

② 对债务人的构成分析。包括分析债务人的区域构成、债务人的所有权性质、债权人与债务人的关联状况和债务人的稳定程度，以及应收账款的大部分是否集中于少数几个客户。

③ 形成债权的内部经手人构成分析。

④ 分期付款应收款项较其他应收款项流动性要差，对其分析时要区别于一般应收账款。

（3）考察应收款项有无真实的贸易背景，分析企业是否利用虚无信用来创造销售或用无真实贸易背景的应收票据向银行贴现，加大企业信用风险。

（4）判断公司所处的市场状况。如应收款项之和远远大于资产负债表右方的预收账款，说明公司的产品市场是一个典型的买方市场，产品销售难度很大。

（5）分析应收款项的坏账准备计提是否充足。坏账准备提取的高低直接影响当期利润，上市公司常常会利用应收款项的坏账准备提取来操纵上市公司的业绩。

3. 预付款项

预付账款是指企业按照购货合同的规定预付给供货单位的款项。从资产的流动性来看，预付账款是一种特殊的流动资产，由于款项已经支付，除一些特殊情况外（如预收货款的企业未能按约提供产品、预付保险单被提前注销等），在未来会计期间不会导致现金流入，即在这种债权收回时流入的不是货币资金，而是存货，因此该项目的变现能力较差。预付账款产生于企业的采购业务，是企业发生频率比较高的经营活动，分析时应关注供应商的情况和有关的进项税额。

（三）存货

存货是指企业在日常生产经营过程中持有以备出售的产成品或商品，或者为了出售仍然处在生产过程中的在产品，或者将在生产过程或提供劳务过程中耗用的材料、物料等。

存货在同时满足以下两个条件时才能加以确认：①该存货包含的经济利益很可能流入企业。②该存货的成本能够可靠地计量。对大多数企业来说，尽管借助了存货核算管理信息系统的强大功能，但存货仍是企业财务管理中极为重要和复杂的管理内容之一，也是财务分析的重点。"存货"报表项目质量分析的要点如下：

（1）存货物理质量的分析，如商业企业的商品是否完好无损，制造业的产成品质量是否符合相应的等级要求。大部分企业存货有实物形态，而另一些企业的存货以非实物形式存在，例如，影视公司的存货是影视作品，软件公司的存货是软件产品，咨询公司的信息产品也会形成存货，而土地使用权被房地产公司确认为存货，大型施工建设公司的建造合同也被计入存货。

（2）存货的时效状况分析，如食品是否超过保质期，出版物的内容是否过时，工业产品的技术是否落伍。特殊行业的存货，如飞机制造公司的飞机建造合同，房地产企业开发楼盘，生产周期都在1年以上的1个营业周期内。

（3）存货的品种构成结构分析，即分析盈利产品占企业品种构成的比例、市场发展前景和产品抗变能力。存货品种构成结构是指企业各类存货占全部存货的比重。存货主要分为原材料、在产品、库存商品、低值易耗品等。存货的品种构成结构分析就是将本年实际存货结构与上年、计划存货结构比较，观察其变化情况。

（4）存货跌价准备计提是否充分，如存货披露是否遵循成本与市价孰低法，存货有无相应的所有权证。通常情况下，应结合存货所有权的归属情况来对存货进行判断，而不应只看其存放地点。企业的存货通常需要经过专业审计机构的审计，但有的行业存货审计比较困难，可以结合企业经营特点和同行业正常水平比较。

（5）存货的计价问题。各种不同的存货计价方法会使存货计价产生极大的差异，尤其是在通货膨胀导致存货价格大幅度波动的时候。存货计价分析主要是分析企业对存货计价方法的选择或变更是否合理。存货发出采用不同的计价方法，对企业财务状况、盈亏情况会产生不同的影响。根据我国企业会计准则的规定，企业应采用先进先出法、加权平均法、移动加权平均法或个别计价法来确定发出存货的成本。不同计价方法对资产负债表和利润表的影响不同。计算机会计信息系统的普及使得个别认定法的广泛应用成为可能，这样存货的价值将反映得更为真实精确。

（6）存货的日常管理分析。企业存货的质量不仅取决于存货的账面数字，还与存货的日常管理密切相关。只有恰当地保持各项存货的比例和库存周期，材料存货才能为生产过程消化，商品存货才能及时实现销售，从而使存货顺利变现。各类存货在企业再生产过程中的作用是不同的。其中，原材料是必要的物质基础，应保持一定比例；产成品不是必要条件，应保持低限度；在产品是保证生产持续进行的条件，应保持稳定比例。可以按照存货的种类编制存货增减变动分析表来进行日常管理和分析。

（7）企业存货质量的恶化可通过下列迹象来判断：市价持续下跌，并且在可预见的未来无回升的希望；企业使用该项原材料生产产品的成本大于产品的销售价格；企业因产品更新换代，原有库存原材料已不适应新产品的需要，而该原材料的市场价格又低于其账面成本；因企业所提供的商品或劳务过时或消费者偏好改变而使市场的需求发生变化，导致市场价格逐渐下跌；已霉烂变质的存货；已过期且无转让价值的存货；生产中已不再需要并且已无使用价值和转让价值的存货。存货质量的推理判断对识别报表中存货实际价值是否与账面价值相符具有重要的作用。

（四）其他应收款

其他应收款核算企业除应收票据、应收账款、预付账款以外的各种应收、预付款项，如应收的各种赔款、各种罚款、存放的保证金、应收出租包装物的租金、预付给企业内个人或单位的备用金、应向职工个人收取的各种垫付款项等。

其他应收款的常见类型有：大股东和其他关联方往来款、委托理财、委托贷款等，分析时应注意是否有金额较大或者长期挂账等不良现象。

其他应收款号称"企业会计报表的垃圾桶"，与商品交易无关的、不能列入明确提及用途的应收暂付款项都可以装进去。其他应收款不属于企业主要的债权项目,数额及比例都不应过大,数额过高为不正常现象,要及时查明原因。为此,要借助财务报表附注仔细分析其具体项目的内容和发生时间,看是否存在无直接效益的资源占用,关注小项目中可能潜伏的大危机。

(五)固定资产

固定资产是指使用期限较长、单位价值较高、在使用过程中保持其实物形态基本不变的有形资产。在资产负债表中,固定资产报表项目反映企业各种固定资产原价减去累计折旧和累计减值准备后的净额。其特点是:长期拥有并在生产经营中发挥作用;投资数额大,风险也大;反映企业生产的技术水平、工艺水平;对企业的经济效益和财务状况影响巨大;变现能力差。

"固定资产"报表项目质量分析的要点如下:

(1)分析固定资产规模的合理性。固定资产的规模须和企业经营的总体规模、产品的市场前景及企业所处的发展阶段等相适应,也应和流动资产的规模保持合理的比例关系。企业盲目添置固定资产,不但占用资金巨大,而且极易导致资产闲置和快速贬值,对企业的财务状况与经营业绩均会产生较大的负面影响。

(2)关注固定资产原值在年内的变化。各个期间固定资产原值的变化应朝着优化企业内部固定资产结构、改善固定资产质量、提高固定资产利用效果的方向努力。因此,通过比较年度固定资产结构的变化与生产经营特点之间的吻合程度可以对固定资产质量的变化情况做出判断。

(3)分析固定资产的构成。在各类固定资产中,生产用固定资产尤其是生产设备在全部固定资产中应占据较大比重,而非生产用固定资产、未使用和不需用固定资产占全部资产的比重应该较低。因此,可通过分析企业固定资产的利用率或闲置率来评价企业固定资产的使用效率。此外,考察固定资产的更新情况可判断企业固定资产的更新改造情况。通常情况下,更新改造程度越高,意味着企业固定资产的质量和性能越好、企业的发展潜力越强。

(4)分析固定资产能否给企业带来未来的经济利益、是否具有增值潜力。这种增值或是由特定资产的稀缺性(如土地)引起,或是由特定资产的市场特征表现出较强的增值特性(如房屋、建筑物等)引起,或是因会计处理导致账面上虽无净值但对企业仍有可进一步利用价值(如已经提足折旧但仍可在一定时间内使用的固定资产)。

(5)关注固定资产的会计核算政策,主要关注如下3个方面:

① 固定资产的确认标准。采用不同的确认标准会对企业业绩有不同程度的影响。

② 计提折旧的方法。采用合理的方法计提固定资产折旧,对于加强企业经济核算,正确核算成本、利润和应纳企业所得税额,确保固定资产再生产的顺利进行均有重要意义。

③ 固定资产的减值准备。在分析时应关注企业在固定资产实质上已经减值但却不提或少提减值准备的情况,这会同时虚增资产和利润,造成会计信息失真、企业潜亏严重。

(六)在建工程

资产负债表上的"在建工程"项目反映企业期末各项未完工程的实际支出,包括交付安装的设备价值、未完建筑安装工程已经耗用的材料、工资和费用支出、预付出包工程的价款、已经建筑安装完毕但尚未交付使用的建筑安装工程成本等的可收回金额。

在建工程是企业正在建设的与固定资产有关的工程项目，包括固定资产新建工程、改扩建工程和大修理工程。

"在建工程"报表项目质量分析的要点如下：

（1）在建工程项目不包括尚未使用的工程物资的实际成本。尚未使用的工程物资的成本应在"工程物资"科目进行核算。

（2）用借款进行的工程所发生的借款利息，在固定资产达到预定可使用状态之前，计入在建固定资产的成本；在固定资产达到预定可使用状态之后，计入当期损益。

（3）在建工程减值准备的计提。企业应当定期或者至少于每年年度终了时对在建工程进行全面检查，如果有证据表明在建工程已经发生了减值，应当计提减值准备。存在下列一项或若干项情况的，应当计提在建工程减值准备：

① 长期停建并且预计在未来3年内不会重新开工的在建工程。

② 所建项目无论性能还是技术已经落后，并且给企业带来的经济利益具有很大的不确定性。

③ 其他足以证明在建工程已经发生减值的情形。

（七）无形资产

无形资产是指企业拥有或者控制的、没有实物形态的可辨认非货币性资产，主要包括专利权、非专利技术、商标权、著作权、特许权等。

"无形资产"报表项目质量分析要点如下：

（1）无形资产的质量。主要体现在特定企业内部的利用价值和对外投资或转让的价值。

（2）商誉的存在无法与企业自身分离，不具有可辨认性。资产负债表中的无形资产不包括商誉。

（3）土地使用权属于无形资产。但如果企业改变其用途，将土地使用权用于出租、增值等目的，要将其转为投资性房地产核算。

（4）企业内部产生的品牌、人力资源、报刊名等，由于其不能可靠计量，不应确认为无形资产。

（5）石油、天然气等开采权归国家所有，且开采具有特殊性，不包括在无形资产中。

（八）金融资产

金融资产主要包括债权投资、股权投资、基金投资、衍生金融资产等。金融资产的分类与金融资产的计量密切相关。根据持有意图的不同，企业应当在初始确认金融资产时将其划分为3类：①以公允价值计量且其变动计入当期损益的金融资产。②债权投资。③其他债权投资和其他权益工具投资。

1. 以公允价值计量且其变动计入当期损益的金融资产，须在活跃市场有报价、公允价值能够可靠地计量，包括交易性金融资产和指定为以公允价值计量且其变动计入当期损益的金融资产

交易性金融资产是指企业持有的目的主要是近期内出售或回购，包括企业为交易目的所

持有的股票投资、债券投资、基金投资等的金融资产。其特点是：①企业持有的目的是短期性的，即在初次确认时就确定其持有目的是短期获利。一般此处的短期应该不超过1年（包括1年）。②该资产具有活跃市场，公允价值能够通过活跃市场获取。

金融资产满足下列条件之一的，应当划分为交易性金融资产：

(1) 取得该金融资产的目的主要是近期内出售或回购。

(2) 属于进行集中管理的可辨认金融工具组合的一部分，且有客观证据表明企业近期采用短期获利方式对该组合进行管理。

(3) 属于衍生工具，如国债期货、远期合同、股指期货等，其公允价值变动大于零时，应将其相关变动金额确认为交易性金融资产，同时计入当期损益。但是，如果衍生工具被企业指定为有效套期关系中的套期工具，那么该衍生工具初始确认后的公允价值变动应根据其对应的套期关系（即公允价值套期、现金流量套期或境外经营净投资套期）不同，采用相应的方法进行处理。

指定为以公允价值计量且其变动计入当期损益的金融资产主要在以下两种条件下进行处理：①该指定可以消除或明显减少由于该金融资产的计量基础不同所导致的相关利得或损失在确认或计量方面不一致的情况。②企业风险管理或者投资策略的正式书面文件已经载明有关金融资产组合以公允价值为基础进行管理、评价和报告。

"以公允价值计量且其变动计入当期损益的金融资产"报表项目质量分析的要点如下：

(1) 关注该项目的目的性与报表金额的特点。交易性金融资产具有易变现、持有时间短、盈利与亏损难以把握等特点，因此，交易性金融资产在报表中的表现具有金额经常波动、公允价值变动损益易变等特点。如果报表中交易性金融资产金额跨年度长期不变且较为整齐，则有可能是企业故意将长期投资的一部分人为地划分为交易性金融资产，以改变流动比率。但是，这样做不可能改变公司的现金支付能力和其他流动资产项目的变现能力。如果一个公司的流动比率状况好而现金支付能力差，就是交易性金融资产长期性的一个信号。

(2) 关注该项目的计量。交易性金融资产以公允价值计量。公允价值是指在公平交易中，熟悉情况的交易双方自愿进行资产交换或者债务清偿的金额。在公允价值计量下，资产和负债按照在公平交易中熟悉情况的交易双方自愿进行资产交换或者债务清偿的金额计量。分析交易性金融资产必须与金融市场紧密结合，要分析该类金融资产相关市场变量变化对其价值的影响，进而分析对企业财务状况和经营成果的影响。

(3) 关注该项目对当期损益的影响。在资产负债表日，企业应将交易性金融资产以公允价值计量且将其变动计入公允价值变动损益。处置交易性金融资产时，其公允价值与初始入账金额之间的差额应确认为投资收益，同时调整公允价值变动损益。可见，公允价值变动损益是未实现的损益，它易变、风险性较大。

(4) 关注与该项目有关的股利、利息。企业取得以公允价值计量且其变动计入当期损益的交易性金融资产所支付的价款中，包含已宣告但尚未发放的现金股利或已到付息期但尚未领取的债券利息的，应当单独确认为应收项目。在持有期间取得的利息或现金股利应当确认为投资收益。

2. 债权投资

债权投资是指到期日固定、回收金额固定或可确定，且企业有明确意图和能力持有至到期的非衍生金融资产，如符合前述条件的国债、企业债、公司债投资等。企业购买的持有至到期的信托也在此项目中核算。

"债权投资"报表项目的质量分析可从以下几个方面进行：

（1）分析债权投资的账龄。对债权投资的账龄长短进行分析，持有至到期投资超过合同约定偿还期越长，可回收性越差，债权的质量也就越差。

（2）分析债权投资的对象。尽管按照债权人、债务人之间的约定，企业按期收取利息，到期收回本金，但这取决于债务人在偿债时点是否有足够的现金支付。所以，须分别对各债权投资债务人的偿债信誉和偿债能力逐一分析，才能提高对债权投资质量判断的可靠性。

（3）分析债权投资的收益。企业进行债权投资的主要目的是获取固定收益。按我国现行制度的规定，企业应按权责发生制原则确认债权投资的收益，不一定有相对应的现金流入，多数时候投资收益的确认计量先于利息的实际收取。

（九）长期股权投资

长期股权投资是指投资企业对被投资单位实施控制、重大影响的权益性投资及对其合营企业的权益性投资。除此以外，其他权益性投资不作为长期股权投资进行核算。企业长期股权投资的作用在于：出于战略性考虑（如兼并竞争对手、控制原料供应商）形成企业的优势；通过多元化经营降低经营风险，稳定经营收益；为将来某些特定目的积累资金。

"长期股权投资"报表项目质量分析要点如下：

（1）长期股权投资的金额在很大程度上代表企业长期不能直接控制的资产流出。其投资方案是否合理，关键看能否获得较高收益、可否分散风险、企业的安全性如何。

（2）长期股权投资代表的是企业高风险的资产区域，要看其是否与企业的总体发展目标和经营方针一致。也就是说，长期股权投资的增加应以不影响企业生产资金周转和提高企业资金效益为前提；长期股权投资的减少应以实现企业资产的保值、增值为前提。

（3）长期股权投资收益的增加可能引起企业货币状况的恶化。因为对债权投资来说，投资收益的确定先于利息的收取，企业须对此部分收益上缴所得税；对股权投资收益来说，在用权益法确认投资收益时，企业确认的投资收益总会大于企业收回的股利，这样就会出现企业利润分配所需货币大于收回货币的情况。

（4）长期股权投资质量的分析可从以下几个方面进行：

① 分析长期股权投资构成（投资方向、投资规模、持股比例等）。通过分析可以了解企业投资对象的经营状况及其盈利情况，评价企业长期股权投资的质量和风险。

② 分析长期股权投资的核算方法。长期股权投资的核算方法有权益法和成本法，采用权益法时，投资企业取得长期股权投资后，应当按照应享有或应分担的被投资单位实现的净损益的份额确认投资损益，并调整长期股权投资的账面价值。投资企业按照被投资单位宣告分派的利润或现金股利计算应分得的部分，相应地减少长期股权投资的账面价值。采用成本法时，对被投资单位宣告的净利润不进行账务处理，但投资企业对被投资单位宣告分派的现金股利或利润需要确认投资收益。因此，应对利润表中的股权投资收益与现金流量表中因股权投资收益而收到的现金之间的差异进行分析。

③ 判断长期股权投资减值准备计提是否充足，分析企业是否通过多提或少提长期股权投资减值准备，达到虚减或虚增投资账面价值和利润的目的。

（十）投资性房地产

投资性房地产，是指为赚取租金或资本增值或两者兼有而持有的房地产。投资性房地产应当能够单独计量和出售。

"投资性房地产"报表项目质量分析要点如下：

（1）关注投资性房地产的计量模式。在成本模式下，按照固定资产或无形资产的有关规定计提折旧或摊销，存在减值迹象的还应当按照资产减值的有关规定进行处理。在公允价值模式下，不对投资性房地产计提折旧或进行摊销，而是以资产负债表日投资性房地产的公允价值为基础调整其账面价值，公允价值与原账面价值之间的差额计入当期损益（公允价值变动损益），投资性房地产取得的租金收入确认为其他业务收入。因此，两种计量模式对净利润往往产生不同的影响。

（2）关注投资性房地产的范围。投资性房地产的范围包括已出租的土地使用权、持有并准备增值后转让的土地使用权、已出租的建筑物等。

（十一）长期待摊费用和其他长期资产

长期待摊费用是指不能全部计入当期损益，应当在以后年度分期摊销的各项费用，包括开办费、租入固定资产改良支出、固定资产大修理支出、筹建期汇兑净损失等。

其他长期资产是指企业正常使用的固定资产、流动资产等以外的，由于某种特殊原因企业不得随意支配的资产。这种资产一经确定，未经许可，企业无权支配和使用，但仍应加强管理，单独核算。主要包括：特准储备物资、银行冻结存款和冻结物资及涉及诉讼的财产。

（十二）表外资产和或有资产分析

表外资产是指那些因会计处理原因或计量手段的限制未能在资产负债表中体现净值，但可以为企业在未来做出贡献的资产项目。包括：已经提足折旧，但企业仍然继续使用的固定资产；企业正在使用，但已经作为低值易耗品一次摊销到费用中去的、在资产负债表中尚未体现价值的资产；人力资源等。

或有资产是指由过去的交易或事项形成的潜在资产，其存在须通过未来不确定事项的发生或不发生予以证实。

或有资产具有以下特征：①或有资产由过去的交易或事项产生。②或有资产的结果具有不确定性。

二、负债项目质量分析

负债（债权人权益）是指由过去的交易、事项形成的现实义务，履行该义务预期会导致经济利益流出企业。负债包括流动负债和非流动负债两类。

（一）流动负债分析

流动负债是指将在1年内或超过1年的一个营业周期内偿还的债务。它主要包括短期借款、应付票据、应付账款、预收账款、应付职工薪酬、应交税费、应付利息、应付股利、其他应付款、一年内到期的非流动负债、其他流动负债等。其特点是：偿还期限短，可以忽略考虑货币资金的折现问题；偿还数量和金额确定；债权人明确；与此有关的财务活动发生频率较高。

1. 短期借款

短期借款反映企业借入尚未归还的1年期以内（含1年）的借款，包括短期流动资金借款、结算借款、票据贴现借款等。

因短期借款期限较短，企业在借款时应测算短期借款到期时的现金流量状况，确保届时企业有足够的现金偿还本息。我国企业短期借款在流动负债总额中所占份额较大，因此，在对短期借款进行分析时应关注短期借款的数量是否与流动资产的相关项目相适应，有无不正常之处，还应关注借款的偿还时间，预测企业未来的现金流量，评判企业的短期借款偿还能力。

2. 应付票据及应付账款

应付票据是企业为了抵付货款等而开出、承兑的尚未到期付款的票据，包括银行承兑汇票和商业承兑汇票。应付票据是一种信用，相比短期借款，其付款时间更具约束力。如果到期不能支付，不仅会影响企业的信誉和以后的筹资活动，而且会受到银行的处罚。应付票据产生于企业的采购业务，是企业发生频率比较高的经营活动，分析时应关注供应商的情况和有关的进项税额。

应付账款反映企业因购买原材料、商品和接受劳务供应等而应付给供应单位的款项。应付账款是一种商业信用行为，与应付票据相比，要求以企业的商业信用作保证。分析应付账款时应联系存货进行分析。在供货商赊销政策一定的条件下，企业应付账款的规模和企业采购规模会有一定的对应关系。应付账款规模还应与营业收入保持一定的对应关系，如果企业产销较平稳，通常企业应付账款的平均付款期会较为稳定。如果企业购销状况没有很大变化，同时供货商没有放宽赊销的信用政策，而企业应付账款的规模不正常增加、平均付款期不正常延长，就表明企业的支付能力恶化。应付账款产生于企业的采购业务，是企业发生频率比较高的经营活动，分析时应关注供应商的情况和有关的进项税额。

3. 预收账款

预收账款反映企业预收购买单位的账款。预收账款是企业按购销合同规定向购买商品或劳务的单位预先收取的款项。对于企业来说，预收账款越多越好，因为预收账款作为企业的短期资金来源，在企业发送商品或提供劳务之前可以无息使用。同时，如果企业预收账款较多，也表明企业的产品或劳务销售情况良好，市场供不应求。一般情况下，预收账款是按销售收入的一定比例预先收取的，通过预收账款的变化可以预测企业未来营业收入的变动。预收账款产生于企业的预售业务，是企业发生频率比较高的经营活动，分析时应关注客户的情况和有关的销项税额。

4. 应付职工薪酬

应付职工薪酬是企业对职工个人的一项短期负债。职工薪酬是指企业为获得职工提供的服务而给予职工的各种形式的报酬及其他相关支出，包括在职工在职期间和离职后提供给职工的全部货币性薪酬和非货币性福利。企业提供给职工配偶、子女或其他被赡养人的福利等也属于职工薪酬。

在分析应付职工薪酬时，要清楚应付职工薪酬是否为企业真正的负债，要注意企业是否存在通过应付职工薪酬调节利润的情况。

5. 应交税费

应交税费反映企业按照税法规定应缴纳的各种税费，包括增值税、消费税、所得税、资源税、土地增值税、城市维护建设税、房产税、土地使用税、车船使用税、教育费附加、矿产资源补偿费等。企业代扣代交的个人所得税也通过本项目列示。企业所缴纳的税金不需要预计应交数的，如印花税、耕地占用税等，不在本项目列示。

由于应交税费涉及较多的税种，在分析应交税费的质量时，报表使用者应当了解应交税费的具体内容，有针对性地分析该项负债的形成原因。如果该项目为负数，则表明企业多交而财税机关应当退回给企业或由企业以后期间抵交的税金。

6. 其他应付款

其他应付款反映企业除应付票据、应付账款、预收款项、应付职工薪酬、应付股利、应付利息、应交税费等经营活动以外的其他各项应付、暂收的款项，如应付租入固定资产的租金、应付租入包装物的租金、应付保险费、存入保证金、应付统筹退休金等。这个项目常常被称为企业会计报表的"聚宝盆"，因此分析时应注意企业是否利用该项目隐藏利润。

7. 预计负债

预计负债反映企业因对外担保、商业票据背书转让或贴现、未决诉讼、未决仲裁、产品质量保证等很可能产生的负债。

企业的或有负债只有同时满足以下 3 个条件才可以按预计负债项目在资产负债表中确认：该义务是承担的现实义务（指与或有事项有关的义务为企业承担的现实义务而非潜在义务）；该义务的履行很可能导致经济利益流出企业（很可能指发生的可能性"大于50%但小于或等于95%"）；该义务的金额能够可靠地计量。

8. 一年内到期的非流动负债

一年内到期的非流动负债反映企业非流动负债中将于资产负债表日后一年内到期部分的金额，这部分负债从时间长短上来看已属于短期负债的范围。

"流动负债"报表项目质量分析的要点如下：

（1）分析流动负债的构成结构。判断企业流动负债主要来自何方，分析其性质和数额、偿还紧迫程度如何，衡量企业的财务风险。

（2）分析要结合企业的性质、经营形势，如分析企业采购政策、付款政策、利润分配政策及其他经营特点。对于商业企业，正常情况下是流动负债和销售收入或实现的利润都有所增长；而对于工业企业，常常是长期负债和实现利润都在增长，而流动负债却并无明显变化。

（3）分析要同企业的流动资产相联系，来判断其短期偿债能力是好转还是恶化。

（二）非流动负债分析

非流动负债是指偿还期在 1 年或超过 1 年的一个营业周期以上的长期债务，包括长期借款、应付债券、长期应付款等。其特点是：金额大、偿还期长、企业使用成本高、与此有关的财务活动发生频率低、重要性程度高。

由于非流动负债的偿还期较长，受货币时间价值影响较大，非流动负债的价值一般应根据合同或契约规定的、在未来必须支付的本金和所付利息之和按照当前贴现率折现后的现值来确定。

1. 长期借款

长期借款反映企业向银行或其他金融机构借入的期限在1年期以上（不含1年）的借款，一般用于固定资产的购建、固定资产改扩建工程、固定资产大修理工程等。长期借款是银行信用，具有很强的偿还约束性，企业须严格按借款协议规定用途、进度等使用借款。在进行报表分析时，应对企业长期借款的数额、增减变动及其对企业财务状况的影响给予足够的重视。

在分析长期借款的质量状况时，应注意长期借款是否与企业固定资产、无形资产的规模相适应，是否与企业的当期收益相适应。此外，还应关注长期借款费用处理的合规性与合理性。

2. 应付债券

应付债券反映企业发行的、尚未偿还的各种长期债券的本息。应付债券因债券的法律凭据性而使偿还具有较强的法律约束。如果债券的偿付遇到困难或者预期存在困难，债券的价格必然下降，企业的信誉和财务形象将受损，企业将遇到再融资困难，这就迫使企业按期偿付。这说明债券的偿付具有较强的社会约束或市场约束，它的流动性比长期应付款要强。

在进行报表分析时，应对应付债券的金额、增减变动及其对财务状况的影响给予足够的关注。应付债券的刚性兑付约束力较强，因此财务支付风险较高。公开发行债券受到政府机构和证券承销机构的监管和参与，主体资格审核较为严格，发行手续十分烦琐，并且要及时支付发行的交易费用。另外，只有股份有限公司中的上市公司才能发行可转换公司债券。

3. 长期应付款

长期应付款反映企业除长期借款和应付债券以外的其他各种长期应付款，如应付引进设备款、融资租入固定资产应付款等。与长期借款和应付债券相比，融资租赁方式相当于企业在取得该项资产的同时借到一笔资金，然后分期偿还本金及其利息，有利于减轻一次性还本付息的负担。应付引进设备款的特点是用企业的产品偿还债务，既销售了产品又偿还了债务。

在进行报表分析时，应对长期应付款的数额、增减变动及其对企业财务状况的影响给予足够的关注。

"非流动负债"报表项目质量分析的要点如下：

非流动负债是企业很重要的一项资金来源，企业能够长期占用的资金主要有投资者投入的资本和非流动负债。而举借非流动负债主要是企业为了购置机器设备、厂房、购入土地的使用权等进行扩大再生产所必要的投资。对于投资者来说，举借非流动负债一方面可以保持其投资比例，即不因筹措长期资本而影响投资者的投资比例；另一方面，在企业的总资产报酬率高于非流动负债的固定利率时，举借具有杠杆的作用，使投资者可以享受其盈余部分。因为债务的本金和利息一般是固定的，债务人只需按期偿还举借的本金和固定的利息，不再有任何其他的义务，即不需要支付股利或利润。另外，举借非流动负债可以减少税负，因为债务的利息可以作为一项费用支出在缴纳所得税时扣除。

分析"非流动负债"报表项目可以从以下几个方面考虑：

（1）考察企业非流动负债的关键是适度负债，即能利用长期借款弥补资金缺口、获得杠杆收益，又不至于因此使企业陷入财务困境。如果企业在非流动负债增长的同时，经济效益、实现的利润明显提高，说明企业负债经营正确，企业财务状况发展良好。

（2）将非流动负债与流动负债的变化结合起来分析。企业非流动负债增加，流动负债减少，说明企业生产经营资金有长期保证，是扩大业务的好机会。在这种情况下，如果销售收入确实增长，则表明企业抓住了机会，经营有方。如果销售收入并未增长，有两种可能：一是企业通过增加在建工程进行结构性调整，这时要分析项目的预期效益；二是企业通过恶化资金结构，用降低结构稳定性的办法暂时回避短期资金紧张。

（3）由于融资租赁对企业用作保证的自有资金的数量要求比长期借款低得多，租赁公司承担的风险需要从企业支付的较高的费用中补偿，因而要特别关注企业融资租赁资金的来源。

（4）关注非流动负债费用的归属问题，即非流动负债产生的利息、折价或溢价摊销、辅助费用及因外币借款而发生的汇兑差额应归属于发生当期的费用，还是予以资本化计入。具体归属方式可以从以下两方面考虑：

① 为购建固定资产、投资性房地产等而发生的非流动负债费用在固定资产、投资性房地产等未达到预定可使用状态前所发生的利息费用，应予以资本化，即计入在建工程价值；在固定资产、投资性房地产达到预定可使用状态后所发生的，直接计入当期损益（财务费用）。

② 为存货生产而借入的借款费用在符合资本化条件的情况下应当予以资本化。

（三）表外负债和或有负债分析

1. 表外负债

表外负债是企业在资产负债表中未予以反映的负债，即资产负债表的右方无该项目，左方也无相应的资产对应，而表外负债所形成的费用及取得的经营成果却在利润表中反映出来，其具体形式有以下3种。

（1）直接表外负债，是指企业以不转移资产所有权的特殊借款形式直接负债，如经营租赁、代销商品等。

（2）间接表外负债，是指由另一个企业负债代替本企业负债，以使本企业表内负债保持在合理限度内。常见的方法是：母公司投资于子公司或附属公司，母公司把应由自己经营的产品拨给一个子公司或附属公司，子公司或附属公司将生产出的产品销售给母公司，子公司或附属公司负债经营。这里子公司或附属公司的负债实际上是母公司的负债，由于母公司负债的限度是一定的，本应由母公司负债经营的部分转由附属公司或子公司作为与母公司同样独立的法人负债，这样就使得各方的负债都能保持在合理范围内。

（3）转移表外负债，是将表内的项目转移到表外进行负债，有应收票据贴现、出售有追索权的应收账款和资产回租等形式。

2. 或有负债

或有负债是指由过去的交易或事项形成的潜在义务，其存在须通过未来不确定事项的发生或不发生予以证实；或由过去的交易或事项形成的现实义务，履行该义务不是很可能导致经济利益流出企业或该义务的金额不能可靠地计量。具体形式有：商业票据背书转让或贴现、未决诉讼、未决仲裁、产品质量保证、担保、应收账款抵押等。

三、所有者权益项目质量分析

所有者权益是指企业资产扣除负债后由所有者享有的剩余权益，公司的所有者权益又称为股东权益。所有者权益的来源包括所有者投入的资产、直接计入所有者权益的利得和损失、留存收益等。

实收资本体现了企业所有者与企业之间的产权关系，是所有者参与企业财务经营决策或进行利润分配的依据。资本公积不表明所有者对企业的基本产权关系，不能作为参与企业财务经营决策或进行利润分配的依据。

资本公积是指企业收到的投资者超出其在企业注册资本所占份额，以及直接计入所有者权益的利得和损失等，主要包括资本溢价和直接计入所有者权益的利得和损失。利得是指企业非日常活动形成的、会导致所有者权益增加的、与所有者投入资本无关的经济利益的流入。损失是指由企业非日常活动所发生的、会导致所有者权益减少的、与所有者分配利润无关的经济利益的流出。利得和损失分为可以计入当期损益的利得或损失及计入所有者权益的利得或损失。其他资本公积现在主要核算的内容是：权益法核算的长期股权投资，被投资单位发生除净损益、分配股利、其他综合收益变动以外的所有者权益变动时，投资单位确认的其他资本公积。

其他综合收益是2014年新设置的会计科目，代替了原来计入其他资本公积且终会转入损益类科目的内容，主要核算：①重新计量设定收益计划净负债或净资产导致的变动。②按照权益法核算的在被投资单位不能重分类进损益的其他综合收益变动中所享有的份额。③按照权益法核算的在被投资单位可重分类进损益的其他综合收益变动中所享有的份额。④可供出售金融资产公允价值变动形成的利得或损失、持有至到期投资重分类为可供出售金融资产形成的利得或损失。

公司实现的利润在缴纳所得税后，税后净利润的分配顺序为：弥补以前年度亏损；提取法定盈余公积；支付优先股股利；提取任意盈余公积；向股东分配现金股利；向股东派股票股利。

法定盈余公积是国家统一规定必须提取的公积金，主要是在弥补亏损之后，按照税后利润的10%予以提取，达到注册资本50%后不再提取，主要用途是弥补亏损和转增资本。任意盈余公积是指根据公司章程及股东会的决议，从公司盈余中提取的公积金。"盈余公积"和"未分配利润"之和成为"留存收益"，它是公司历年积累的收益，来源于企业生产经营活动实现的利润，是公司内部融资的重要来源渠道，与实收资本和资本公积在性质上有显著区别。

"所有者权益"报表项目质量分析要点如下：

（1）所有者权益是长期偿债能力的安全保证。在资产的要求权需要偿还时，负债具有优先偿还权，因而所有者权益对于企业偿债能力及风险承担具有重大的稳定作用，是反映其经济实力的基础，是确保企业存在、稳定和发展的基石。对债权人而言，所有者权益在资本结构中所占的比例越高，则其债权越有保障，对债权人也就越有利。总之，企业所有者权益增加，说明企业可动用的资金增多，经济实力增强。企业通过内部发展筹集的资金越多，企业的经济效益和经营管理水平越高；反之，企业通过外部筹集的资金越多，企业的经营风险就越大。

（2）分析所有者权益内部的股东持股构成状况与企业未来发展的适应性。在企业的股东构成中，控股股东有权决定一个企业的财务和经营政策；重大影响性股东对一个企业的财务和经营政策有参与决策的权利。因此，控股股东、重大影响性股东将决定企业未来的发展方向。在对企业所有者权益进行分析时，必须关注企业的控股股东、重大影响性股东的背景状况，判断其是否具有战略眼光，有没有能力将企业引向光明的未来。

（3）分析企业实收资本与注册资本的一致性。如果不一致，是否存在注册资本根本不到位的现象，相应地做出进一步的了解，搞清资本金未到位的原因，查清企业注册资本是否可靠。

（4）关注资本公积的合理性。注意企业是否存在通过资本公积项目来改善财务状况的情况。因为有的企业在不具备法定资产评估的情况下，通过虚假资产评估来虚增企业的所有者权益——资本公积，虚增固定资产、在建工程、存货、无形资产等资产项目，借此降低企业的资产负债率，蒙骗债权人。

（5）了解留存收益总量的变动及其原因和趋势，分析留存收益的构成及变化。留存收益的增加有利于增强企业的实力、保证财务资本的保全、降低财务风险、缓解财务压力。留存收益属于内部筹资，是永久性的自有资本，不需要发生筹资费用，不会分散公司的控制权。留存收益的变化取决于企业的盈亏状况和利润分配政策。

第三节 资产负债表水平分析和垂直分析

资产负债表水平分析的目的就是从总体上了解资产、权益的变动情况，分析变动原因。首先将资产负债表的本期数与选定的标准进行比较，编制出资产负债水平分析表，然后在此基础上进行水平分析。

资产负债表垂直分析又称为资产负债表结构分析，目的是反映资产负债表项目间的相互关系及各项目所占的比重。资产负债表结构分析是通过计算资产负债表中各项目占总资产或权益总额的比重，分析评价企业资产结构和权益结构变动情况及变动合理性。

【例3-1】

XT公司是一家生产家电的国有企业。通过表3-3对XT公司资产负债表的结构分析可以发现，货币资金、应收账款和存货等流动资产是占资产总额比重较大的重要列报项目。

表3-3 XT公司2016年度资产负债表水平分析与垂直分析

项目	期末余额/万元	占比/%	期初余额/万元	占比/%	变动额/万元	变动率/%	占比差/%
资产							
流动资产：							
货币资金	3 854 168.45	28.83	2 894 392.17	26.91	959 776.28	33.16	1.92
交易性金融资产	124 610.67	0.93	26 346.00	0.24	98 264.66	372.98	0.69
应收票据	4 629 724.23	34.63	3 429 216.90	31.88	1 200 507.33	35.01	2.75

续表

项 目	期末余额/万元	占比/%	期初余额/万元	占比/%	变动额/万元	变动率/%	占比差/%
应收账款	184 927.53	1.38	147 487.30	1.37	37 440.24	25.39	0.01
预付账款	149 864.97	1.12	173 971.39	1.62	-24 106.42	-13.86	-0.50
应收利息	72 955.96	0.55	71 086.56	0.66	1 869.41	2.63	-0.11
其他应收款	34 641.97	0.26	29 035.64	0.27	5 606.33	19.31	-0.01
存货	1 312 273.04	9.81	1 723 504.26	16.02	-411 231.21	-23.86	-6.21
其他流动资产	10 085.39	0.08	13 724.30	0.13	-3 638.91	-26.51	-0.05
流动资产合计	10 373 252.22	77.58	8 508 764.51	79.10	1 864 487.71	21.91	-1.52
非流动资产:							
发放贷款及垫款	456 545.57	3.41	208 890.34	1.94	247 655.23	118.56	1.47
可供出售金融资产	80 593.26	0.60	55 491.25	0.52	25 102.02	45.24	0.08
长期股权投资	9 756.85	0.07	2 816.00	0.03	6 940.85	246.48	0.04
投资性房地产	50 305.65	0.38	20 800.91	0.19	29 504.73	141.84	0.19
固定资产	1 403 413.84	10.50	1 270 039.43	11.81	133 374.41	10.50	-1.31
在建工程	186 167.70	1.39	230 431.79	2.14	-44 264.09	-19.21	-0.75
固定资产清理	629.43	0.00	11.01	0.00	618.42	5 617	0.00
无形资产	237 017.97	1.77	163 527.30	1.52	73 490.67	44.94	0.25
长期待摊费用	4 266.53	0.03	4 808.93	0.04	-542.41	-11.28	-0.01
递延所得税资产	568 261.32	4.25	291 108.52	2.71	277 152.80	95.21	1.54
非流动资产合计	2 996 958.12	22.42	2 247 925.48	20.90	749 032.64	33.32	1.52
资产总计	13 370 210.34	100.00	10 756 689.99	100.00	2 613 520.34	24.30	0.00
负债							
流动负债:							
短期借款	331 697.12	2.48	352 064.21	3.27	-20 367.09	-5.79	-0.79
向中央银行借款	3 741.40	0.03		0.00	3 741.40		0.03
吸收存款及同业存放	54 226.55	0.41	8 107.80	0.08	46 118.75	568.82	0.33
拆入资金	30 000.00	0.22		0.00	30 000.00		0.22
应付票据	823 020.82	6.16	798 358.12	7.42	24 662.70	3.09	-1.26
应付账款	2 743 449.47	20.52	2 266 501.16	21.07	476 948.31	21.04	-0.55
预收账款	1 198 643.37	8.97	1 663 011.32	15.46	-464 367.95	-27.92	-6.49
卖出回购金融资产款	18 600.00	0.14	35 000.00	0.33	-16 400.00	-46.86	-0.19
应付职工薪酬	164 015.56	1.23	135 767.24	1.26	28 248.32	20.81	-0.03
应交税金	615 748.66	4.61	252 210.04	2.34	363 538.63	144.14	2.27
应付利息	2 548.03	0.02	2 019.91	0.02	528.12	26.15	0.00

续表

项 目	期末余额/万元	占比/%	期初余额/万元	占比/%	变动额/万元	变动率/%	占比差/%
应付股利	70.79	0.00	70.79	0.00		0.00	0.00
其他应付款	479 377.85	3.59	544 161.49	5.06	-64 783.64	-11.91	-1.47
一年内到期的非流动负债	92 344.80	0.69	251 376.37	2.34	-159 031.57	-63.26	-1.65
其他流动负债	3 091 636.95	23.12	1 574 387.51	14.64	1 517 249.44	96.37	8.48
流动负债合计	9 649 121.36	72.17	7 883 035.95	73.28	1 766 085.41	22.40	-1.11
非流动负债:							
长期借款	137 534.84	1.03	98 446.32	0.92	39 088.53	39.71	0.11
递延所得税负债	32 894.31	0.25	16 040.54	0.15	16 853.76	105.07	0.10
其他非流动负债	3 992.06	0.03	1 146.97	0.01	2 845.09	248.05	0.02
非流动负债合计	174 421.21	1.30	115 633.83	1.07	58 787.38	50.84	0.23
负债合计	9 823 542.57	73.47	7 998 669.78	74.36	1 824 872.79	22.81	-0.89
所有者权益:							
实收资本（或股本）	300 786.54	2.25	300 786.54	2.80	0.00	0.00	-0.55
资本公积	317 611.43	2.38	318 717.59	2.96	-1 106.16	-0.35	-0.58
盈余公积	295 808.86	2.21	295 808.86	2.75	0.00	0.00	-0.54
一般风险准备	4 711.41	0.04	759.35	0.01	3 952.05	520.45	0.03
未分配利润	2 539 556.39	18.99	1 757 227.70	16.34	782 328.69	44.52	2.65
外币报表折算差额	-193.59	0.00	1 013.40	0.01	-1 206.99	-119.10	-0.01
归属于母公司所有者权益合计	3 458 281.03	25.87	2 674 313.44	24.86	783 967.59	29.31	1.01
少数股东权益	88 386.74	0.66	83 706.77	0.78	4 679.96	5.59	-0.12
所有者权益合计	3 546 667.77	26.53	2 758 020.21	25.64	788 647.56	28.59	0.89
负债和所有者权益总计	13 370 210.34	100.00	10 756 689.99	100.00	2 613 520.34	24.30	0.00

一、水平分析

1. 资产变动

通过水平分析，可以看出 XT 公司资产总额 2016 年较 2015 年增加 24.30%，增加额为 2 613 520.34 万元，资产规模增长较大。其中，流动资产的增加对资产总额的变化影响更为明显（流动资产增加额占资产变动总额的 71.34%）。从表中可以看到，流动资产增加 21.91%，增加额为 1 864 487.71 万元，增幅较大。进一步分析可知，流动资产的增加主要是由应收票据增加（其增加额占流动资产变动额的 64.39%）、货币资金增加（其增加额占流动资产变动额的 51.48%）和存货减少（其减少额占流动资产变动额的 22.06%）所致。而非流动资产则有更大幅度的增加，增长率达到了 33.32%，增长额为 749 032.64 万元。其增加主要是由发放贷款及垫款（其增加额占非流动资产变动额 33.06%）和递延所得税资产

（其增加额占非流动资产变动额的37.00%）的大幅增长所致。

在具体资产项目中，我们可以发现多个变动较大的项目。其中，交易性金融资产增加了372.98%。交易性金融资产的增加可能是由于XT公司增加了对交易性金融资产的投资，也可能是已有交易性金融资产的公允价值变动所致。购买交易性金融资产可以视为一种短期理财手段，可以提高资金使用效率，但同时由交易性金融资产以公允价值计量且其变动计入当期损益会影响当期利润，因此有必要关注其风险。存货下降了23.86%，这从总量上是值得肯定的，但是还要注意这种存货的消耗是否真的反映了存货真实管理水平的提升。存货总量的减少也可能是由计提存货跌价准备、大额倾销等负面情况引起的，这就要再结合利润表数据以及财务报表附注综合判断。其他流动资产项目虽然变动率较大，但是总量上较少，一般不予考虑。长期股权投资项目本年变动较大，这反映了XT公司本年对外扩张的步伐在加快。对于这些长期股权投资项目，需要根据相关附注信息以及其他资料判断这些投资项目与XT公司自身主营业务的相关性，判断是否能够增强XT公司在主营业务上的竞争力，这关系到对企业的成长能力的预期。投资性房地产项目较上年增长141.84%，增幅较大，变动的原因可能是企业增加投资性房地产，也可能与企业选择的投资性房地产计量模式有关。这是因为投资性房地产可以采用公允价值计量模式进行后续计量，其公允价值的变动将在资产负债表中得以反映。

2. 负债和股东权益变动

从企业的负债和股东权益状况来看，负债和股东权益均有增加。负债增长额为1 824 872.79万元，增幅为22.81%。其中非流动负债增幅很大，达到了50.84%，增长额58 787.38万元，但其增长额占负债总变化额的比例并不高，仅为3.22%。而流动负债的增加额对负债总变化额的影响达96.78%，从表中看，流动负债变动幅度为22.40%，变动额为1 766 085.41万元。流动负债的增加在一定程度上表明企业的短期偿债风险有所增大，进一步观察发现，这一增加主要由其他流动负债项目引起（其增加额占流动负债变动总额的85.91%）。从股东权益角度来看，企业的股东权益较上年增长788 647.56万元，增幅达到了28.59%。股东权益的增长主要来源于利润增长。

在具体负债项目中，我们也可以发现多个变动较大的项目。XT公司的负债状况是一个需要考虑的重要方面，应付税费项目增加144.14%也值得关注。应付税费项目是企业的一项重要负债，及时缴纳税款是企业的义务项负债，没有及时缴纳的税款还会造成资产虚增的情况，影响财务报表数据的真实性，从总体上讲，XT公司的资产规模及权益规模都有所增加且其变动也在合理的范围内。但是其他流动负债项目不仅增幅达到了96.37%，其增加额也较重大，为1 517 249.44万元。因此有必要进一步了解其他流动负债具体包含的内容、增加这些负债的原因和合理性，以及评估其可能给企业带来的风险。一年内到期的非流动负债项目金额减少了159 031.57万元，降幅为63.26%，这在一定程度上减轻了企业短期偿债压力。非流动负债中递延所得税负债项目的变动幅度较大，由于递延所得税负债和递延所得税资产都涉及资产和负债账面价值与计税基础的比较，因此递延所得税负债和递延所得税资产可以结合起来看。我国企业会计准则对递延所得税资产的确认并没有提出非常明确的要求，企业在确认资产负债的计税基础时有很大的弹性。依据我国现行的企业会计准则规定，递延所得税的实现依赖于未来应纳税所得的可获得性，未来利益的流入与流出即管理层对暂时性差异的确定,依赖于对未来应纳税所得额的预测,这就给予了管理层进行盈余管理的可行性。此外,企业还可通过有意控制递延所得税资产与递延所得税负债的转回时间及金额调节递延所得税费用金额或者利用税率的变动时间差,以达到平滑利润的目的。从前面可知XT公司递延所得税资产的变动也较重大,因此,有必要进一步分析引起递延所得税资产或负债增减的原因,判断其合理性。

二、垂直分析

1. 资产结构

关于流动资产占比,通过结构分析可以看出,XT公司的流动资产占资产总额的比重很高(2016年年末占比为77.58%。2015年占比为79.10%),反映出该公司资产流动性较强的特点。流动资产中又以货币资金、应收票据和存货为主,流动资产内部结构如表3-4所示。

【例3-2】

表3-4 XT公司的流动资产内部结构分析表　　　　　　单位:%

项目	2016年	2015年	变动
速动资产	85.81	77.54	8.27
预付款项	1.44	2.04	-0.60
存货	12.65	20.26	-7.61
其他流动资产	0.10	0.16	-0.06

可以看出,XT公司的流动资产质量较好,2016年速动资产占流动资产的比例高达85.81%,这主要得益于XT公司所持有的大量货币资金,并且2016年速动资产占流动资产的比例在2015年的基础上提升了8.27个百分点,流动资产质量不断提升。从存货来看,存货所占比例也有较快下降,这可能得益于良好的存货管理,同时可能也受销售政策调整的影响。

在企业资产结构体系中,固定资产与流动资产之间的结构比例是最重要的内容。固定资产与流动资产之间的结构比例通常称为固流结构。在企业经营规模一定的条件下,如果固定资产存量过大,则会造成固定资产的部分闲置或生产能力利用不足;如果流动资产存量过大,则又会造成流动资产闲置,影响企业的盈利能力。无论出现以上哪种情况,最终都会影响企业资产的利用效果。

对一个企业而言,主要有以下3种固流结构策略可供选择:

(1) 适中的固流结构策略。采取这种策略,通常使固定资产存量与流动资产存量的比例保持平均水平。在这种情况下,企业的盈利水平一般,风险程度一般。

(2) 保守的固流结构策略。采取这种策略,流动资产比例较高,企业资产的流动性较强,因此降低了企业的风险,但同时也会降低企业的盈利水平。

(3) 冒险的固流结构策略。采取这种策略,流动资产比例较低,资产的流动性较低。虽然因为固定资产占用量增加而相应提高了企业的盈利水平,但同时也给企业带来较大的风险。

企业具体采用哪种固流结构，应结合盈利水平与风险、行业特点、企业经营规模等各方面因素综合考虑。

XT 公司 2016 年固定资产占资产总额的比重为 10.50%，而流动资产比重为 77.58%，两者之间的比例为 1:7.4，说明该公司采取的是保守型的固流结构策略。这种结构是否合理还应结合该公司的行业特点、经营特征等相关信息才能做出正确的判断。

关于有形资产和无形资产比例，无论是 2016 年还是 2015 年，该公司无形资产占资产总额的比重都不高。其中固定资产在 2016 年较 2015 年的比例还有所降低，这主要可以理解为是由总资产规模的增长带来的。值得注意的是，无形资产在 2016 年较 2015 年的比例有所上升，虽然比例不高，但是这种趋势值得肯定，因为随着科技进步和社会经济的发展尤其是伴随知识经济时代的到来，无形资产将构成企业的核心竞争能力。

2. 资本结构

从该公司的资本结构来看，2016 年负债占 73.47%，所有者权益占 26.53%，与 2015 年相近。资本结构中负债所占比例较大，公司的财务风险较高，近两年的资本结构比例并无太大变化，说明该公司的资本结构是比较稳定的。

从负债的具体构成来看，2016 年流动负债占负债总额的 98.23%，非流动负债占负债总额的 1.77%，而 2015 年的负债构成为流动负债占 98.55%，非流动负债占 1.45%，2016 年与 2015 年相比流动负债所占的比重变化不大。可以看出，XT 公司的流动负债占负债的比例极高，这说明了 XT 公司几乎不使用长期负债来支撑公司发展，虽然流动负债短期的偿债风险较大，但是有一些流动负债项目是对商业信用的合理充分利用，并无太大的短期偿债风险。从具体项目分析，应付账款和预收账款这两项占到 2016 年、2015 年流动负债的 40.85% 和 49.85%。这体现了 XT 公司良好的营运资金管理能力。

第四节　资产负债表项目趋势分析

一、资产项目的趋势分析

1. 绝对数额分析

绝对数额分析是指将企业连续几年的流动资产、非流动资产的相关项目的绝对额进行对比，以查看这些资产项目的变化趋势，从而洞悉企业资产的变动情况。ABC 公司 2014—2018 年的相关项目金额如表 3-5 所示。

【例 3-3】

表 3-5　ABC 公司资产情况绝对数额趋势分析　　　　　　　　　　单位：元

项目	2014 年	2015 年	2016 年	2017 年	2018 年
货币资金	957 213 705.59	685 079 919.08	1 827 147 730.00	2 645 488 112.37	7 839 228 671.52
交易性金融资产	588 666 475.03	1 000 574 398.28	471 206 450.90	0.00	0.00
应收票据	272 695 831.41	391 810 246.36	298 710 946.00	297 701 948.31	662 518 246.82

续表

项目	2014年	2015年	2016年	2017年	2018年
应收账款	90 069 419.53	116 295 699.11	234 071 756.80	241 148 393.79	267 706 596.54
存货	323 611 769.85	358 739 265.62	217 883 519.10	121 054 571.09	507 928 712.85
流动资产合计	2 232 257 201.41	2 552 499 528.45	3 049 020 402.80	3 305 393 025.56	9 277 382 227.73
长期股权投资	6 755 521 664.02	7 244 855 459.10	6 713 009 643.00	27 098 707 711.96	30 211 753 324.17
固定资产	1 212 827 288.85	1 576 767 657.47	1 625 368 253.00	1 070 078 028.27	2 352 225 420.39
无形资产	12 498 839.80	90 586 533.29	87 929 749.30	430 082 467.26	983 190 507.87
长期资产合计	7 980 847 792.67	8 912 209 649.86	8 426 307 645.30	28 598 868 207.49	33 547 169 252.43
总资产	10 213 104 994.08	11 464 709 178.31	11 475 328 048.10	31 904 261 233.05	42 824 551 480.16

由表3-5可以看出，该公司的资产在过去的5年里呈上升的趋势，尤其是在2017年后上升速度很快。流动资产和长期资产也表现出相似的增长趋势。长期资产的增长速度略大于流动资产。在流动资产中，货币资金的增长趋势较应收账款、存货等更加明显，说明企业具有充足的现金。长期资产的增加主要体现在长期股权投资在2018年之后增长速度明显，而固定资产的变化不是很明显。

2. 环比分析

环比分析，一般是指报告期水平与前一时期水平相比，表明现象逐期的发展速度。计算货币资金、存货、长期股权资产、固定资产等资产项目相邻两期的变动百分比，可以查看这些项目变动的方向和幅度，从而分析企业资产的变动情况。ABC公司2014—2018年的资产项目环比变动情况如表3-6所示。

【例3-4】

表3-6 ABC公司资产情况的环比趋势分析　　　　单位:%

项目	(2015-2014)/2014	(2016-2015)/2015	(2017-2016)/2016	(2018-2017)/2017
货币资金	-28.43	166.71	44.79	196.32
交易性金融资产	69.97	-52.91	-100.00	—
应收票据	43.68	-23.76	-0.34	122.54
应收账款	29.12	101.27	3.02	11.01
存货	10.85	-39.26	-44.44	319.59
流动资产合计	14.35	19.45	8.41	180.67
长期股权投资	7.24	-7.34	303.67	11.49
固定资产	30.01	3.08	-34.16	119.82
无形资产	624.76	-2.93	389.12	128.61
长期资产合计	11.67	-5.45	239.40	17.30
总资产	12.25	0.09	178.02	34.23

由表 3-6 的环比数据可以看出,该公司的总资产在过去几年里呈现增长的趋势,2015年、2016 年增长较慢,2017 年增长迅速,总资产规模扩大了近 3 倍,2018 年增速减缓。流动资产在 2018 年增加明显,其中货币资金增加迅速,但流动资产总体呈现出不断增长的势头。长期资产的变化趋势不是很稳定,在 2017 年出现了快速增长,2018 年则增速放缓。其中长期股权投资和无形资产的变化较大,固定资产除了在 2017 年有所减少外变化不是很明显。总的来说,企业的流动资产呈现不断增加的趋势,但是长期资产变化的波动性较大,因此,企业总资产总的来说呈现增长的趋势不是很稳定。

3. 定基分析

定基分析就是选定一个固定的期间作为基期,计算各分析期的流动资产、长期资产等相关项目与基期相比的百分比。这种分析不仅能看出相邻两期的变动方向和幅度,还可以看出一个较长期间内的总体变动趋势,便于进行较长期间的趋势分析。ABC 公司 2014—2018 年资产项目的定基百分比如表 3-7 所示。

【例 3-5】

表 3-7 ABC 公司 2014—2018 年资产项目的定基趋势分析　　　　　单位:%

项目	2014 年	2015 年	2016 年	2017 年	2018 年
货币资金	100.00	71.57	190.88	276.37	818.96
交易性金融资产	100.00	169.97	80.05	0.00	0.00
应收票据	100.00	143.68	109.54	109.17	242.95
应收账款	100.00	129.12	259.88	267.74	297.22
存货	100.00	110.85	67.33	37.41	156.96
流动资产合计	100.00	114.35	136.59	148.07	415.61
长期股权投资	100.00	107.24	99.37	401.13	447.22
固定资产	100.00	130.01	134.01	88.23	193.95
无形资产	100.00	724.76	703.50	3 440.98	7 866.25
长期资产合计	100.00	111.67	105.58	358.34	420.35
总资产	100.00	112.25	112.36	312.39	419.31

由表 3-7 可以看出,ABC 公司总资产的增长是很快速的,尤其是 2017 年以后开始迅猛增长。细分来看,货币资金、应收账款、存货的增长水平是很快速的。长期资产中,长期股权投资的增长相对于其他项目来说很明显,尤其是从 2017 年开始增长迅速。固定资产在 2017 年有所减少。2017—2018 年的无形资产与基期相比呈现极其迅速的增长。总体来说,总资产规模的扩大得益于流动资产及长期资产中的长期股权投资及无形资产等项目的增加。

二、负债项目的趋势分析

1. 绝对数额分析

将企业的负债项目的绝对数额进行对比,可以看出这些项目的变化趋势,从而洞悉企业负债的变动方向。ABC 公司 2014—2018 年的负债项目情况如表 3-8 所示。

【例 3-6】

表 3-8 ABC 公司负债的绝对数额分析 单位：元

项目	2014 年	2015 年	2016 年	2017 年	2018 年
短期借款	34 490 000.00	0.00	0.00	0.00	2 000 000 000.00
应付票据	20 276 493.58	6 595 466.69	12 927 513.66	0.00	0.00
应付账款	206 424 906.39	214 183 453.64	252 128 618.03	433 086 816.29	2 336 028 684.19
一年内到期的长期负债	2 800 000.00	31 000 000.00	31 000 000.00	101 973 282.69	227 256 834.66
流动负债合计	263 991 399.97	251 778 920.33	296 056 151.69	535 060 098.98	4 563 285 518.85
长期借款	20 000 000.00	31 000 000.00	0.00	0.00	0.00
应付债券	0.00	0.00	0.00	0.00	4 839 663 820.22
长期应付款	633 161.67	633 161.67	0.00	0.00	0.00
预计负债	0.00	0.00	0.00	0.00	32 188 437.03
专项应付款	34 260 000.00	34 260 000.00	34 260 000.00	2 446 319.00	0.00
其他长期负债	0.00	0.00	0.00	1 238 110 339.77	1 200 760 247.39
递延所得税负债	0.00	0.00	0.00	0.00	213 869 804.98
长期负债合计	54 893 161.67	65 893 161.67	34 260 000.00	1 240 556 658.77	6 286 482 309.62
负债合计	318 884 561.64	317 672 082.00	330 316 151.69	1 775 616 757.75	10 849 767 828.47

由表 3-8 可以看出，该公司的总负债在 2017 年开始增长迅速。从对负债的各项分析中可以看出，长期负债的增加较流动负债更为明显，流动负债的增加更多地体现在应付账款的波动上。长期负债合计中，长期负债并没有因为长期借款的减少而减少，反而在 2017 年之后增加较为快速。这主要是由 2017 年长期负债中专项应付款和其他长期负债的增加及 2018 年到期的应付债券增加所致。

2. 环比分析

环比分析是指计算流动负债、长期负债等相关项目相邻两期的变动百分比，以查看负债项目的变动方向和幅度，从而分析企业的偿债能力。ABC 公司负债的环比趋势分析如表 3-9 所示。

【例 3-7】

表 3-9 ABC 公司负债的环比趋势分析 单位：%

项目	(2015-2014) /2014	(2016-2015) /2015	(2017-2016) /2016	(2018-2017) /2017
短期借款	-100.00	—	—	—
应付票据	-67.47	96.01	-100.00	—
应付账款	3.76	17.72	71.77	439.39
一年内到期的长期负债	1 007.14	0.00	228.95	122.86
流动负债合计	-4.63	17.59	80.73	752.85
长期借款	55.00	-100.00	—	—
应付债券	—	—	—	—
长期应付款	0.00	0.00	—	—
预计负债	—	—	—	—

续表

项目	(2015-2014)/2014	(2016-2015)/2015	(2017-2016)/2016	(2018-2017)/2017
专项应付款	0.00	0.00	-92.86	-100.00
其他长期付款	—	—	—	-3.02
递延所得税付债	—	—	—	—
长期负债合计	20.04	-48.01	3 521.01	406.75
负债合计	-0.38	3.98	437.55	511.04

通过表3-9可以看出，负债在2017年增长十分迅速，达到了437.55%。长期负债波动较大，这主要是由2018年长期负债项中的专项应付款和其他长期应付款增加所致。另外，在2017年的基础上，2018年长期负债又增加了应付债券。流动负债呈现波动的增加趋势，这主要体现在应付账款和一年内到期的长期负债项目上。因此企业总的负债呈现较大的波动性。

3. 定基分析

通过对于负债各项的定基分析，计算分析其中的流动负债、长期负债等相关项目与基期相比的百分比，不仅能够看出相邻两期负债的变动方向和幅度，还可以看出一个较长期间内的变动总体趋势，便于进行较长期间的趋势分析。ABC公司2015—2018年负债的定基趋势分析如表3-10所示。

【例3-8】

表3-10 ABC公司负债的定基趋势分析　　　　　　单位:%

项目	2014年（基期）	2015年	2016年	2017年	2018年
短期借款	100.00	0.00	0.00	0.00	5 798.78
应付票据	100.00	32.53	63.76	0.00	0.00
应付账款	100.00	103.76	122.14	209.80	1 131.66
一年内到期的长期负债	100.00	1 107.14	1 107.14	3 641.90	8 116.32
流动负债合计	100.00	95.37	112.15	202.68	1 728.57
长期借款	100.00	155.00	0.00	0.00	0.00
长期负债合计	100.00	120.04	62.41	2 259.95	11 452.21
负债合计	100.00	99.62	103.58	556.82	3 402.41

表3-10中，2014年的负债为基期，通过定基分析可以看出，2017年以后负债呈现出了很大的增长幅度，很明显长期负债的增幅远远大于流动负债，这是由2017年的专项应付款等和2018年的应付债券的增加导致的。

三、所有者权益项目的趋势分析

1. 绝对数额分析

ABC公司2014—2018年所有者权益相关项目的绝对数额趋势分析如表3-11所示。

【例 3-9】

表 3-11　ABC 公司所有者权益的绝对数额趋势分析　　　单位：元

项目	2014 年	2015 年	2016 年	2017 年	2018 年
股本	2 519 999 300.00	3 275 999 090.00	3 275 999 090.00	6 551 029 090.00	6 551 029 090.00
资本公积	4 958 911 000.23	4 969 160 069.90	4 970 546 409.19	21 580 427 001.73	22 592 545 557.39
盈余公积	1 004 788 300.78	1 398 169 026.28	1 618 710 063.76	1 966 277 100.38	2 626 728 994.80
未分配利润	1 314 548 200.79	1 754 071 187.17	1 817 235 564.63	2 388 503 938.59	4 341 513 888.20
股东权益合计	9 798 246 801.80	11 397 399 373.35	11 682 491 127.58	32 486 237 130.70	36 111 817 530.39

由表 3-11 可以看出，该公司在 2014—2018 年的 5 年里，所有者（股东）权益总额呈现出先平缓后快速的增长趋势。其中股本、未分配利润的增长较为缓慢，资本公积的增长较为快速。总体来说，公司的所有者权益在 2014—2018 年里得到了快速的增长。

2. 环比分析

ABC 公司所有者权益的环比趋势分析如表 3-12 所示。

【例 3-10】

表 3-12　ABC 公司所有者权益的环比趋势分析　　　单位：%

项目	(2015-2014)/2014	(2016-2015)/2015	(2017-2016)/2016	(2018-2017)/2017
股本	30.00	0.00	99.97	00.00
资本公积	0.21	0.03	334.17	4.69
盈余公积	39.15	15.77	21.47	33.59
未分配利润	33.44	3.60	31.44	81.77
股东权益合计	16.32	2.50	178.08	11.16

从对该公司 5 年里所有者权益的环比分析结果可以看出，所有者权益的增长基本呈现较为稳定的趋势，2017 年由于资本公积快速增长（定向增长），使得当年的所有者权益有较大的增加。

3. 定基分析

ABC 公司的定基趋势分析如表 3-13 所示。

【例 3-11】

表 3-13　ABC 公司所有者权益的定基趋势分析　　　单位：%

项目	2014 年（基期）	2015 年	2016 年	2017 年	2018 年
股本	100.00	130.00	130.00	259.96	259.96
资本公积	100.00	100.21	100.23	435.18	455.59
盈余公积	100.00	139.15	161.10	195.69	261.42
未分配利润	100.00	133.44	138.24	181.70	330.27
股东权益合计	100.00	116.32	119.23	331.55	368.55

在选择 2014 年为基期的定基比较中，可以看出，前 3 年的增长较为缓慢，2017 年开始增长迅速，其中资本公积增加到 435.18%。资本公积的快速增长是所有者权益增加的一个重要原因。2018 年股利政策的改变使未分配利润增多，所有者权益相应增长。

本章小结

资产负债表是反映企业在某一特定日期财务状况的静态会计报表，它反映企业在某一特定日期所拥有或控制的经济资源、所承担的现时义务和所有者对净资产的要求权。资产负债表根据会计账簿日常记录的大量数据浓缩整理后编制而成，是与企业会计账簿关系最为紧密的财务报表。通过资产负债表可以了解企业的资产结构、权益结构、资源配置能力及偿债能力等财务情况，但同时资产负债表信息也具有一定的局限性。通过资产负债表报表项目的编制内涵及其各类质量分析方法，可以了解资产负债表的基本信息质量情况。通过分析企业的资产结构和权益结构的类型，可以评价企业资产结构及权益结构的质量及其对称关系，进而评价企业经营活动的特点。资产负债表趋势分析通过时间序列上的数据统计分析方法，为我们揭示了报表项目内在发展变化的特点及规律。

思考题

1. 资产负债表分析的主要作用是什么？
2. 资产负债表分析主要包括哪些内容？
3. 简述企业会计准则下资产负债表的格式及内容。
4. 简述如何进行存货质量分析。
5. 简述如何进行固定资产质量分析。

同步练习

一、单项选择题

1. 编制资产负债表所依据的会计等式是（　　）。

  A. 收入 – 费用 = 利润

  B. 资产 = 负债 + 所有者权益

  C. 借方发生额 = 贷方发生额

  D. 期初余额 + 本期借方发生额 – 本期贷方发生额 = 期末余额

2. 资产在资产负债表中的列示的顺序是（　　）。

  A. 项目重要性　　B. 项目流动性　　C. 项目收益性　　D. 项目时间性

3. 能够减少企业流动资产变现能力的因素是（　　）。

  A. 取得商业承兑汇票　　　　　　B. 未决诉讼、仲裁形成的或有负债

  C. 有可动用的银行贷款指标　　　D. 长期投资到期收回

4. 企业（　　）时，可以增加流动资产的实际变现能力。

  A. 取得应收票据贴现款　　　　　B. 为其他单位提供债务担保

C. 拥有较多的长期资产　　　　　　　　D. 有可动用的银行贷款指标

5. "预付账款"科目明细账中若有贷方余额，应将其计入资产负债表中的（　　）报表项目。

　　A. 应收账款　　B. 预收款项　　C. 应付账款　　D. 其他应付款

6. 在下述企业流动资产项目中，流动性强的是（　　）。

　　A. 存货　　B. 交易性金融资产　　C. 货币资金　　D. 应收账款

7. 一般情况下，不属于速动资产的是（　　）。

　　A. 存货　　B. 货币资金　　C. 应收账款　　D. 交易性金融资产

8. 下列各项中，应列入资产负债表"其他应付款"项目的是（　　）。

　　A. 应付租入包装物租金　　　　　　B. 应付融资租入固定资产租金
　　C. 结转到期无力支付的应付票据　　D. 应付由企业负担的职工社会保险费

9. 以下项目中，属于资产负债表中流动负债项目的是（　　）。

　　A. 长期借款　　　　　　　　　　　B. 递延税款贷项
　　C. 应付股利　　　　　　　　　　　D. 应付债券

10. 某企业 2016 年 5 月 1 日从银行借入期限为 3 年的长期借款 400 万元，编制 2017 年 12 月 31 日资产负债表时，此项借款应填入的报表项目是（　　）。

　　A. 短期借款　　　　　　　　　　　B. 长期借款
　　C. 其他长期负债　　　　　　　　　D. 一年内到期的非流动负债

11. 下列项目中属于长期债权的是（　　）。

　　A. 短期贷款　　B. 融资租赁　　C. 商业信用　　D. 短期债券

12. 在下列各项资产负债表日后事项中，属于调整事项的是（　　）。

　　A. 自然灾害导致的资产损失　　　　B. 外汇汇率发生较大变动
　　C. 对一个企业的巨额投资　　　　　D. 已确定获得或支付的赔偿

13. 某日，大华公司的负债为 7 455 万元，非流动资产合计为 4 899 万元，所有者权益合计为 3 000 万元，则当日该公司的流动资产合计应当为（　　）。

　　A. 2 556 万元　　B. 4 455 万元　　C. 1 899 万元　　D. 5 556 万元

14. 资产负债表中的"未分配利润"项目应根据（　　）填列。

　　A. "利润分配"科目余额
　　B. "本年利润"科目余额
　　C. "本年利润"和"利润分配"科目的余额计算后
　　D. "盈余公积"科目余额

15. 资产负债表的负债项目显示了企业所负担债务的（　　）。

　　A. 偿还能力　　　　　　　　　　　B. 变动状况
　　C. 数量和偿还期长短　　　　　　　D. 占资产总额的比例

二、多项选择题

1. 一般而言，其他应收款余额特别巨大，可能意味着（　　）。

　　A. 关联股东占用了上市公司的资金　　B. 费用挂账
　　C. 隐性投资　　　　　　　　　　　　D. 变相的资金拆借

2. 企业资产负债表所提供的信息主要包括（   ）。
   A. 企业拥有或控制的资源及其分布情况
   B. 企业所承担的债务及其不同的偿还期限
   C. 企业利润的形成情况及影响利润增减变动的因素
   D. 企业所有者在企业资产中享有的经济利益份额及其结构
3. 通货膨胀对资产负债表的影响，主要有（   ）。
   A. 高估固定资产   B. 高估负债   C. 低估净资产价值   D. 低估存货
4. 下列选项中，正确的有（   ）。
   A. 保守型的资本结构下，企业的财务风险相对较小，资本成本较低
   B. 资本结构是指企业债务和所有者权益之间的比值
   C. 企业在做出资本结构决策时，需重点考虑资金需要量、资本成本和风险态度
   D. 行业因素既会影响企业的资产结构，也会影响企业的资本结构，企业的资产结构和资本结构是资产负债表结构中重要的结构
5. 在分析资产负债率时，（   ）应包括在负债项目中。
   A. 应付福利费   B. 盈余公积   C. 未交税金   D. 资本公积
6. 在对某企业的财务报表进行分析时，如果财务报表显示企业的资产规模很大但货币资金较小，不能与之配套，可能是由（   ）形成的。
   A. 企业的经营方式决定的   B. 企业有账外资金流转，想少缴税
   C. 企业为了节约成本   D. 企业的行业特点决定的
7. 在对某企业的资产负债表进行分析时，如果财务报表显示企业的固定资产远远大于其流动资产规模所要求的数量，可能存在的原因是（   ）。
   A. 企业的生产经营能力有闲置
   B. 企业处于停产半停产状态
   C. 企业资金周转困难
   D. 一部分流动资产没有入账，企业隐瞒了销售收入想少缴税
8. 在对某企业的经营情况进行分析时，如果其财务报表显示企业长期以来经营收入很小，负债规模很大，企业可能存在以下问题（   ）。
   A. 企业有对外投资行为   B. 企业有在建项目
   C. 企业正在扩大规模   D. 企业隐瞒了销售收入
9. 下列项目属于无形资产范围的是（   ）。
   A. 非专利技术   B. 商标   C. 土地使用权   D. 专利权
   E. 商誉
10. 资产负债表的初步分析可以分为（   ）三部分。
    A. 所有者权益分析   B. 负债分析   C. 现金流动分析   D. 资产分析

三、判断分析题

1. 当流动资产小于流动负债时，说明部分长期资产是以流动负债作为资金来源的。
   （   ）
2. 一般而言，其他应付款主要用于隐藏潜亏、高估利润，而其他应收款主要用于隐瞒

收入、低估利润。   (   )
3. 一般来说，不应将经营租赁和融资租赁作为自有资产看待。   (   )
4. 资产重组可分为报表重组和实质重组。   (   )
5. 企业年末资产负债表中的未分配利润报表项目的金额等于"利润分配"科目的年末余额。   (   )
6. "长期借款"项目应该根据"长期借款"总账科目余额填列。   (   )
7. 应收账款增加，增大了发生坏账损失的可能。   (   )
8. "未分配利润"项目的编制要查看"利润分配"明细账。   (   )
9. 在信息化条件下，小企业应该对所有存货都采用个别计价法确定发出存货的成本。   (   )
10. 资产负债表中确认的资产都是企业拥有的。   (   )
11. 营运资本等于企业以长期负债和所有者权益为来源的那一部分资产。   (   )
12. 流动资产比重高的企业，资产的周转速度一般较快，经营风险较低。   (   )
13. 一般来说，随着企业规模的扩大，流动资产的比重会相对降低。   (   )
14. 一般来讲，利率上升，企业流动资产在总资产中的比重会下降。   (   )
15. 我国资产负债表采用账户式为规定披露样式。   (   )

四、综合分析题

1. TRT 公司连续 5 年的资产负债表的部分报表数据如表 3-14 所示。

表 3-14 TRT 公司有关财务数据   单位：千万元

项目	2018 年	2017 年	2016 年	2015 年	2014 年
流动资产	1 051	1 000	810	595	494
非流动资产	243	191	159	138	116
资产合计	1 294	1 191	969	733	610
流动负债	321	298	292	242	162
非流动负债	109	109	116	10	5
所有者权益	864	784	561	481	443

要求：根据表中资料，计算 TRT 公司各年的资产组合及资本结构有关指标并进行比较分析、趋势分析。

2. YNBY 公司某年度资产负债表资料如表 3-15 所示。

表 3-15 资产负债表

编制单位：YNBY 公司   201×年12月31日   单位：千万元

资产	年末数	年初数	负债及所有者权益	年末数	年初数
流动资产	1 406	1 089	流动负债	394	366
其中：应收票据及应收账款	55	54	其中：应付账款	205	183
存货	498	476	应交税费	13	17

续表

资产	年末数	年初数	负债及所有者权益	年末数	年初数
非流动资产	228	199	非流动负债	111	19
固定资产	165	127	负债合计	505	385
无形资产	25	22	所有者权益	1 129	903
资产总计	1 634	1 288	负债及所有者权益总计	1 634	1 288

要求：

（1）计算各项目金额的增（减）额和增（减）变动率。

（2）根据计算结果，对流动资产、固定资产、流动负债、非流动负债、所有者权益的增减变动情况进行分析评价。

（3）运用结构百分比法，对该公司的资产负债表进行结构变动分析。

第四章

利润表分析

引　言

　　企业是经济活动中重要的纳税主体，利润则是企业重要的纳税源泉。利润表就是对企业一定期间内经营成果的集中反映，它基于权责发生制的会计观，依据"利润=收入-费用"的等式原理编制而成。我国的企业利润表采用多步式结构，体现的是综合收益观。利润表的全面收益计量体现了财务报告目标从受托责任观向决策有用观的转变，以及通过引入利得和损失的概念、通过使用公允价值计量模式来适应企业多元化经营收益的利润核算的特点。利润表中对利润的具体核算过程直观地反映了利润的来源、结构及阶段性成果，并在此基础上形成对利润质量的分析评价。

　　通过本章的学习，要求了解利润表的概念及结构、作用及局限；掌握利润表的格式及具体核算过程；理解利润表中的收入利得类各项目、成本费用类各项目的编制方法及质量分析要求；初步学会利润质量评价的基本原则；掌握利润表的初步分析方法；学会编制比较利润表和共同比利润表；了解企业的利润构成特点和盈利模式。

　　本章的教学重点是利润表收入费用各项目的质量分析、利润的计算过程及质量判断、利润表的初步分析及趋势分析。

　　本章的教学难点是如何分析全面收益观影响下的利润形成过程及对应的利润结构和利润结果体现出的真实的利润质量。

第一节　利润表分析概述

一、利润表的概念及结构

1. 利润表的概念

利润表是反映企业一定会计期间（如月度、季度、半年度或年度）生产经营成果的财务报表。由于利润表反映的是企业某一时期的经营成果，因此属于动态报表。由于企业一定会计期间的经营成果既有可能盈利也有可能亏损，因此利润表也称为损益表。它全面揭示了企业在某一特定时期实现的收入、产生的成本费用及企业实现利润或发生亏损的情况。

在会计处理中，"费用化"和"资本化"两种重要理念深刻地影响着会计准则的制定和实务工作的执行，是财会人员在具体工作中重要的选择判断空间，影响到经济业务账务处理活动的方方面面。费用化是将资源折耗发生的费用作为流量处理，于发生的当期确认为费用，计入当期损益，影响当期的利润表。资本化是将资源折耗发生的费用作为存量处理，计入相关资产的成本，纳入当年的资产负债表，在延迟计量中逐步实现价值补偿。这种会计处理方法将费用的发生绕过当期利润表，且比较间接地体现在资产负债表中，因此对利润表的编制和处理产生了深远的影响。

2. 利润表的结构

利润表是根据"收入－费用＝利润"的会计等式编制的，利润表的结构主要有单步式和多步式两种。

单步式利润表是将当期所有的收入列在一起，再将当期所有费用列在一起，两者相减得出当期净利润。因为净利润的计算只有一个抵减步骤，所以叫作单步式利润表。单步式利润表将收入和费用归类得非常清楚，清晰明了便于编制，但是不能提供重要的中间信息，多步式利润表就解决了这个问题。

多步式利润表将企业的收益和费用按性质分类，并以不同的方式将它们结合起来，提供各种各样的中间信息。因为净利润的计算需要经过好几个抵减步骤，所以叫作多步式利润表。多步式利润表的结构是按照企业收益形成的主要环节，通过营业利润、利润总额、净利润和综合收益4个层次来分步披露企业收益的，它详细揭示了企业收益的形成过程。

阅读利润表表头部分时，首先应该关注编制单位，它体现了会计核算的主体及范围，是分析财务报表数据内涵的重要前提。利润表列示编报的日期表明了利润表体现的经营成果的时期。可以按年度编制利润表，也可以在各中期编制中期利润表。利润表列示的货币计量单位表明利润表会计计量所采取的币种及小单位，在实务处理中，鉴于财务分析的整体要求，也可以通过计算机软件提供的舍位平衡功能将数据处理后再进行分析。

二、利润表的作用

利润表具有以下几方面的作用。

1. 通过分析利润表，可以评价和预测企业经营成果和获利能力

利润表可以反映企业一定时期的各项收入和费用情况，并且反映企业的利润的实现情况。报表使用者可以根据利润表的内容了解企业的经营状况和获利能力，同时也可以通过和其他企业的对比来了解企业在行业中所处的地位，做出合理的决策。通过对企业不同时期利润表的分析和对比，可以了解企业历年的经营状况，据以判断企业发展是否稳定。

2. 通过分析利润表，可以为偿债能力分析提供参考依据

企业获利能力的强弱直接影响企业偿债能力的优良。通过对利润表的分析，可以判断企业的获利能力是强是弱，结合企业偿债能力分析的结果进行进一步的研究，能做出更准确的判断。

3. 通过分析利润表，可以帮助经营者做出正确的经营决策

通过分析企业利润表，可以了解到企业各项收入费用的上升和下降，并进一步预测它们的发展趋势，发现管理过程存在的不足。同时通过对利润表各项目的结构分析，可以判断影响利润的主要项目有哪些，对这些主要项目的控制有利于企业的良好发展。

4. 通过分析利润表，可以考评管理者的绩效

通过利润表的数据，可以了解到企业费用和收入的状况，通过与预算金额的对比，可以了解企业预算的执行情况如何，同时可以了解到企业生产、销售等部门的管理效率。这些都是评价企业管理者绩效的重要依据。

三、利润表的报表项目内涵

利润表主要反映以下几方面的内容：

（1）构成营业利润的各项要素。营业收入减去营业成本、税金及附加、销售费用、管理费用、财务费用、加（减）投资收益（损失）后得出营业利润。

（2）构成利润总额的各项要素。利润总额在营业利润的基础上加减营业外收支后得出。

（3）构成净利润的各项要素。利润总额减去本期所得税费用后得出净利润。

在利润表中，企业通常按各项收入、费用以及构成利润的各个项目分类分项列示。也就是说，收入类项目按其重要性进行列示，主要包括营业收入（主营业务收入和其他业务收入）、投资收益、公允价值变动收益、营业外收入；费用类项目按其性质进行列示，主要包括营业成本（主营业务成本和其他业务成本）、税金及附加、销售费用、管理费用、财务费用、营业外支出、所得税费用等；利润按营业利润、利润总额和净利润等利润的构成分类分项列示。

（1）"营业收入"报表项目主要指企业日常经营过程中取得的收入，本项目应根据"主营业务收入"科目和"其他业务收入"科目的发生额汇总分析填列。

（2）"主营业务收入"反映企业经营主要业务所取得的收入总额。"其他业务收入"反映企业在主要业务之外的其他经营活动中所取得的收入总额。

（3）"营业成本"报表项目主要指企业日常经营过程中取得的收入，本项目应根据"主营业务成本"科目和"其他业务成本"科目的发生额汇总分析填列。

（4）"主营业务成本"反映企业经营主要业务发生的实际成本。

（5）"其他业务成本"反映企业在主要业务之外的其他经营活动中所发生的实际成本。

（6）"税金及附加"报表项目反映企业经营活动应负担的消费税、城市维护建设税、资源税和教育费附加等，本项目应根据"税金及附加"科目的发生额分析填列。

（7）"销售费用"报表项目反映企业在销售商品和商品流通企业在购入商品等过程中发生的费用，本项目应根据"销售费用"科目的发生额分析填列。

（8）"管理费用"报表项目反映企业发生的管理费用，本项目应根据"管理费用"科目的发生额分析填列。

（9）"财务费用"报表项目反映企业发生的财务费用，本项目应根据"财务费用"科目的发生额分析填列。其中："利息费用"行项目反映企业为筹集生产经营所需资金等而发生的应予费用化的利息支出，该项目应根据"财务费用"科目的相关明细科目的发生额分

析填列。"利息收入"行项目反映企业确认的利息收入,该项目应根据"财务费用"科目的相关明细科目的发生额分析填列。

(10)"研发费用"行项目反映企业进行研究与开发过程中发生的费用化支出,该项目应根据"管理费用"科目下的"研发费用"明细科目的发生额分析填列。

(11)"资产减值损失"报表项目反映企业计提各项资产减值准备所形成的损失。本项目应根据"资产减值损失"科目的发生额分析填列。本项目可关注报表附注中的资产减值明细表。

(12)"其他收益"行项目反映计入其他收益的政府补助等。该项目应根据"其他收益"科目的发生额分析填列。

(13)"公允价值变动收益"报表项目反映企业因公允价值变动形成的应计入当期损益的利得或损失。本项目应根据"公允价值变动损益"科目的发生额分析填列。

(14)"投资收益"报表项目反映企业以各种方式对外投资所取得的收益或投资损失。本项目应根据"投资收益"科目的发生额分析填列;如为投资损失,以"-"号填列。

(15)"资产处置收益"行项目反映企业出售划分为持有待售的非流动资产(金融工具、长期股权投资和投资性房地产除外)或处置组(子公司和业务除外)时确认的处置利得或损失,以及处置未划分为持有待售的固定资产、在建工程、生产性生物资产及无形资产而产生的处置利得或损失。债务重组中因处置非流动资产产生的利得或损失和非货币性资产交换中换出非流动资产产生的利得或损失也包括在本项目内。该项目应根据"资产处置损益"科目的发生额分析填列;如为处置损失,以"-"号填列。

(16)"营业外收入"行项目反映企业发生的除营业利润以外的收益,主要包括债务重组利得、与企业日常活动无关的政府补助、盘盈利得、捐赠利得(企业接受股东或股东的子公司直接或间接的捐赠,经济实质属于股东对企业的资本性投入的除外)等。该项目应根据"营业外收入"科目的发生额分析填列。

(17)"营业外支出"行项目反映企业发生的除营业利润以外的支出,主要包括债务重组损失、公益性捐赠支出、非常损失、盘亏损失、非流动资产毁损报废损失等。该项目应根据"营业外支出"科目的发生额分析填列。

(18)"所得税费用"报表项目反映企业按规定从本期损益中减去的所得税费用。本项目应根据"所得税费用"科目的发生额分析填列。

(19)"营业利润"报表项目反映企业当期的营业利润或者亏损,是企业经营类资产和投资类资产共同形成的利润成果。

营业利润 = 营业收入 - 营业成本 - 税金及附加 - 销售费用 - 管理费用 - 财务费用 - 资产减值损失 ± 公允价值变动收益 ± 投资收益

(20)"利润总额"报表项目,反映企业当期的利润总额或者亏损,是用来计算所得税的依据。如为亏损总额,以"-"号填列。

利润总额 = 营业利润 + 营业外收入 - 营业外支出

(21)"净利润"报表项目反映企业当期的净利润或者净亏损,是用来等待分配的利润成果。如为净亏损,以"-"号填列。

净利润 = 利润总额 - 所得税费用

(22)"持续经营净利润"和"终止经营净利润"行项目,分别反映净利润中与持续经营相关的净利润和与终止经营相关的净利润;如为净亏损,以"－"号填列。该两个项目应按照《企业会计准则第42号——持有待售的非流动资产、处置组和终止经营》的相关规定分别列报。

(23)"每股收益"报表项目反映普通股股东所持有的企业利润或者风险。本项目分为基本每股收益和稀释每股收益。

2009年6月11日发布的《企业会计准则解释第3号》在利润表"净利润"项下增列"其他综合收益的税后净额"项目和"综合收益总额"项目。"其他综合收益的税后净额"项目反映企业根据企业会计准则规定未在损益中确认的各项利得和损失扣除所得税影响后的净额。"综合收益总额"项目反映企业净利润与其他综合收益的合计金额。在附注中应披露其他综合收益各项目及其所得税影响,以及原计入其他综合收益、当期转入损益的金额等信息。

第二节 利润表项目质量分析

利润表项目质量分析是从构成利润的主要项目入手,对重点项目进行的分析。其目的是了解企业利润形成的主要因素和影响利润的主要原因,为企业的经营决策提供有用的参考依据。

一、收入类项目质量分析

1. 营业收入

营业收入是指企业在日常生产经营过程中取得的收入,这里要重点关注收入来自企业的"日常活动"。营业收入主要有两种分类,一是按照企业从事日常活动的重要性进行分类,可分为主营业务收入和其他业务收入,另一种是按照企业从事日常活动的性质进行分类,可分为销售商品收入、提供劳务收入、让渡资产使用权收入及建造合同收入。营业收入是企业创造利润的核心力量,如果企业的利润大部分都来自营业收入,则说明企业的利润质量较高,因此营业收入的确认会对财务报表分析产生重大影响。在对营业收入进行质量分析时要注意以下几点:

(1)营业收入的品种结构。大部分企业进行的都是多种产品的经营,不同商品对营业收入有不同的贡献,对营业收入贡献比较大的商品或劳务是企业的主要业务。对企业营业收入的品种结构进行分析,可以判断企业的收入是否主要来自主营业务收入。如果企业的利润主要来自主营业务收入,就说明企业的经营成果比较好,营业收入质量良好。

(2)营业收入的地区结构。企业为不同地区提供产品和服务,因此对营业收入进行地区分析可以发现不同地区对营业收入的贡献程度。那些占总体营业收入比较大的地区是企业的主要业务增长地区,需要重点发展和维持;而那些收入很少或者亏损的地区应看是否要进行销售方面的改革,或考虑成本效益原则,要决定是否继续该地区的发展。

(3)与关联方交易实现的收入占总收入的比重。企业集团化经营下经常会发生关联方交易。为了达到某些调节利润的目的,企业有时会人为制造一些关联方交易。因此,应该注意关联方交易收入的比重,同时注意关联方交易的价格、时间等因素。

(4) 地方或部门保护主义对企业业务收入实现的影响。有些行业或者企业是受政府保护的,这有利于其市场竞争和利润的实现。但这种保护能维持多久却无法保障,如果企业失去这种保护,能否保持利润的增长和市场的竞争力就都是未知数。因此,在分析企业的营业收入时应注意地方或部门保护主义对企业收入的影响,如果企业受影响很大,则其自身创造利润的能力不一定很强。

2. 公允价值变动收益

公允价值变动收益是公允价值变动损益为正利润时的情况,如果公允价值变动损益为负利润,则表示公允价值变动损失,以负号列示,作为冲减项目。该项目主要用来核算企业某些项目公允价值变动形成的应计入当期损益的利得或者损失。例如交易性金融资产、交易性金融负债(包含指定为以公允价值计量且其变动计入当期损益的金融资产、金融负债),采用公允价值模式计量的投资性房地产,采用公允价值模式计量的生产性生物资产,以及衍生工具、套期保值业务等。

由于公允价值变动损益通常来自企业持有的投资类资产的会计计量模式的影响,其往往与企业的主营业务不相关,因此通常波动巨大,且不具有可持续性,同时不涉及现金流量,是一种未实现的收益(或损失),在分析时需要谨慎使用相关数据。

3. 投资收益

投资收益是指企业在一定的会计期间对外投资所取得的回报,包括长期股权投资的投资收益,企业处置交易性金融资产、交易性金融负债、其他债权投资和其他权益工具投资实现的损益,以及企业债权投资在持有期间取得的投资收益等。当然,投资活动也可能遭受损失,如投资到期收回或到期前转让的所得款低于账面价值的差额,即为投资损失。投资收益减去投资损失则为投资净收益。从投资收益的确认和计量角度来看,在成本法下投资收益的确认不会引起现金流量的不足,但在权益法下投资收益的确认会引起企业现金流量的困难,而企业还要将此部分投资收益用于利润分配。因此采用权益法确认的投资收益质量较差,分析时要着重注意。对于一次性的收益增加,如股权投资转让调节利润,在评价企业未来盈利趋势时要予以调整或剔除。因此,在对投资收益(或损失)进行分析时,应该注意是否有现金的流入和流出及投资收益占净利润的比例。

二、成本费用类项目质量分析

1. 营业成本

营业成本是指与营业收入相关的、已经确认了归属期和归属对象的成本。企业的营业成本分为主营业务成本和其他业务成本。在对企业营业成本进行分析的时候,要注意企业是否存在延期或提前确认营业成本以及随意变更成本计算方法的行为。企业可以通过这些行为人为地控制成本数据,从而操纵利润。

2. 税金及附加

税金及附加是指企业从事生产经营活动、按照税法规定应缴纳并在会计上可以从营业利润中扣除的税金及附加,包括消费税、关税、资源税、城市建设维护税及教育费附加等。需要注意的是，增值税和所得税两个重要税种不反映在这个项目里面。分析该项目时应该将其与营业收入相对应分析，因为企业在一定时期内取得的经营收入按规定要缴纳各种税金，同时要确认税金的计算依据是否正确。该项目金额对营业利润的影响较小，可不作为重点分析。

3. 销售费用

销售费用是指企业在销售产品、自制半成品和提供劳务等过程中发生的费用，包括由企业负担的包装费、运输费、广告费、装卸费、保险费、委托代销手续费、展览费、销售服务费、销售部门人员工资、职工福利费、办公费、折旧费、修理费、物料消耗、低值易耗品摊销及其他经费等。在对销售费用进行分析时，应该注意销售费用的构成，找出构成销售费用的主要组成因素，同时应该注意销售费用增减的原因。在企业业务发展的条件下，企业的销售费用一般不应降低，同时应该注意广告费的处理，有的企业会基于公司业绩的考虑，将巨额广告费列为长期待摊费用。

4. 管理费用

管理费用是期间费用的一种，主要是指企业行政管理部门为组织和管理生产经营活动而发生的各种费用。具体包括的项目有：工资福利费、折旧费、工会费、职工教育经费、业务招待费、房产税、车船使用税、土地使用税、印花税、技术转让费、无形资产摊销、咨询费、诉讼费、坏账损失、公司经费、劳动保险费、董事会会费等。

企业的管理费用同企业的营业收入之间存在一定的比例关系，若营业收入增长而管理费用下降，应该注意企业是否利用管理费用操纵利润。同时，企业的研发支出分界点比较复杂，容易为企业违规留下操作空间。因此，应该关注管理费用的重要项目。

5. 财务费用

财务费用是指企业为筹集生产经营所需资金等而发生的费用，包括利息支出（减利息收入）、汇兑损失（减汇兑收益）及相关的手续费等。

在对财务费用进行分析时，应该注意以下几点：

(1) 企业当年列支的利息支出是否确实属于当年损益应负担的利息支出，注意审查有无将应由上年度或基建项目承担的利息支出列入当年损益的情况。同时应该单独列示占财务费用金额比重较大的"利息支出"项目，为财务分析评价提供便利。

(2) 利息支出的列支范围是否合规。注意审查各种不同性质的利息支出的处理是否正确。一般而言，企业流动负债的应计利息支出计入财务费用；企业长期负债的应计利息支出，筹建期间的计入开办费，属于生产经营期间的计入财务费用，属于清算期间的计入清算损益；企业的罚款违约金列入营业外支出。

(3) 存款利息收入是否抵减了利息支出，计算是否正确。应特别注意利息支出升降幅度较大的月份，并分析其原因。

(4) 企业列支的汇兑损益是否确已发生，即计算汇兑损益的外币债权、债务是否确实收回或偿还，调剂出售的外汇是否确已实现。审查汇兑损益计算的正确性、计算方法的前后一致性。审查有无将不同数量的外币之间的记账本位币差额当成汇兑损益的现象。审查企业经营初期发生的汇兑损益尤其是外汇调剂、汇兑损失，应查明发生的具体时间，有无为了延续减免税期而人为地将筹建期间发生的汇兑损失计入生产经营期间汇兑损失的行为。

(5) 主要审查各种手续费的真实性、合法性、合理性及计算正确与否，有无将应列入其他费用项目的或者应在前期、下期列支的手续费计入当期财务费用。

6. 资产减值损失

资产减值损失是指资产的可收回金额低于其账面价值时，将减记的金额确认为资产减值损失而计入当期损益，资产负债表方面主要表现为计提相应的资产减值准备。

资产负债表中，需要计提资产减值准备的资产有应收款项、存货、可供出售金融资产、持有至到期投资、长期股权投资、以成本模式计量的投资性房地产、固定资产、无形资产等，在资产减值损失科目的财务报表附注中会列出资产减值损失的明细。在这些减值准备中，有些是一次性不可转回的，如长期股权投资减值准备、以成本模式计量的投资性房地产减值准备、固定资产减值准备、无形资产减值准备。

在分析资产减值损失项目时，要注意分析一次性大额的资产减值损失对利润的影响，警惕利用资产减值损失来进行利润调节，如转回减值准备或少提减值准备、过度计提减值准备等，同时要注意资产减值损失不涉及现金流量，分析时要注意审慎使用相关数据。

7. 所得税费用

所得税费用是指企业为取得会计税前利润应交纳的所得税。"所得税费用"核算企业负担的所得税，是损益类科目；一般不等于"当期应交所得税"，因为可能存在"暂时性差异"。如果只有永久性差异，则所得税费用等于当期应交所得税。因此，所得税费用这一项目对企业利润的影响一般是固定的。

三、利得损失类项目质量分析

1. 营业外收入

营业外收入是指与其生产经营无直接关系的各项收入的总和，具体包括：固定资产盘盈收入、处理固定资产净收益、罚款净收入、无法支付的应付款项等。虽然营业外收入不具有经常性，但是如果营业外收入占全部收入比重较大，则有可能会被用来调节利润。例如，某集团股份有限公司2018年度营业收入为亏损157 533 000元，但企业的营业外收入达到了1 145 036 000元，从而使企业扭亏为盈。可见，营业外收入对企业净利润的影响是非常巨大的。因此，在对营业外收入进行分析的时候，要重点检查该营业外收入涉及的相关经济业务的性质，还要结合其他资料分析企业营业外收入的主要原因是什么，是否存在企业故意操控利润的可能。

2. 营业外支出

营业外支出是指不属于企业生产经营费用，与企业日常生产经营活动无直接关系，但应从企业经营利润中扣除的支出，主要包括固定资产盘亏、处理固定资产净损失、非常损失、罚款支出等。营业外支出不具备经常性的特点，但是其对利润的影响不容小视。很多企业会利用处置非流动资产损失、非货币性资产交换损失、债务重组损失、预计负债等项目大量增加营业外支出，减少当期利润。因此在分析时应该注意营业外支出的准确性和波动性，要从总额中剔除异常变动的项目。

四、利润质量分析

利润质量是指企业利润的形成过程及利润结果的合规性、效益型及公允性。高质量的企业利润能够为企业未来的发展奠定良好的资产基础。高质量的企业利润表现为：资产运转状况良好；所开展的业务具有较好的市场发展前景；有良好的购买能力、偿债能力、缴纳税金及支付股利的能力。低质量的企业利润表现为：资产运转不畅；支付能力、偿债能力减弱，甚至影响企业的生存能力。企业的利润构成、信用政策、存货管理水平及关联方交易都会影响企业的利润质量。

1. 利润的不同阶段性成果

（1）营业毛利。

$$营业毛利 = 营业收入 - 营业成本$$

（2）核心利润。

$$核心利润 = 营业收入 - 营业成本 - 税金及附加 - 销售费用 - 管理费用 - 财务费用$$

（3）营业利润（核心利润 + 投资利润）。

$$营业利润 = 营业收入 - 营业成本 - 税金及附加 - 销售费用 - 管理费用 - 财务费用 - 资产减值损失 \pm 公允价值变动收益 \pm 投资收益$$

（4）利润总额。

$$利润总额 = 营业利润 + 营业外收入 - 营业外支出$$

（5）净利润。

$$净利润 = 利润总额 - 所得税费用$$

2. 利润质量评价的方法

利润质量的评价方法有以下几种：

（1）不良资产剔除法。不良资产指待摊费用、待处理流动资产净损失、待处理固定资产净损失、开办费、递延资产等虚拟资产和高龄应收账款、存货跌价和积压损失、投资损失、固定资产损失等可能产生潜亏的资产项目。如果不良资产总额接近或超过净资产，或者不良资产的增加额（增加幅度）超过净利润的增加额（增加幅度），说明企业当期利润有水分。

（2）关联方交易剔除法。该方法是将来自关联企业的营业收入和利润予以剔除，分析企业的盈利能力在多大程度上依赖于关联企业。如果主要依赖于关联企业，就应当特别关注关联交易的定价政策，分析企业是否以不等价交换的方式与关联方进行交易以调节利润。

（3）异常利润剔除法。该方法是将其他业务利润、投资收益、补贴收入、营业外收入从企业的利润总额中扣除，以分析企业利润来源的稳定性。这里尤其应注意投资收益、营业外收入等一次性的偶然收入。

（4）现金流量分析法。即将经营活动产生的现金流量、投资活动产生的现金流量、现金净流量分别与主营业务利润、投资收益和净利润进行比较分析，以判断企业的利润质量。一般而言，没有现金净流量的利润，其质量是不可靠的。

3. 利润质量恶化的表现

（1）企业利润过度依赖非主营业务。企业由主营业务收入、其他业务收入、投资收益以及营业外收入等形成企业的利润总额。在正常情况下，以上几点会有一定的比例，企业的利润应该以营业利润为主。但是在企业主营业务萎缩或者发展不济的时候，企业为了维持一定的利润水平，往往会通过非主营业务实现的利润来弥补主营业务的不足。例如通过对企业固定资产的出售利得来增加利润或大量从事主营业务以外的其他业务以求近期盈利等，虽然这些活动会使企业短期保持利润的增长，但从长期来看，企业的发展已经受到冲击，无法保证长期稳定的发展。

（2）企业举债过多。企业举债过多除了扩张和发展需要以外，还有可能是因为企业经营出现问题，企业经营活动无法获得现金或者企业回款不利等。因此，当企业举债过多时，应该注意分析，判断是否存在利润质量恶化的可能。

（3）企业持续盈利，但从不进行现金股利分配。企业持续盈利，有足够的可供分配利润，但从来不进行现金股利的分配。这有两种可能，一是企业处于发展阶段，需要足够的现金支持；二是企业的利润只存在于利润表上，没有足够的现金来支付股利。如果是第二种情况，则可能同时反应为现金流量的表现一般，说明企业有可能存在虚增利润的情况，企业的利润质量存在问题。

（4）企业利润表中的销售费用、管理费用等项目出现不正常的降低或增加。企业利润表中的销售费用、管理费用等基本上可以分成固定部分和变动部分。其中，固定部分包括折旧费、人头费等不随企业业务变化而变化的费用，变动部分则是指那些随企业业务变化而变化的费用。这样，企业各个会计期间的总费用将随企业业务的变化而变化，不太可能发生随着企业业务的增长而降低费用、随着业务量的减少而增加费用的情况。但是，在实务中经常会发现在一些企业的利润表中，收入项目增加、费用项目降低或者收入项目降低而费用项目增加。出现这些情况，很有可能是企业在利用费用项目调节利润。

（5）企业会计政策和会计估计的非正常变更。企业可能会利用会计政策和会计估计变更来调节利润。例如，企业随意变更固定资产的折旧方法、存货的计价方法等，这些都会影响企业的利润。因此，应该注意企业会计政策变更的内容，并与利润结合起来，判断是否存在恶意调节利润的行为。

（6）企业无形资产、长期待摊费用非正常上升。这些项目的上升有可能是企业当前发生费用及损失但无力承担，而被暂放入这些项目中的，要警惕企业将实际亏损转换为潜在的亏损。

（7）企业存货周转率过于缓慢。企业存货周转率过于缓慢，说明企业产品可能并不适应市场的需求，或者是企业产品存在质量问题，或者是企业销售能力太弱。总之，企业存货周转率过低会影响企业的盈利，从而影响企业的利润，是企业利润恶化的标志。

（8）应收账款规模不正常增加，回款期不正常增长。企业为了实现销售目标，经常会通过赊销来创造利润。一般来说，企业的应收账款应该保持一定的比例，应该与企业的营业收入保持一致。但是，企业应收账款的不正常增加和回款期不正常增长有可能是企业为了增加销售收入而放宽信用政策。在这种情况下，虽然企业的利润会增长，但是却面临账款难以收回的情况，从而影响企业的发展。

(9) 企业扩张过快。在走向多样化经营的过程中必然出现的一个问题就是企业对开拓的其他领域不论从技术、管理还是市场等多方面的规律有逐步适应、探索的过程。如果企业在一定时期内扩张过快、涉及的领域过多、过宽，那么，企业在这个时期所获得的利润质量可能就会出现恶化的迹象。

(10) 企业反常压缩酌量性支出。如果酌量性支出规模相对于营业收入的规模来说发生大幅降低的情况，就应被认定是反常压缩。这种情况可能是企业为了避免当期利润规模大幅下降，蓄意降低酌量性支出规模或推迟其发生的时间造成的。这种迹象往往预示着企业的利润质量可能出现进一步的恶化。

(11) 应付账款规模的不正常增加、应付账款平均付账期的不正常延长。如果企业的购货和销售状况没有发生很大变化，企业的供货商也没有主动放宽赊销的信用政策，则企业应付账款规模的不正常增加、应付账款平均付账期的不正常延长就是企业支付能力恶化、资产质量恶化、利润质量恶化的表现。

(12) 企业计提的各种准备过低。企业计提减值准备及计提折旧的幅度取决于企业对有关资产贬值程度的主观认识，以及企业会计政策和会计估计的选择。在企业期望利润高估的会计期间，企业往往选择计提较低的准备和折旧，这就等于把应当由现在或以前负担的费用或损失人为地推移到企业未来的会计期间，从而导致企业的发展后劲不足。

(13) 注册会计师（会计师事务所）变更、审计报告出现异常。对于注册会计师而言，企业是注册会计师的客户。注册会计师一般不轻易失去客户。只有在审计过程中，注册会计师的意见与企业管理者就报表编制出现重大意见分歧、难以继续合作的条件下，注册会计师才有可能主动放弃客户。因此，对于变更注册会计师（会计师事务所）的企业，会计信息使用者应当考虑企业的管理层在报表编制方面的行为是否符合企业会计准则的要求。

第三节　利润表水平分析和垂直分析

利润表水平分析是指通过将企业报告期的利润表数据与前期对比，揭示异常变动及可能存在的问题，为全面深入分析企业的利润情况奠定基础。运用水平分析，可以了解项目增减变动额度和幅度情况，从而发现可疑点。变动额度多少为异常，应视企业收入基础确定，一般而言，变动幅度超过20%则应视为异常，当然实务中还必须结合项目的重要性考虑。

利润表垂直分析也称为利润表结构分析，是通过计算利润表中各项目占营业收入的比重或结构，反映利润表中的项目与营业收入关系及其变动情况，分析说明经营成果的结构及其增减变动的合理程度。垂直分析通过各项目的比重，分析各项目在企业经营收入中的重要性。一般来说，项目比重越大，说明其重要程度越高，对总体的影响越大。将分析期各项目的比重与前期同项目的比重对比，研究各项目的比重变动情况，能够分析出取得的业绩和存在的问题。

下面对XT公司2016年度的利润表进行水平分析和结构分析，并识别该公司会计分析的重点列报项目，如表4-1所示。

【例 4-1】

表 4-1　XT 公司 2016 年度利润表水平分析和垂直分析

项目	本期金额/万元	占比/%	上期金额/万元	占比/%	变动额/万元	变动率/%	占比差/%
一、营业总收入	12 004 307.00	100.00	10 011 010.89	100.00	1 993 296.12	19.91	0.00
其中：营业收入	11 862 794.82	98.82	9 931 619.63	99.21	1 931 175.19	19.44	-0.39
利息收入	141 476.51	1.18	79 374.76	0.79	62 101.75	78.24	0.39
手续费及佣金收入	35.67	0.00	16.50	0.00	19.17	116.18	0.00
二、营业总成本	10 968 031.92	91.37	9 231 019.15	92.21	1 737 012.78	18.82	-0.84
其中：营业成本	8 038 593.98	66.96	7 320 307.74	73.12	718 286.24	9.81	-6.16
利息支出	49 196.40	0.41	23 065.90	0.23	26 130.50	113.29	0.18
手续费及佣金支出	26.39	0.00	27.38	0.00	-0.99	-3.62	0.00
税金及附加	95 616.98	0.80	58 995.36	0.59	36 621.62	62.08	0.21
销售费用	2 250 893.17	18.75	1 462 622.85	14.61	788 270.32	53.89	4.14
管理费用	508 957.26	4.24	405 580.96	4.05	103 376.30	25.49	0.19
财务费用	-13 730.86	-0.11	-46 134.76	-0.46	32 403.90	-70.24	0.35
资产减值损失	19 239.30	0.16	6 553.71	0.07	12 685.59	193.56	0.09
加：公允价值变动收益	99 056.36	0.83	24 688.48	0.25	74 367.88	301.23	0.58
投资收益	71 733.72	0.60	-2 049.44	-0.02	73 783.16	3 600.16	0.00
三、营业利润	1 207 065.16	10.06	802 630.79	8.02	404 434.37	50.39	0.62
加：营业外收入	68 419.96	0.57	76 038.32	0.76	-7 618.36	-10.02	2.04
减：营业外支出	5 528.58	0.05	2 398.18	0.02	3 130.40	130.53	-0.19
四、利润总额	1 269 956.54	10.58	876 270.93	8.75	393 685.61	44.93	0.02
减：所得税费用	195 616.88	1.63	131 678.13	1.32	63 938.75	48.56	1.83
五、净利润	1 074 339.66	8.95	744 592.80	7.44	329 746.86	44.29	0.31

1. 水平分析

利润表水平分析应抓住几个关键利润指标的变动情况，如净利润、利润总额和营业利润的变动额与变动幅度，再逐项分析导致这些利润变动的原因。例如营业利润的增加可能是由于营业收入的增加，也可能是由于营业成本和费用的减少，也可能是两者共同作用的结果。对于异常的变动，需要考虑收入的增加或成本费用的减少是否由企业正常的经营调整或采取了改善经营的措施所致，否则有必要考虑企业存在利润调节或操纵的可能。

（1）净利润变动分析。净利润是指企业所有者最终取得的财务成果或可供企业所有者分配、使用的财务成果，本例中，XT 公司 2016 年度实现净利润 1 074 339.66 万元，比上年增长了 329 746.86 万元，增长率为 44.29%，增长幅度较大。

（2）利润总额分析。利润总额是反映企业除税收活动以外的其他活动财务成果的指标，它不仅包含企业的营业利润，同时也包含营业外收支。因此，利润总额的变动既可能是由营业利润的变动引起的，也可能是营业外收支的增减导致的，或兼而有之。当利润总额的增加主要源于营业外收支的变动时，分析者有必要详细了解营业外收支变动的原因。本例中，公司利润总额增长 393 685.61 万元，关键原因是公司营业利润增长导致利润总额的增长，营业利润比上年增加了 404 434.37 万元，增长率为 50.39%；同时也可以看到营业外支出项目相比上期增加了 130.53%。

（3）营业利润分析。营业利润是指企业营业收入与营业成本、营业税费、期间费用、资产减值损失、公允价值变动净收益、投资净收益之间的差额。它既包括企业的主营业务利润和其他业务利润，又包括企业公允价值变动净收益和对外投净收益，反映了企业正常生产经营活动的成果。本例中，XT 公司的营业利润较上年增加 404 434.37 万元，其中营业收入增加 1 931 175.19 万元，涨幅为 19.44%，营业成本增加 718 286.24 万元，涨幅为 9.81%。由此可以得出 XT 公司 2016 年的销售毛利较上年增加了 1 212 888.95 万元，销售毛利增幅达到了 2%，销售毛利率也由 26.29% 上升到 32.24%。但营业利润的增长率远小于销售毛利的增长率，进一步观察可以看到，这是因为 2016 年销售费用也发生了大幅增长，较上年增加 788 270.32 万元，涨幅为 53.89%。根据该公司年报，这是由于公司不断调整产品结构，增加产量，加大市场销售力度，满足市场需求，从而造成营业收入大幅上升，同时销售费用也大幅增长，由此我们可以初步判断上述变动属于正常的经营变动。此外从表中可以看到，报表中的投资收益项目变动幅度达到了 3 600.17%。通过报表附注可以知道，该投资收益增长的主要原因是处置交易性金融资产所得的收益。联系资产负债表中的交易性金融资产及报表附注中关于交易性金融资产的描述可知，交易性金融资产因公允价值上升使 XT 公司获得较好的投资收益。

2. 垂直分析

从 XT 公司 2016 年利润表垂直分析可以看出，XT 公司的营业利润率为 10.06%，营业总成本占营业总收入的比重高达 91.21%，这主要是由产品成本和销售费用造成的。这也反映了家电制造业的行业特点。根据 2015 年企业绩效评价标准值的数据，地方国有企业机械工业（XT 公司所属的家用电器制造业属于这一类）主营业务利润率的均值为 13.1%，XT 公司盈利水平属于行业中等水平，这主要是因为其销售费用比较大。因为 XT 公司采用的是自有渠道的营销方式，在中心和重点城市建立直销网点，在加强渠道控制的同时也使得销售费用大幅增加。此外，可以看出 XT 公司的成本费用比较集中，投资收益以及营业外收支所占比例极小，这说明 XT 公司专注主营业务的特点。

从结构变动的角度来看，营业总成本占营业总收入的比例下降 0.84%，这主要是由营业成本降低带来的，其中营业成本占营业总收入的比重由 2015 年的 73.12% 下降到 2016 年的 66.96%，降幅为 6.16 个百分点，这主要是因为 2016 年全行业的原材料价格走低，同时也体现出制造业受宏观经济影响比较大的特点。销售费用从2015年的14.61%增加到2016年的18.75%，是由销售费用增长以及加大市场销售力度所致。这也体现了XT公司在营销方面所做的努力，特别是为了加强公司知名度、推广新技术而进行广告宣传，以及与销售增长对应的销售费用的增长和市场销售力度的加大。

第四节 利润表项目趋势分析

一、环比分析

环比分析是指计算收入、费用、利润等相关项目相邻两期的变动百分比，以查看这些项目的变动方向和幅度，从而分析企业投资报酬和盈利能力的变动情况。下面根据表4-2 ABC公司2014—2018年度利润表，编制表4-3 ABC公司利润表环比趋势分析表。

【例4-2】

表4-2 ABC公司2014—2018年度利润表　　　　　　　　　　单位：万元

项目	2014年	2015年	2016年	2017年	2018年
一、营业收入	1 591 711	2 767 038	2 595 567	2 259 115	2 633 568
减：营业成本	1 542 059	2 701 155	2 526 514	2 209 772	2 549 106
税金及附加	2 172	3 534	2 240	2 028	2 415
销售费用	1 972	5 303	4 488	4 313	5 292
管理费用	112 382	139 261	163 802	219 226	258 680
财务费用	-21 661	322	38 807	12 529	76 773
加：公允价值变动收益		-550			-4 673
投资收益	207 596	109 377	-71 395	1 416 271	558 390
其中：对联营企业和合营企业的投资收益	20 818	21 831	14 432	16 539	20 862
二、营业利润	162 383	26 290	-211 679	1 227 518	295 019
加：营业外收入	51 066	43 913	493 988	341 992	91 097
减：营业外支出	870	2 369	13 405	22 246	10 404
其中：非流动资产处置损失			2 760		
三、利润总额	212 579	67 834	268 904	1 547 264	375 712
减：所得税费用			1 022	29 531	10 154
四、净利润	212 579	67 834	267 882	1 517 733	365 558

ABC公司2014—2018年利润表的环比分析如表4-3所示。

【例4-3】

表4-3 ABC公司利润表环比趋势分析　　　　　　单位:%

项 目	(2015-2014)/2014	(2016-2015)/2015	(2017-2016)/2016	(2018-2017)/2017
一、营业收入	73.84	-6.20	-12.96	16.58
减:营业成本	75.17	-6.47	-12.54	15.36
税金及附加	62.71	-36.62	-9.46	19.08
销售费用	168.91	-15.37	-3.90	22.70
管理费用	23.92	17.62	33.84	18.00
财务费用	-98.51	11 951.86	-67.71	512.76
加:公允价值变动收益	—	-100.00	—	—
投资收益	-47.31	-165.27	-2 083.71	-60.57
其中:对联营企业和合营企业的投资收益	4.87	-33.89	14.60	26.14
二、营业利润	-76.99	-872.83	679.90	-75.97
加:营业外收入	-14.01	1 024.92	-30.77	-73.36
减:营业外支出	172.30	465.85	65.95	-53.23
三、利润总额	-59.27	290.09	475.40	-75.72
减:所得税费用			2 789.53	-65.62
四、净利润	-59.27	288.61	466.57	-75.91

从表4-3可以看出，2015年与2014年度相比，企业的营业收入增长了73.84%，营业成本增长了75.17%，财务费用增加了101.49%，增长幅度较大，营业利润降低了83.81%，营业外收入降低了14.01%，营业外支出增长了172.30%，净利润降低了68.09%。通过分析可以看出，该公司2015年销售费用和财务费用增加较多，同时投资收益和营业外收入的减少和营业外支出的大幅度增加导致了企业利润的减少。因此，应该通过进一步的分析来发现引起企业这些项目发生变化的具体原因。

2016年和2015年相比较，企业的营业收入、营业成本有小幅度降低，企业的财务费用有大幅度的增长，投资收益有较大幅度的减少，从而导致企业营业利润大幅度减少。但是企业营业外收入的大幅度增加又使企业扭亏为盈，使净利润增长了294.91%，因此需要结合资料分析企业营业外收入的来源及企业各项费用增长的原因。

2017年与2016年相比，营业收入、营业成本等项目有小幅度下降，但是由于2017年投资收益的大幅度增长，导致企业的营业利润大幅度增加。需要结合资料分析企业投资收益增长的主要原因及企业营业收入下降的原因。

2018年与2017年相比，营业收入与营业成本有小幅增长，营业利润有所下降，主要是由于财务费用的大幅度增加和投资收益的减少导致。总体来看，该公司营业利润环比呈下降趋势，但2017年营业利润有大幅度增长。综合分析可以看出，引起该企业营业利润增长的因素不是企业的主营业务收入，而是投资收益及营业外收入等，因此需要收集更多资料来判断企业主营业务发展是否良好。

二、定基分析

利润表定基分析是指选定一个固定的期间作为基期，计算各分析期的收入、费用、利润等相关项目与基期相比的百分比。这种分析不仅能看到相邻两期的变化方向和幅度，还可以看到较长时期的总体变化趋势，有利于进行较长时期的趋势分析。ABC 公司 2014—2018 年利润表的定基分析如表 4-4 所示。

【例 4-4】

表 4-4　ABC 公司利润表定基趋势分析　　　　　　　　　　　单位:%

项　目	2014 年	2015 年	2016 年	2017 年	2018 年
一、营业收入	100	173.84	163.07	141.93	165.46
减：营业成本	100	175.17	163.84	143.30	165.31
税金及附加	100	162.71	103.13	93.37	111.19
销售费用	100	268.91	227.59	218.71	268.36
管理费用	100	123.92	145.75	195.07	230.18
财务费用	100	148.65	179.16	57.84	354.43
加：公允价值变动收益	—	—	—	—	—
投资收益	100	52.69	-34.39	682.22	268.98
其中：对联营企业和合营企业的投资收益	100	104.87	69.32	79.45	100.21
二、营业利润	100	-3.77	-177.79	1 031.00	247.79
加：营业外收入	100	85.99	967.35	669.71	178.39
减：营业外支出	100	272.30	1 540.80	2 557.01	1 195.86
三、利润总额	100	21.89	158.87	914.15	221.98
减：所得税费用	—	—	—	—	—
四、净利润	100	21.89	158.87	896.70	215.98

从表 4-4 可以看出，公司 2018 年较 2014 年营业收入有所增加，约是基期的 1.65 倍；营业收入增长速度比较平稳，波动不大。营业利润相对基期来说有增有减，尤其是 2017 年增长幅度较大，其主要原因是投资收益的大幅度增加。因此，分析时要格外注意企业投资收益的增长原因。同时企业的营业外收入和营业外支出也有大幅度的增长，因此在分析时还应该注意企业营业外收支情况，分析是否存在主营业务萎缩的现象。

本章小结

利润表是反映企业某一时期的经营成果的动态报表，它全面揭示了企业在某一特定时期实现的收入、产生的成本费用及企业实现利润或发生亏损的情况。利润表项目本身体现了企业会计利润计算的步骤和过程，是企业进行利润分配的重要依据。我国现行的利润表编制通过营业利润、利润总额、净利润和综合收益 4 个层次来分步披露企业的收益,并详细揭示企业收益的形成过程。利润表具体的项目质量分析包括对各类收入项目的编制方法理解及质量分析、对各类费用项目的编制方法理解及质量分析,以及对利润质量的评价。利润表的结构分析主要体现为编制共同比利润表、利润构成比重分析以及盈利模式分析。利润表趋势分析通过时间序列上的数据统计分析方法,为我们揭示了报表项目自身变化的特点及原因。

思考题

1. 利润表分析的主要作用是什么?
2. 利润表分析有何局限性?
3. 如何评价利润表各步骤层次利润的质量?
4. 利润分配与利润表的内在关系是什么?
5. 利润表与资产负债表之间的数据钩稽关系是什么?
6. 权责发生制的编制原则如何影响利润表信息披露及质量?
7. 现行企业利润表中净利润是如何计算出来的?
8. 利润表中体现出的阶段性财务成果有哪些?
9. 如何理解企业利润的质量?
10. 企业计算所得税时,为什么不能直接以会计利润作为纳税依据?

同步练习

一、单项选择题

1. 利润表上半部分反映日常活动,下半部分反映非日常活动,其分界点是(   )。
   A. 营业利润   B. 利润总额   C. 主营业务利润   D. 净利润
2. 编制财务报表时,以"收入 – 费用 = 利润"这一会计等式作为编制依据的财务报表是(   )。
   A. 利润表   B. 所有者权益变动表
   C. 资产负债表   D. 现金流量表
3. 利润表的共同比报表选用(   )作为总量基数。
   A. 营业成本   B. 利润总额   C. 资产总额   D. 营业收入
4. 在利润表中,从利润总额中减去(   ),得出净利润。
   A. 应交所得税   B. 利润分配数   C. 营业费用   D. 所得税费用
5. 某公司本会计期间的主营业务收入为 1 700 万元,主营业务成本为 1 190 万元,税金及附加 170 万元,销售费用为 110 万元,管理费用为 100 万元,财务费用为 19 万元,营业外收入为 16 万元,营业外支出为 25 万元,其他业务收入为 200 万元,其他业务成本 100 万元,应交所得税按利润总额 25% 计算,其营业利润、利润总额、企业净利润分别为(   )万元。
   A. 111、232、174   B. 211、202、151.5
   C. 356、232、74   D. 111、202、151.5

6. 某小企业本年发生的营业收入为1 000万元，营业成本为630万元，销售费用为20万元，管理费用为50万元，财务费用为10万元，投资收益为40万元，营业外收入为25万元，营业外支出为15万元。该小企业本年利润表中的营业利润为（　　）万元。

 A. 360　　　　　　B. 340　　　　　　C. 330　　　　　　D. 290

7. 下列各项中，不应列入利润表"营业收入"报表项目的是（　　）。

 A. 销售商品收入　　　　　　　　B. 提供劳务收入

 C. 利息收入　　　　　　　　　　D. 固定资产处置收入

8. 某企业本月主营业务收入为1 000 000元，其他业务收入为80 000元，营业外收入为90 000元，主营业务成本为760 000元，其他业务成本为50 000元，税金及附加为30 000元，营业外支出为75 000元，管理费用为40 000元，销售费用为30 000元，财务费用为15 000元，所得税费用为75 000元。则该企业本月营业利润为（　　）元。

 A. 170 000　　　　B. 155 000　　　　C. 25 000　　　　D. 80 000

9. 某企业每月月末将各损益类科目的余额转入"本年利润"科目，该企业本年12月31日各损益类科目转账后，"本年利润"科目贷方余额为43 560元，该余额反映（　　）。

 A. 本年度12月份实现的净利润　　　　B. 本年度全年实现的净利润

 C. 本年度12月份实现的利润总额　　　D. 本年度全年实现的利润总额

10. 关于企业利润构成，下列表述不正确的是（　　）。

 A. 企业的利润总额由营业利润、投资收益和营业外收入3部分组成

 B. 营业成本 = 主营业务成本 + 其他业务成本

 C. 利润总额 = 营业利润 + 营业外收入 – 营业外支出

 D. 净利润 = 利润总额 – 所得税费用

11. 反映企业一定时期经营成果的报表是（　　）。

 A. 资产负债表　　　B. 利润表　　　C. 现金流量表　　　D. 所有者权益变动表

12. 某产品的销售单价是180元，单位成本是120元，本月实现销售2 500件，则本月实现的毛利额为（　　）元。

 A. 300 000　　　　B. 450 000　　　　C. 750 000　　　　D. 150 000

13. （　　）中不仅包含了主营业务利润，而且包含了其他业务利润。

 A. 营业收入　　　B. 利润总额　　　C. 净利润　　　D. 营业利润

二、多项选择题

1. 下列各项中，属于非经营活动损益的项目有（　　）。

 A. 财务费用　　B. 营业外收支　　C. 投资收益　　D. 所得税

 E. 管理费用

2. 通货膨胀对利润表的影响主要表现在（　　）方面。

 A. 存货成本　　B. 利息费用　　C. 固定资产折旧　　D. 投资收益

3. 下列各项中，影响企业当期营业利润的有（　　）。

 A. 赊销收入　　B. 增值税税费　　C. 资产减值损失　　D. 所得税费用

4. 企业利用关联方交易虚增利润的方式有（　　）。

 A. 资金拆借　　B. 虚开发票　　C. 股权置换　　D. 费用分摊

5. 下列各项中，不应列入利润表"管理费用"项目的是（　　）。
A. 计提的坏账准备　　　　　　　B. 出租无形资产的摊销额
C. 支付中介机构的咨询费　　　　D. 处置固定资产的净损失
6. 对利润表进行分析主要是对（　　）进行分析。
A. 收入类项目　　B. 费用类项目　　C. 利润类项目　　D. 利润结构
7. 财务费用项目的分析包括（　　）。
A. 利息支出　　　B. 利息收入　　　C. 汇兑收益　　　D. 汇兑损失
8. 小企业确认为收入的项目包括（　　）。
A. 销售商品收入　　　　　　　　B. 提供劳务收入
C. 让渡资产使用权收入　　　　　D. 资产处置收入
9. 2016 年 3 月，K 公司由于环境污染，被环保部门罚款 50 000 元，应该确认为（　　）。
A. 管理费用　　　B. 财务费用　　　C. 营业费用　　　D. 营业外支出
10. 在分析收入时，应该注意的问题是（　　）。
A. 收入确认的原则　B. 关联方关系　　C. 政府补贴　　　D. 销售模式

三、判断题

1. 多步式利润表能够科学地揭示企业利润及构成内容的形成过程，便于对企业生产经营情况进行分析，有利于不同企业之间进行比较。　　　　　　　　　　　　　　（　）
2. 增值税应在利润表的税金及附加项目中反映。　　　　　　　　　　　　（　）
3. 营业利润既包括经营类资产形成的利润，也包括投资类资产形成的利润。（　）
4. 企业的非经营收益越多，利润质量越好。　　　　　　　　　　　　　　（　）
5. 利得可能计入当期损益，也可能直接计入所有者权益。　　　　　　　　（　）
6. 净利润是指营业利润减去所得税费用后的金额。　　　　　　　　　　　（　）
7. 决定息税前利润的因素主要有主营业务利润、其他业务利润、营业费用和管理费用。
　　　　　　　　　　　　　　　　　　　　　　　　　　　　　　　　　　（　）
8. 利润表中的营业毛利应根据营业收入减去营业成本计算。　　　　　　　（　）
9. 债务重组利得应计入营业外收入。　　　　　　　　　　　　　　　　　（　）
10. 营业利润是营业收入与营业成本费用及税金之间的差额。　　　　　　（　）
11. 变更会计政策和会计估计意味着企业利润质量的恶化。　　　　　　　（　）
12. 净利润是企业利润分配的源泉，是投资者关心的利润成果。　　　　　（　）
13. 利润表附表主要起到对利润表数据进行补充说明的作用。　　　　　　（　）
14. 销售成本变动对利润有着直接影响，销售成本降低多少，利润就会增加多少。
　　　　　　　　　　　　　　　　　　　　　　　　　　　　　　　　　　（　）
15. 营业利润是指营业收入减去营业成本、税金及附加、销售费用、管理费用、财务费用后的金额，不包含投资收益及营业外收入。　　　　　　　　　　　　　　（　）

四、综合分析题

1. GREE 公司连续 5 年的利润表部分财务报表数据如表 4-5 所示。

表 4-5 GREE 公司有关财务数据　　　　　　　　　　单位：千万元

项目	2017 年	2016 年	2015 年	2014 年	2013 年
营业总收入	14 001	12 004	10 011	8 352	6 081
其中：营业收入	13 775	11 863	9 932	8 316	6 043
营业总成本	12 326	10 949	9 231	7 901	5 819
其中：营业成本	8 802	8 039	7 320	6 813	4 741
销售费用+管理费用	3 371	2 760	1 869	1 083	1 039
核心利润	1 715	1 075	787	448	272
营业利润	1 609	1 226	803	454	275
利润总额	1 675	1 289	876	633	506
净利润	1 425	1 094	745	530	430

要求：根据表中资料，计算 GREE 公司各年的销售收入及利润结构有关指标，并进行比较分析、趋势分析。

2. GZBL 公司 201×年度的利润表部分财务报表数据如表 4-6 所示。

表 4-6 GZBL 公司利润表

编制公司：GZBL　　　　　　　　　　201×年度　　　　　　　　　　单位：千万元

项　目	本期发生额	上期发生额
一、营业总收入	157	141
二、营业总成本	121	109
其中：营业成本	62	56
税金及附加	2	2
销售费用	39	36
管理费用	13	10
财务费用	4	4
…		
三、营业利润	37	32
四、利润总额	38	33
五、净利润	32	27

GZBL 公司董事长对本年销售收入和利润成果的情况十分关心，同时也很关心管理费用的增加。

要求：
(1) 编制结构百分比财务报表，计算百分比至小数点后二位。
(2) 简要评价两年的各项目变动，并分析其原因。

第五章

现金流量表分析

引 言

企业会计信息系统最终描述的利润是建立在权责发生制原则的框架内的,而关注投融资的企业财务活动则是建立在关注现金流的基础之上的。现金流对企业的良性循环和健康发展有着重要的作用,现金流量表作为企业的主要财务报表之一,以收付实现制为编制原则,将权责发生制原则下的会计利润调整为现金流量,有效地实现了企业会计和财务信息的对接。现金流量表的项目数据与资产负债表、利润表数据有着密切的内在钩稽关系。现金流量表分析可以坐实企业会计利润的真实质量,是企业财务分析的重要组成部分。经营活动的现金流量是企业利润质量和可持续发展的重要判断依据。

通过本章的学习,要求了解现金流量表的概念及结构、作用及局限;掌握现金流量的内涵及主要分类;熟悉现金流量表的编制方法;理解现金流量表的各报表项目内容及分析;掌握各类活动现金流量的质量分析方法;了解与现金流量有关的生命周期理论和波士顿矩阵;理解现金流量表的结构分析方法和作用,并能够结合财务知识对现金流量未来的变动趋势做出判断分析。

本章的教学重点是现金流量的概念内涵及分类、现金流量表各报表项目的内容分析、各类活动现金流量的质量分析以及现金流量的结构分析和趋势分析。

本章的教学难点是依据现金流量表提供的现金流量信息分析判断利润表和资产负债表的真实质量。

第一节 现金流量表分析概述

一、现金流量表的概念与结构

(一) 现金流量表的概念

现金流量表是反映企业在一定会计期间内的现金和现金等价物流入和流出情况的报表。

编制现金流量表的目的是为财务报表使用者提供企业一定会计期间内现金和现金等价物流入和流出的信息,以便财务报表使用者了解和评价企业获取现金和现金等价物的能力,佐证利润表中利润的实际质量,并据以预测企业未来的现金流量。

现金流量表中的现金概念内涵比较广泛,结合资产负债表报表项目,具体包括库存现金、银行存款、其他货币资金及现金等价物。库存现金是企业持有的可以随时用于支付的现金,与"库存现金"会计账户的核算对象一致;银行存款与会计核算中"银行存款"账户所包括的内容基本一致,但不包括不能随时支取的定期存款。其他货币资金是指企业存在银行或其他金融机构的外埠存款、银行汇票存款、银行本票存款、信用卡存款、信用证保证金存款、存出投资款等,与"其他货币资金"会计账户核算对象一致。现金等价物是指企业持有的期限短(一般3个月以内)、流动性强、易于转换为已知金额现金的、价值变动风险很小的投资。现金是企业的"血液"和企业正常经营的重要保障,现金管理是企业财务工作的重要组成部分,现金管理制度是我国金融制度的重要内容。企业只有不断地从各个层面提高现金管理工作的水平,才能全面地认识和分析各类现金流量的情况,从而进一步加强企业的现金流量管控,提高企业的理财效果。

(二)现金流量表的结构

1. 现金流量的内涵及分类

现金流量作为一个概念有两层含义。第一层含义是指现金流量表中现金本身的运动,即现金的流入量和流出量;第二层含义是指现金运动的最终结果。流入量减去流出量的差额称为净现金流量,它反映的是企业现金运动的最终结果。

企业销售产品、提供劳务、出售固定资产、从银行借款等取得现金,都会形成现金流入。企业购买原材料、接受劳务、构建固定资产、对外投资、偿还债务等支付现金,则形成现金流出。凡是涉及现金项目与非现金项目之间的增减变化的交易或事项,都会影响现金流量的增减变动。

(1) 现金内部各项目之间、现金与现金等价物之间的增减变动不影响现金总额的变化。例如,现金存入银行、企业从银行提现不构成现金流量;同理,现金与现金等价物之间的转换如购买即将到期的债券也不构成现金流量。

(2) 非现金项目之间的增减变化也不影响现金数额的变化,如借入长期借款购入固定资产,以非货币性资产投资、还债。

(3) 有些筹资和投资活动对公司当前的现金流量也无直接的影响,如公司通过发行股票换取固定资产、长期债券转换为普通股票、股权互换等。

(4) 经营活动中按照权责发生制确认的收入或费用也可能不涉及现金流量的变动,例如折旧费用的确认,会计分录可表示为:

借:制造费用/管理费用
　　贷:累计折旧

再如收入的确认,会计分录可表示为:

借:应收账款
　　贷:主营业务收入——应交税费——应交增值税(销项税额)

影响企业现金流量的因素可归纳为宏观和微观两个方面。影响现金流量的宏观因素包括政治政策环境、经济环境、金融环境、企业生命周期、企业产品生命周期、对未来经济走势的判断等。

从企业角度而言，影响企业现金流量的微观因素可进一步细分为微观外部和微观内部因素。

① 企业微观外部因素包括所处行业、经营背景、核心竞争力、经营规模、经营效果、资本营运等。

② 微观内部因素包括日常业务、运营管理等。企业的日常业务是影响现金流量的根源；企业运营管理的水平是影响现金流量的重要因素之一。

2. 现金流量表的基本结构

根据企业业务活动的性质和现金流量的来源，现金流量表在结构上将企业一定期间产生的现金流量分为3类：经营活动产生的现金流量、投资活动产生的现金流量、筹资活动产生的现金流量。《企业会计准则第31号——现金流量表》要求企业用直接法列示经营活动产生的现金流量。除现金流量表反映的信息外，企业还应在附注中采用间接法将净利润调节为经营活动现金流量的信息，同时包括不涉及现金收支的重大投资和筹资活动、现金及现金等价物净变动情况等方面的信息。

阅读现金流量表表头部分时，首先应该关注编制单位，它体现了会计核算的主体及范围，是分析现金流量数据内涵的重要前提。阅读现金流量表要注意时间的重要性。现金流量表列示编报的日期表明了现金流量表体现的是一定时期内动态的流量数据，一般按年度编制和提供现金流量表。

二、现金流量表的作用与意义

现金流量表是反映企业一定会计期间现金和现金等价物流入和流出情况的报表。编制现金流量表的目的是为会计信息使用者提供企业一定会计期间内现金和现金等价物流入和流出的信息，以便会计信息使用者了解和评价企业获取现金和现金等价物的能力，并据以预测企业未来期间的现金流量。通过现金流量表分析，会计报表使用者可以达到以下目的。

1. 评价企业利润质量

评价企业利润质量的一个关键点就是观察利润受现金流量支撑的程度。因为利润确认、计量的基础是权责发生制，其实现的时间与收取现金的时间往往存在一定时滞。对于企业而言，更重要的是取得现金的流入，而不是仅仅得到账面的利润，通过现金流量表补充资料，采用间接法将净利润调节为经营活动现金流量的计算过程，可以充分了解利润与现金流量之间差异的大小和原因，真实评价企业利润质量。

2. 分析企业的财务风险，评价企业风险水平和抗风险能力

企业资金的主要来源之一是负债，负债水平过低会导致企业不能获得财务杠杆收益，但是负债水平过高又会引起较大的财务风险。这种财务风险的承担能力与企业现金流量状况直接相关，如果企业债务到期而没有足够的现金归还负债，这种风险就会转化为真实的危机甚至导致企业破产；反之，如果企业现金充裕，现金流量状况稳定，则可以承担较高的负债水平，同时可以利用高负债获得高杠杆收益。因此，对现金流量表的分析可以满足会计信息使用者对企业未来偿债现金流预测和判断的需要。

3. 预测企业未来现金流量

企业未来现金流量必然也来自经营活动、投资活动和筹资活动,这些方面的历史现金流量信息都反映在现金流量表中,构成了企业未来现金流量预测的基础。对现金流量表的分析就是将历史现金流量与未来现金流量联系起来,满足会计信息使用者的要求。

4. 现金流量表是连接资产负债表和利润表的桥梁

现金流量表将资产、负债与利润联系起来,具体关系如计算公式所示:

$$资产 = 负债 + 所有者权益\quad 资产 = 现金资产 + 非现金资产$$
$$现金资产 + 非现金资产 = 负债 + 所有者权益$$
$$现金资产 = 负债 + 所有者权益 - 非现金资产$$

第二节　现金流量表主要报表项目分析

一、现金流量表编制方法概述

现金流量表的编制基础为收付实现制。收付实现制是与权责发生制相对应的一种会计基础,它以实际收到或支付的现金作为确认收入与费用的依据。

权责发生制:凡是当期已经实现的收入和已经发生的费用,不论款项是否实际收付都应当作为当期的收入和费用,计入利润表;凡是不属于当期的收入和费用,即使款项已经在当期收付,也不应当作为当期的收入和费用。会计准则规定企业在会计确认、计量和报告中应当以权责发生制为基础。

我国《企业会计准则第31号——现金流量表》规定采用直接法编表,但同时要求在附注中用间接法来计算经营活动的现金流量,所以两者必须同时使用。

直接法以利润表中的营业收入作为起算点,通过调整与经营活动有关的各个项目的增减变动,然后计算出经营活动产生的现金流量。采用直接法编制的现金流量表,便于分析企业经营活动产生的现金流量的来源和用途,预测企业现金流量的未来前景。间接法以净利润作为起算点,通过调整不涉及现金(但涉及利润)的收入、费用、资产减值准备等有关项目,以及不涉及利润的应收、应付项目和存货等有关项目的增减变动,计算经营活动的现金流量。

采用间接法编制现金流量表,便于将净利润与经营活动现金净流量进行比较,了解净利润与经营活动产生的现金净流量的差异原因,从现金流量的角度分析净利润的质量。两种方法得到的经营活动现金净流量应相等。

二、经营活动现金流量报表项目分析

1. "销售商品、提供劳务收到的现金"项目

本项目反映企业主营业务和其他业务的现金收入,是企业从事正常经营活动所获得的、与销售商品或提供劳务有关的现金流入(含向客户收取的增值税),具体包括以下几个方面:

(1) 本期发生的业务并在本期收取的现金收入。

（2）以前会计期间发生但在本期收到现金的业务收入。

（3）至今尚未发生但本期预收了业务款项的收入。

企业当期销售货款或劳务收入款可用如下公式计算得出：

销售商品、提供劳务收到的现金＝当期销售商品或提供劳务收到的现金收入＋当期收到前期的应收账款＋当期收到前期的应收票据＋当期的预收账款－当期因销售退回（或前期销售本期退回）而支付的现金＋当期收回前期核销的坏账损失

计算本项目的步骤如下：

（1）确定本项目的金额。可以利润表上的"营业收入"作为起点进行调整。

（2）加上增值税销项税额。

（3）加上应收账款与应收票据的减少数，或减去应收账款与应收票据的增加数。

（4）加上预收账款的增加数，或减去预收账款的减少数。

【例5-1】

某公司2019年有关资料如下：本期主营业务收入为1 250万元，应收账款的年初数为320万元，年末数为200万元；预收账款的年初数为100万元，年末数为150万元，请计算"销售商品、提供劳务收到的现金"项目的金额。

解析：营业收入：1 250万元，增值税销项税额：（1 250×13%）万元，期初应收账款－期末应收账款：（320－200）万元，期末预收账款－期初预收账款：（150－100）万元。

销售商品、提供劳务收到的现金：

$$1\,250\times(1+13\%)+(320-200)+(150-100)=1\,582.5(万元)$$

2. "收到的税费返还"项目

本项目反映企业收到返还的增值税、所得税、消费税、关税和教育费附加等各种税费返还款。

3. "收到的其他与经营活动有关的现金"项目

包括政府补贴收入、捐赠收入、与经营活动有关的罚款收入等，金额不大的可在此列示。

4. "购买商品、接受劳务支付的现金"项目

本项目具体包括以下几个方面：

（1）企业本期购买商品、接受劳务实际支付的现金（含增值税进项税）。

（2）企业本期支付前期购买商品、接受劳务的未付款项。

（3）本期预付款项。

（4）本期发生购货退回收到的现金。

企业当期购买商品、接受劳务支付的现金可通过以下公式计算得出：

购买商品、接受劳务支付的现金＝当期购买商品、接受劳务支付的现金＋当期支付前期的应付账款＋当期支付前期的应付票据＋当期预付的账款－当期因购货退回收到的现金

计算本项目的步骤如下：

（1）确定本项目的金额。可以利润表上的"营业成本"作为起点进行调整。

（2）加上增值税进项税额。

（3）加上应付账款与应付票据的减少数，或减去应付账款与应付票据的增加数。

（4）加上预付账款的增加数，或减去预付账款的减少数。

【例 5-2】

某公司 2019 年有关资料如下：本期主营业务成本为 750 万元，应付账款的年初数为 320 万元，年末数为 200 万元；预付账款的年初数为 100 万元，年末数为 150 万元，请计算"购买商品、接受劳务支付的现金"项目的金额。

解析：营业成本：750 万元，增值税进项税额：（750×13%）万元，期初应付账款－期末应付账款：（320－200）万元，期末预付账款－期初预付账款：（150－100）万元。

购买商品、接受劳务支付的现金：

$$750 \times (1 + 13\%) + (320 - 200) + (150 - 100) = 1\,017.5(万元)$$

5. "支付给职工以及为职工支付的现金"项目

本项目反映了企业实际支付给职工的现金以及为职工支付的现金，包括企业为职工支付的工资、奖金、津贴、补贴等及其他费用，为职工支付的其他现金，如为职工交纳的社保基金等，但不包括支付给离退休人员的各项费用（其在"支付的其他与经营活动有关的现金"中列示）和在建工程人员的工资（其在"构建固定资产、无形资产及其他长期资产所支付的现金"中列示）。

6. "支付的各项税费"项目

本项目反映企业本期发生的、本期支付以前各期发生的以及预交的教育费附加、矿产资源补偿费、印花税、房产税、土地增值税、车船使用税等，计入固定资产价值、实际支付的耕地占用税，以及本期退回的增值税、所得税等。

7. "支付的其他与经营活动有关的现金"项目

本项目反映企业除了上述项目外支付的与经营活动有关的现金，如罚款支出、差旅费、业务招待费、保险费、经营租赁支付的现金。如果金额较大，应该单独列示。

8. "经营活动产生的现金流量净额"项目

此项目的计算公式为：

经营活动产生的现金流量净额 = 经营活动现金流入小计 - 经营活动现金流出小计

三、投资活动现金流量报表项目分析

1. "收回投资收到的现金"项目

该项目反映企业出售、转让或到期回收除现金等价物以外的交易性金融资产、持有至到期投资、可供出售金融资产、长期股权投资、投资性房地产而收到的现金，不包括债权性投资收回的利息（其在"取得权益性投资收到的现金"项目中反映）。收回的非现金资产以及处置子公司及其他营业单位收到的现金净额单设项目反映。分析此项目不能绝对地追求数额较大，投资扩张是企业未来创造利润的增长点，缩小投资可能意味着企业在规避投资风险、改变投资战略或者企业存在资金紧张的问题。

2. "取得投资收益收到的现金"项目

本项目反映企业因股权性投资获利分得的现金股利，从子公司、联营企业或者合营企业分回利润而收到的现金，以及因债权性投资而取得的现金利息收入，但股票股利除外。包括

在现金等价物范围内的债权性投资的利息收入也在本项目中反映。如果此项目存在发生额,表明企业进入投资回收期。将本项目金额同利润表中的投资收益项目进行对比分析,可以考察投资收益的收现状况;同资产负债表中的投资金额进行对比分析,可以考察投资资产的现金回报情况。

3. "处置固定资产、无形资产和其他长期资产收回的现金净额"项目

本项目反映企业处置固定资产、无形资产和其他长期资产收回的现金,包括因资产毁损而收到的保险赔偿收入减去为处置这些资产而支付有关费用后的净额。由于自然灾害等原因造成的固定资产长期资产报废、毁损而收到的保险赔偿收入也在本项目中反映。此项目一般金额不大,如果数额较大,表明企业、产品的结构有所调整,或者表明企业未来的生产能力将受到严重影响,或已经陷入深度的债务危机之中,靠出售设备维持经营。

4. "构建固定资产、无形资产和其他长期资产支付的现金"项目

本项目反映企业购买、建造固定资产,取得无形资产和其他长期资产支付的现金,包括购买设备所支付的现金及增值税款、建造工程支付的现金,以及支付的应由在建工程和无形资产负担的职工薪酬现金支出、购入或者自创取得各种无形资产的实际支出等,不包括为构建固定资产、无形资产和其他长期资产而发生的借款利息资本化的部分(其在"分配股利、利润或偿付利息支付的现金"项目中反映),以及融资租入固定资产支付的租赁费(其在"支付的其他与筹资活动有关的现金"项目中反映)。本项目表明企业扩大再生产能力的强弱,据此可以了解企业未来的经营方向和获利能力,揭示企业未来经营方式和经营战略的变化。

5. "投资支付的现金"项目

本项目反映企业进行权益性投资和债权性投资支付的现金,包括企业取得的除现金等价物以外的交易性金融资产、持有至到期投资、可供出售金融资产、长期股权投资而支付的现金,以及支付的佣金、手续费等交易费用。本项目表明企业参与资本市场运作、实施股权及债权投资能力的强弱,据此可以分析投资方向与企业的战略目标是否一致。

四、筹资活动现金流量报表项目分析

1. "吸收投资收到的现金"项目

本项目反映企业以发行股票、债权方式筹集资金实际收到的款项净额(发行收入减去直接支付给金融企业的佣金、手续费、宣传费、咨询费、印刷费等发行费用后的净额)。企业以发行股票、债券等方式筹集资金而由企业直接支付的审计费、咨询费、宣传费、印花税等费用在"支付的其他与筹资活动有关的现金"项目中反映。本项目反映企业通过资本市场筹资能力的强弱。

2. "取得借款收到的现金"项目

本项目反映企业举借的各种长期、短期借款所收到的现金。本项目的金额大小表明企业通过银行筹集资金能力的强弱,在一定程度上代表了企业的信用和偿债能力。

3. "偿还债务支付的现金"项目

本项目反映了企业以现金偿还债务的本金,包括偿还银行或其他金融机构的借款本金、

偿付企业到期债券本金等。企业偿还的借款利息、债券利息在"分配股利、利润或偿付利息支付的现金"项目中反映。本项目有利于分析企业周转资金是否达到良性循环状态。

4. "分配股利、利润或偿付利息支付的现金"项目

该项目反映企业实际支付的现金股利、支付给其他投资单位的利润，以及用现金支付的借款利息、债券利息。不同用途的借款，其利息的开支渠道不一样，如在建工程、财务费用等均在本项目中予以反映。

五、现金流量表补充资料的报表项目分析

现金流量表补充资料即附注一般包括：现金流量表补充资料、不涉及现金收支的筹资和投资活动，以及现金和现金等价物的具体内容与变化。这三方面的内容都在一定程度上涉及企业现金流量质量在某些方面的信息。

1. 将净利润调节为经营活动产生的现金流量

将净利润调节为经营活动产生的现金流量是采用间接法列示经营活动现金流量净额。此法从净利润开始，通过对诸如固定资产折旧、无形资产摊销、公允价值变动损益，以及经营性流动资产和流动负债项目的调节，得到经营活动产生的现金流量净额。此项附注将有助于分析净利润与经营活动现金流量之间在数量上出现差异的具体原因。

2. 不涉及现金收支的筹资和投资活动

不涉及现金收支的筹资和投资活动虽然不引起企业本期现金流量的变化，但可能会对企业今后各期的现金流量产生影响。因此，我们也应对其中所包含的现金流量质量信息给予一定的关注，为预测今后各期的现金流量状况提供帮助。

（1）非现金的筹资活动和投资活动可能意味着企业正面临现金流转困境。值得注意的是，虽然这种非现金的筹资活动和投资活动可以帮助企业暂时缓解当期现金紧张的压力，但很有可能会对企业未来的现金流量状况产生负面影响。例如，以固定资产偿还债务可能是企业在没有足够的现金来偿还到期债务情况下的一种被动行为，一般会引起企业生产能力的降低，这会对企业未来的生产经营带来负面影响，进而对未来各期的现金流量产生负面影响。再如，债务转为股本是在企业当期出现现金支付困难情况下的一种债务重组行为，虽然当期缓解了现金偿付压力，还有可能带来债务重组收益，但当企业经营状况出现好转迹象后往往会带来公司治理的新问题及股利支付规模的增加，同样会对企业未来的现金流量产生负面影响。至于企业是否真的存在现金流转困境，还应结合现金存量、现金需求及其他一些财务指标加以综合分析与考察。

（2）非现金的筹资活动和投资活动可能意味着企业财务管理水平的提高，说明企业正在努力提高现有资源的利用效率、扩宽融资途径。它一般会对企业未来的现金流量产生正面影响。例如，企业利用固定资产、无形资产甚至存货项目对外投资，反映了企业在提高现有资源利用效率、优化资产结构或者处置不良资产方面所采取的举措，这很有可能对企业未来的经营状况、盈利能力及现金流量状况产生正面影响。再如，企业采用融资租赁方式租入固定资产，一方面避免了当期因购置固定资产而发生的现金流出；另一方面会对企业经营能力的提升、未来现金流入量的增加起到积极的推动作用。

在接受所有者非现金注资的情况下，往往意味着企业需要通过其他渠道筹集必要的现金

以实现预期目标。这就需要关注非现金入资活动对企业经营能力、融资能力、盈利能力等方面造成的影响，它对未来现金流量状况的影响往往存在不确定性。

3. 现金和现金等价物的具体内容与变化

现金和现金等价物的具体内容与变化反映了现金资产的结构变化。显然，具有不同活力的现金资产用于周转的质量有明显的差异。

当期没有实际收到或付出现金的经营活动事项，如赊购物资、赊销商品、摊销费用、计提减值准备等，不涉及现金流入流出。

不属于经营活动的损益项目如当期的利息费用、固定资产处置净损益等，不属于经营活动现金净流量。

经营性应收、应付项目的变动，如应收、应付账款，应收、应付票据，预收、预付账款，应付职工薪酬，应交税费，其他应收、应付款等，可能并不影响当期利润，但却影响现金流量。

（1）资产减值准备：没有发生实际的现金流出，加回净利润。

（2）固定资产折旧：没有发生实际的现金流出，加回净利润。

（3）无形资产摊销和长期待摊费用摊销：没有发生实际的现金流出，加回净利润。

（4）待摊费用摊销：没有发生实际的现金流出，加回净利润。

（5）处置固定资产、无形资产和其他长期资产的损失（减：收益）：不属于企业的经营活动，属于投资活动，故损益从净利润中转出。

（6）固定资产报废损失（减：收益）：没有发生实际的现金流出，盘亏、报废损失加回净利润；盘盈、报废收益转出净利润。

（7）公允价值变动损失（减：收益）：与上一类同理。

（8）财务费用（减：收益）：把属于投资活动和筹资活动的部分加回净利润。

（9）投资损失（减：收益）：不属于经营活动，投资收益转出净利润；投资损失加回净利润。

（10）递延所得税资产减少（减：增加）：转出净利润。

（11）递延所得税负债增加（减：减少）：加回净利润。

（12）存货的减少（减：增加）：

① 赊购存货：当期没有现金流出，在应付项目调整。

② 现购存货：当期有现金流出。

计算方法：将期末数减去期初数的增加额转出净利润；将期末数减去期初数的减少额加回净利润。

（13）经营性应收项目的减少（减：增加）：经营性应收项目主要指应收账款、应收票据和其他应收款中与经营活动有关的部分，包括货款及增值税销项税。

计算方法：将期末数减去期初数的减少额加回净利润；将期末数减去期初数的增加额转出净利润。

（14）经营性应付项目的增加（减：减少）：经营性应付项目主要指应付账款、应付票据、应付福利费、应交所得税和其他应付款中与经营活动有关的部分，还包括增值税进项税。

计算方法：将期末数减去期初数的减少数金额转出净利润；将期末数减去期初数的增加数金额加回净利润。

（15）现金的期初余额和现金的期末余额。现金的期初余额和现金的期末余额应分别和资产负债表中"货币资金"报表项目的期初余额、期末余额对应。

补充资料中的"现金及现金等价物净增加额"应该和正表中的"现金及现金等价物净增加额"一致。

第三节　现金流量的质量分析

一、现金流量质量分析的含义

所谓现金流量的质量，是指企业的现金流量能够按照企业的预期目标进行运转的质量。具有较好质量的现金流量应当具有如下特征：

（1）企业现金流量的状态体现了企业的发展战略的要求。

（2）在稳定发展阶段，企业经营活动的现金流量应当与企业经营活动所对应的利润有一定的对应关系，并能为企业的扩张提供现金流量的支持。

现金流量变化的过程分析远比现金流量变化的结果分析重要。不要从结果简单地得出现金流动状况"好转""恶化"或"维持不变"的结论，因为它只能说明静态财务状况，而不能说明动态财务状况。

现金流量质量分析主要从两个方面进行，即经营、投资与筹资三类活动的现金流量各自的整体质量分析、各个现金流量项目的质量分析。整体质量分析是基础和导向，项目质量分析是深入和佐证。两者的分析结论要能相互支撑，从而对企业的现金流量形成一致的评价。本节主要探讨企业经营活动、投资活动、筹资活动中现金流量各自的整体质量分析。

二、经营活动现金流量质量分析

企业经营活动的现金流量是企业在经营活动中所获取的现金流入量、流出量和现金净流量，它是企业现金流量的主要来源。经营活动现金流量的分析要点如下：

1. 经营活动现金流量在企业现金流量中所占比重较大，一般其稳定性和再生性较强

如果企业经营活动中现金流量所占比重较大，而且一直保持这样的状态，就说明企业从生产经营活动中获取现金的能力较强，采取的是利润型或经营型的资金筹措战略；如果企业经营活动中现金流量所占比重较小，就说明企业采取的是金融型或证券型的资金战略，主要依靠资本投资和对外借款来取得资金来源。

2. 将经营活动现金流入量和流出量结合起来分析

将企业经营活动现金流入量和流出量结合分析，实质就是对企业经营活动现金流量的质量分析。现金流量的质量是指企业的现金流量能够按照预期的目标进行运转的质量。它一方面应体现企业发展的战略要求，另一方面应与企业经营活动产生的利润有一定的对应关系。正常情况下，企业经营活动中获取的现金流入首先应该满足生产经营活动的支出，如有剩余再安排扩大投资和偿还债务。

分析时应注意，企业经营活动的支出分为现金支出和非现金支出。如果企业经营活动的现金流入只能满足经营活动的现金支出，不足以弥补非现金支出，长此以往企业将不能维持简单再生产；如果企业经营活动的现金流入不但能够满足经营活动的现金支出，还能弥补非现金支出，这样企业就能维持简单再生产，但不能为企业发展提供资金。只有当企业经营活动现金流入完全能够满足企业所有经营活动的支出并且有剩余时，才说明企业真正处于经营活动现金流量运行的良好状态。经营活动现金流量的良好运行体现了企业稳定的经营活动对投资和理财的支持能力，说明企业具有较好的成长和支付能力。经营活动的现金流入与现金流出对比结果一般有以下3种情况：

（1）经营活动现金流入量大于现金流出量。如果企业经营活动现金流入量大于现金流出量，表明企业经营活动获取现金的能力较强，说明企业通过正常的经营活动所带来的现金流入量不但能满足经营活动本身的支出，还有一定的能力进行投资活动或偿还债务。企业产品适销对路，市场占有率较高，应收账款的收账速度较快。企业付现的成本和费用控制在一个相对适宜的水平上。这种状态是企业经营活动现金流量运行的良好状态，持续下去能对企业经营活动的稳定和发展、扩大再投资起到重要的促进作用。

但是，针对不同的情况还应进行不同的分析：

① 企业经营活动产生的现金流量能够支付经营活动引起的现金流出，而且有一定的余力来补偿一部分当期的非现金成本，在这种情况下，企业面临的现金需求压力较小。但从长远分析来看，这种状态如果持续下去，则企业不可能维持经营活动的货币"简单再生产"。因此，如果企业在正常生产经营期间持续出现这种状态，对于企业经营活动现金流量质量并不能给予较高的评价。

② 如果企业经营活动产生的现金净流量大于零，并刚好能弥补非现金成本，意味着企业通过正常的经营活动所带来的现金流入量不但能够弥补经营活动所需的现金流出，而且可以全部补偿非现金成本。在这种情况下，企业所面临的现金需求压力解脱，企业经营活动产生的现金流量能够维持经营活动的货币"简单再生产"，但是无法为企业发展提供资金来源。

③ 如果企业经营活动产生的现金净流量大于零，在弥补非现金成本后还有剩余，则意味着企业通过正常的经营活动所带来的现金流入量不但能补偿活动所需的现金流出和非现金成本，还有余力为企业的投资活动提供现金流量的支持和支付现金股利。这种状况说明企业获取现金流量的能力相当强。这种状态持续下去将对企业经营活动的发展、投资规模的扩大起到重要的作用。

（2）经营活动现金流入量等于现金流出量。如果企业经营活动现金流入量等于现金流出量，表明企业正常的经营活动现金流量刚好能弥补经营活动引起的现金流出，现金收支处于平衡状态。企业经营活动没有多余的现金用来投资和偿还债务。

（3）经营活动现金流入量小于现金流出量。如果企业经营活动现金流入量小于现金流出量，说明企业正常的经营活动获取的现金不足以支付经营活动所需的现金支出。经营活动的现金流量不足可以通过以下方法来解决：耗用目前企业货币积累；挤占用于投资活动的资金，使企业推迟投资；进行额外的贷款融资；拖欠货款或加大经营活动负债。在企业处于成长阶段时，由于生产各个环节尚未完善，同时为了开拓市场，需要投入大量资金，在这一时期经营活动的现金流入可能小于现金流出，这也是企业在发展过程中不可避免的现象。但是，在企业正常的经营活动中出现这种情况则说明企业经营活动产生的现金流量质量不高、获取现金的能力较弱，企业必须采取一定的措施补充现金的不足，但处于这种状态下企业的筹资能力是相当有限的。

3. 通过对经营活动现金净流量的分析，考察企业销售和盈利

企业销售商品就是要获得经济利益的流入，而能体现经济利益流入的形式就是现金流入。将现金流量表与利润表结合起来，把企业一定时期销售商品收到的现金与当期销售收入进行对比，可以观察企业销售收入的有效性和质量。

4. 将利润表中的净利润与经营活动的现金净流量进行比较，可以考察企业利润的质量

经营活动现金净流量实际上就是企业现金收入与现金支出的差额，即收付实现制原则下计算的净收益。将经营活动的现金净流量与利润表比较，经营活动现金净流量占净利润的比例越大，说明企业经营活动中实现的净收益变现能力越强、净利润的质量越好。如果这个比例偏低（小于1），说明企业总有一部分已确认的净收益未收回现金，净利润的质量较差。在实际工作中，分析经营活动现金流量比利润表更具有现实意义。

三、投资活动现金流量质量分析

投资活动现金流量是指企业在各项投资业务中所发生的现金流入量和流出量及现金净流量。其中现金流入包括收回投资收到的现金、取得投资收益收到的现金、处置长期资产收到的现金；现金流出包括构建长期资产支付的现金、投资支付的现金以及其他与投资活动有关的现金流量。投资活动现金流量的分析要点如下。

1. 将投资活动的现金流入量与现金流出量结合起来进行分析

（1）投资活动现金流入大于现金流出。如果企业在一定时期的投资活动现金流入大于现金流出，则意味着企业在投资活动中获取的现金收入高于支出的现金，应对企业这种投资活动的现金流量原因进行具体分析：

① 企业将大量的固定资产变卖。如果所出售的固定资产是企业多余或闲置的资产，说明企业收回了占用在闲置资产上的资金，这种变现有利于企业的经营和理财；如果企业变卖这些固定资产是为了偿还债务，则说明企业经营出了问题或偿债能力低下，不得不变卖固定资产以维持经营或用于偿债。对于这种情况，必须就其产生现金流量的原因具体分析。

② 企业由于经营困难或投资环境的改变，开始收缩投资规模。对于企业来说，现金流入大于流出可能是经营活动发生了问题，需要减少投资弥补经营活动的现金不足或解决其他问题。这种现象如果持续发展下去，将会影响企业未来的发展。

③ 如果这种现象是由于收回的投资收益造成的，则说明企业前期投资在本期获得一定的收益，被投资企业的经营效益提高，企业取得了投资效益。

（2）投资活动现金流入等于现金流出。如果企业投资活动现金流入等于现金流出，意味着企业对内长期投资和对外证券投资方面支付的现金流出量大于企业取得投资收益或收回投资、处置长期资产收到的现金流入量。说明企业实施了投资扩张的政策，可能企业又有新的投资机会，这将有利于企业的发展和获利。对于企业这种投资活动所产生的资金"缺口"，可以通过以下几种方式加以解决。

① 消耗企业现存的货币资金积累。
② 挤占用于经营活动的现金。
③ 利用经营活动多余的现金流量进行补充。
④ 对外筹资，进行负债融资或通过发行股票融资。
⑤ 采取拖延债务支付。

在进行分析时，应重点考察企业投资活动是否符合企业长期规划和短期计划，是否反映企业经营活动的发展和企业扩张的内在需要，投资效益如何。在企业投资活动符合企业的长期规划和短期计划的条件下，现金流量净额小于零反映了企业经营活动发展和企业扩张的内在需要，也反映了企业在扩张方面的努力和尝试。

2. 将投资活动现金流量中属于投资收益的部分与利润表中的投资收益进行比较

现金流量表中投资收益收回的现金占利润表中的投资收益项目的比重越大，说明企业实现的变现投资收益越高。分析时，还应该结合企业长期投资核算的方法考虑：如果企业对投资收益的核算采用成本法，一般是在实际收到现金股利时确认为投资收益；而采用权益法核算投资收益时，如果被投资单位当年实现利润，投资单位就可以按股权比例确认为投资收益，故企业投资收益的变现比例较低。

3. 从投资活动的现金净流量看企业的理财和投资策略

企业采取投资和经营扩张的策略时，往往投资活动的现金净流出较大，这说明企业面临新的投资和发展机遇。企业采取投资和经营紧缩策略时，则企业投资活动现金净流入较大，说明企业内部经营出现问题或企业开始调整经营战略，或投资环境变化，对外投资出现困难等。

当企业扩大规模或开发新的利润增长点时，需要大量的现金投入，如果投资活动产生的现金流入量补偿不了流出量，则投资活动现金净流量为负数。如果企业投资有效，将会在未来产生现金净流量用于偿还债务，创造收益，企业就不会有偿债困难。因此，分析投资活动现金净流量应结合企业目前的投资项目进行，不能简单地以投资活动现金净流量是正数还是负数论其优劣。

四、筹资活动现金流量质量分析

筹资活动现金流量是指企业在筹措资金的过程中产生的现金流入量和流出量及现金净流量。其中现金流入包括吸收投资所收到的现金、借款收到的现金及其他筹资活动收到的现金；现金流出包括偿还债务所支付的现金、分配股利、利润或偿付利息所支付的现金及其他筹资活动支付的现金。

筹资活动现金流量的分析要点如下。

1. 将筹资活动的现金流入量与现金流出量结合起来进行分析

如果企业筹资活动的现金流入量大于现金流出量，说明企业通过银行或资本市场筹措资金的能力较强；现金流入量超出现金流出量较多，表明企业吸收资本或举债的步伐加快。但还应与资金使用效果联系起来分析，防止企业未来无法支付到期债务陷入财务危机之中。如果投资活动的现金流出量较大，则意味着企业投资和经营扩张，企业具有新的投资机会，有助于提高企业的盈利能力；如果经营活动的现金流出量较大，意味着企业可能通过筹集资金弥补经营活动现金量的不足，可能是企业经营活动在现金方面出现问题。

在企业处于发展时期，投资需要大量的资金，而经营活动创造现金流量的能力不强，因此企业的现金流量需求只能通过筹资活动来解决。当筹资活动现金净流量大于零时，应结合企业长期发展规划，分析是企业的主动筹资行为还是被动筹资行为。

如果企业筹资活动现金流入量等于现金流出量，则说明企业筹资活动的现金流量平衡，筹集到的资金全部用来偿还了本金和利息或用于发放股利。这种情况有可能是借新债还旧债，也有可能是企业现金短缺，不得不发放现金股利。

如果企业筹资活动现金流入量小于现金流出量，则说明企业当期偿还负债或分配股利的数额较大。有可能是企业经营活动或投资活动在现金流转方面运转较好，具有一定的偿债能力。但也要注意，筹资活动现金流入量小于现金流出量可能意味着企业筹资能力减弱，或没有更好的扩张机会。

2. 将筹资活动现金流量净额与企业理财政策结合起来分析

企业采取不同的股利分配政策，对于筹资活动现金流量净额的影响不同。将本期股利分配的现金流出量与前期实现的净利润相比，如果比例较小，则说明企业实施的是低利润分配的政策，也可能是企业的投资压力较大。

筹资活动属于企业的理财活动，也意味着企业存在一定的风险。企业加大对外举债就必须承担定期支付利息、到期还本的责任，如果企业到期不能履行偿债责任，必然会使得企业陷入财务危机之中。企业发行股票，必然存在股票跌价损失的风险。因此，企业理财活动量越大，风险越大。一般来说，筹资活动产生的现金净流量越大，企业面临的偿债压力越大，但如果现金净流量主要来自企业吸收权益性资本收到的现金，且与筹资活动现金流入量进行比较，其所占比重较大，则说明企业资金实力增强，财务风险降低。

第四节 现金流量的水平分析和垂直分析

如前所述，现金流量表的水平分析是通过对现金流量表的每个项目前后期的增减变动来观察企业现金流的变化情况，对异常变动的原因和后果进行分析；现金流量表的结构分析是在现金流量表有关数据基础上分析现金流入、现金流出的构成和现金余额的形成原因。现金流量表结构分析还可以分成现金流入结构分析和现金流出结构分析。下面以 XT 公司 2016 年的现金流量表为例进行现金流量表总体分析及现金流入、流出结构分析，如表 5-1~表 5-3 所示。

【例 5-3】

表 5-1 现金流量表水平分析　　　　　　单位：万元

项目	本期金额	上期金额	变动额	变动率/%
一、经营活动产生的现金流量				
销售商品、提供劳务收到的现金	7 021 140.36	7 007 712.07	13 428.29	0.19
客户存款和同业存放款项净增加额	46 118.75	2 973.52	43 145.23	1 450.98
向中央银行借款净增加额	3 741.40		3 741.40	
向其他金融机构拆入资金净增加额	13 600.00	15 000.00	-1 400.00	-9.33

续表

项目	本期金额	上期金额	变动额	变动率/%
收取利息、手续费及佣金的现金	128 448.01	76 558.87	51 889.14	67.78
收到的税费返还	46 852.51	132 255.82	-85 403.31	-64.57
收到其他与经营活动有关的现金	303 245.69	320 667.73	-17 422.04	-5.43
经营活动现金流入小计	7 563 146.72	7 555 168.01	7 978.71	0.11
购买商品、支付劳务支付的现金	3 858 872.74	4 044 615.78	-185 743.04	-4.59
客户贷款及垫款净增加额	256 207.69	215 358.79	40 848.90	18.97
存放中央银行和同业款项净增加额	149 188.85	2 486.68	146 702.17	5 899.52
支付利息、手续费和佣金的现金	49 002.49	19 850.90	29 151.59	146.85
支付给职工以及为职工支付的现金	496 395.11	448 636.23	47 758.88	10.65
支付的各项税费	817 129.24	516 251.55	300 877.69	58.28
支付其他与经营活动有关的现金	639 366.89	467 093.46	172 273.43	36.88
经营活动现金流出小计	6 266 163.01	5 714 293.38	551 869.63	9.66
经营活动产生的现金流量净额	1 296 983.71	1 840 874.63	-543 890.92	-29.55
二、投资活动产生的现金流量				
收回投资收到的现金	32 751.53	100 556.73	-67 805.20	-67.43
取得投资收益收到的现金	24 135.21	4 729.29	19 405.92	410.33
处置固定资产、无形资产和其他长期资产收回的现金净额	120.98	46.92	74.06	157.84
收到其他与投资活动有关的现金	43 439.74	690.25	42 749.49	6 193.33
投资活动现金流入小计	100 447.46	106 023.20	-5 575.74	-5.26
构建固定资产、无形资产和其他长期资产支付的现金	246 146.72	360 240.93	-114 094.21	-31.67
投资支付的现金	70 406.80	155 835.65	-85 428.85	-54.82
支付其他与投资活动有关的现金	2 492.67	11 199.02	-8 706.35	-77.74
投资活动现金流出小计	319 046.20	527 275.59	-208 229.39	-39.49
投资活动产生的现金流量净额	-218 598.74	-421 252.40	202 653.66	48.11
三、筹资活动产生的现金流量				
吸收投资收到的现金		319 787.00	-319 787.00	-100.00
取得借款收到的现金	498 790.72	376 301.76	122 488.96	32.55
收到其他与筹资活动有关的现金	199 670.07	112 791.85	86 878.22	77.03
筹资活动现金流入小计	698 460.78	808 880.61	-110 419.83	-13.65
偿还债务支付的现金	623 384.49	559 718.95	63 665.54	11.37
分配股利、利润或偿付利息支付的现金	317 474.01	167 381.71	150 092.30	89.67
支付其他与筹资活动有关的现金		258.30	-258.30	-100.00

续表

项 目	本期金额	上期金额	变动额	变动率/%
筹资活动现金流出小计	940 858.50	727 358.96	213 499.54	29.35
筹资活动产生的现金流量净额	-242 397.72	81 521.65	-323 919.37	-397.34
四、汇率变动对现金及现金等价物的影响	47 117.62	2 022.02	45 095.60	2 230.23
五、现金及现金等价物的影响	788 869.64	1 503 165.89	-714 296.25	-47.52
加：期初现金及现金等价物余额	2 137 048.67	633 882.78	1 503 165.89	237.14
六、期末现金及现金等价物余额	2 925 918.31	2 137 048.67	788 869.64	36.91

2016年XT公司经营活动产生的现金流量净额为1 296 983.71万元，比上年减少543 890.92万元，下降比率为29.55%。进一步观察发现，在经营活动现金流入几乎不变的情况下，经营活动现金流出量增加了551 869.63万元，增幅为9.66%，可见经营活动产生的现金流量净额减少的原因主要在于经营活动现金流出量增加。2016年XT公司投资活动产生的现金流量净额为-218 598.74万元，比上年下降了202 653.66万元，下降幅度为48.11%。主要原因是购建固定资产、无形资产和其他长期资产支付的现金大幅下降，2016年同比下降31.67%。由此可以看出XT公司的投资增速有所下降，这将减少企业现金流压力。筹资活动产生的现金流量净额为-242 397.72万元。期末现金及现金等价物余额为2 925 918.31万元，比2016年增加了788 869.64万元，增幅为36.91%。此可以看出，XT公司充足的经营活动现金流量为企业的总体活动提供了充足支持，现金流风险较小。

【例5-4】

表5-2 现金流入结构分析

项 目	本期金额/万元	结构百分比/%	
		以现金流入小计为基础	以现金总流入为基础
一、经营活动产生的现金流量			
销售商品、提供劳务收到的现金	7 021 140.36	92.83	83.96
客户存款和同业存放款项净增加额	46 118.75	0.61	0.55
向中央银行借款净增加额	3 741.40	0.05	0.04
向其他金融机构拆入资金净增加额	13 600.00	0.18	0.16
收取利息、手续费及佣金的现金	128 448.01	1.70	1.54
收到的税费返还	46 852.51	0.62	0.56
收到其他与经营活动有关的现金	303 245.69	4.01	3.63
经营活动现金流入小计	7 563 146.72	100.00	90.45
二、投资活动产生的现金流量			
收回投资收到的现金	32 751.53	32.61	0.39
取得投资收益收到的现金	24 135.21	24.03	0.29

续表

项　目	本期金额/万元	结构百分比/%	
		以现金流入小计为基础	以现金总流入为基础
处置固定资产、无形资产和其他长期资产收回的现金净额	120.98	0.12	0
收到其他与投资活动有关的现金	43 439.74	43.25	0.52
投资活动现金流入小计	100 447.46	100.00	1.20
三、筹资活动产生的现金流量			
取得借款收到的现金	498 790.72	71.41	5.96
收到其他与筹资活动有关的现金	199 670.07	28.59	2.39
筹资活动现金流入小计	698 460.78	100.00	8.35
四、现金流入合计	8 362 054.96		100.00

根据现金流量表的特点，分别对现金流入和流出结构进行分析。从现金流入结构来看，XT公司的现金流入量大部分来自经营活动，占到90.45%，与此相比，投资活动和筹资活动所创造的现金流入则微不足道，这也反映了XT公司业务活动具备强大的创造现金流的能力，并且依靠企业自身资源实现发展。从分项结构来看，经营活动中销售商品、提供劳务收到的现金流量是主要的来源，这说明XT公司的主业比较突出。

【例5-5】

表5-3　现金流出结构分析

项　目	本期金额/万元	结构百分比/%	
		以现金流出小计为基础	以现金总流出为基础
一、经营活动产生的现金流量			
购买商品、支付劳务支付的现金	3 858 872.74	61.58	51.27
客户贷款及垫款净增加额	256 207.69	4.09	3.40
存放中央银行和同业款项净增加额	149 188.85	2.38	1.98
支付利息、手续费和佣金的现金	49 002.49	0.78	0.65
支付给职工以及为职工支付的现金	496 395.11	7.92	6.60
支付的各项税费	817 129.24	13.04	10.86
支付其他与经营活动有关的现金	639 366.89	10.20	8.50
经营活动现金流出小计	6 266 163.01	100.00	83.26
二、投资活动产生的现金流量			
构建固定资产、无形资产和其他长期资产支付的现金	246 146.72	77.15	3.27
投资支付的现金	70 406.80	22.07	0.94
支付其他与投资活动有关的现金	2 492.67	0.78	0.03

续表

项目	本期金额/万元	结构百分比/%	
		以现金流出小计为基础	以现金总流出为基础
投资活动现金流出小计	319 046.20	100.00	4.24
三、筹资活动产生的现金流量			
偿还债务支付的现金	623 384.49	66.26	8.28
分配股利、利润或偿付利息支付的现金	317 474.01	33.74	4.22
筹资活动现金流出小计	940 858.50	100.00	12.50
四、现金流出合计	7 526 067.70		100.00

从流出结构来看，在 XT 公司的现金流出量中经营活动占据着主要部分，达到了 83.26%，这与现金流入结构是相对应的，同时所占比例略低于 90.45%，反映了一部分成本中的非付现成本。结合本年应付账款 21.04% 的增加，其合理性得到进一步印证。从分项结构来看，经营活动现金流出量中购买商品、接受劳务支付的现金和支付的各项税费占据主要部分，两者合计达到 74.62%。其中，购买商品、接受劳务支付的现金也是企业在平衡自身现金流的时候可以考虑的因素，例如通过合理的商业信用等。投资活动中的绝大部分流出用于购建固定资产、无形资产和其他长期资产，占到 77.15%，其结构较为合理。

本章小结

现金流量表是反映企业在一定会计期间内现金和现金等价物流入和流出情况的报表。认识现金流量表，首先要认清现金的内涵及现金管理的重要意义。企业发生的现金流量活动多种多样，主要可以分为经营活动现金流量、投资活动现金流量及筹资活动现金流量，这三类现金流量构成了现金流量表信息披露的主要结构和内容。现金流量表分析可以为我们从另一个角度佐证利润表中利润的质量，分析企业的财务风险以及预测未来的现金流量并辅助经营管理决策。现金流量表的正表由直接法编制，补充资料由间接法编制，正表和补充资料内部项目之间存在对应关系。现金流量表还是连接资产负债表和利润表的桥梁，各表之间也存在一定的勾稽关系。现金流量质量分析主要是从三类活动的单个项目质量分析、类别整体质量分析和互动关系质量分析来分层分析阐述。现金流量结构分析则是从数据统计分析的角度定量地分析现金流入结构、现金流出结构以及流入流出结构的对比关系。

思考题

1. 现金流量表分析的主要作用是什么？
2. 现金流量表分析有何局限性？
3. 现金流量表分析的内容有哪些？
4. 简述现金流量表和利润表的差异。
5. 现金流量表与利润表、资产负债表之间的数据勾稽关系是什么？

6. 简述现金流量表补充资料的构成内容。
7. 简述现金流量的分类及其所包含的项目。
8. 简述经营现金净流量与净利润差异的具体原因。
9. 现金流量表结构分析的意义何在？
10. 现金流量趋势分析应侧重分析哪几个方面？

同步练习

一、单项选择题

1. 对于现金流量表，下列说法错误的是（　　）。
   A. 在具体编制时，可以采用工作底稿法或T形账户法
   B. 在具体编制时，也可以根据有关科目记录分析填列
   C. 采用多步式
   D. 采用报告式

2. 现金流量表正表的结构是（　　）。
   A. 账户式　　　　B. 报告式　　　　C. 多步式　　　　D. 单步式

3. 企业现金流量表补充资料的编制起算点是（　　）。
   A. 净利润　　　　　　　　　　　　B. 营业收入
   C. 经营活动净现金流量　　　　　　D. 利润总额

4. 现金等价物具有期限短的特点，期限一般是指从购买日起，（　　）内到期。
   A. 3个月　　　　B. 4个月　　　　C. 6个月　　　　D. 1年

5. 企业管理者将其持有的现金投资于"现金等价物"项目，其目的在于（　　）。
   A. 控制其他企业
   B. 利用暂时闲置的资金赚取超过持有现金的收益
   C. 谋求高于利息流入的风险报酬
   D. 企业长期规划

6. 下列选项中，会引起现金流量增减变动的项目是（　　）。
   A. 用银行存款购买1个月到期的债券　　B. 赊购原材料
   C. 银行存款偿还债务　　　　　　　　　D. 以固定资产进行对外投资

7. 支付给职工的工资产生的现金流量属于（　　）。
   A. 投资活动　　　B. 经营活动　　　C. 融资活动　　　D. 金融活动

8. 某企业2014年实现的净利润为3 275万元，本期计提的资产减值准备890万元，提取的固定资产折旧1 368万元，财务费用146万元，存货增加467万元，则经营活动产生的净现金流量是（　　）万元。
   A. 3 275　　　　B. 5 212　　　　C. 5 679　　　　D. 6 146

9. 下列活动中属于经营活动现金流入的是（　　）。
   A. 销售商品、提供劳务收到的现金
   B. 偿付生产周转贷款资金利息所支付的现金

C. 支付给职工以及为职工支付的现金

D. 处置生产型固定资产所收到的现金净额

10. 不在"销售商品、提供劳务收到的现金"项目中反映的是（　　）。

A. 应收账款的收回　　　　　　　　　B. 预收销货款

C. 向购买方收取的增值税销项税额　　D. 本期的购货退回

11. 在经营活动现金流量中，下列项目中反映现金创造能力灵敏的是（　　）。

A. 销售商品、提供劳务收到的现金　　B. 收到的租金

C. 收到的税收返还　　　　　　　　　D. 收到的其他与经营活动有关的现金

12. 一般情况下，企业处于高速成长阶段，投资活动现金流入流出比应（　　）。

A. 等于1　　　B. 大于1　　　C. 小于1　　　D. 不确定

13. 下列项目中属于投资活动产生的现金流出是（　　）。

A. 购买固定资产所支付的现金　　B. 分配股利所支付的现金

C. 支付的所得税款　　　　　　　D. 融资租赁所支付的现金

14. 初创期和成长期，金额较大的投资活动现金流量是（　　）。

A. 处置长期资产收到的现金　　　B. 处置子公司收到的现金

C. 购建长期资产支付的现金　　　D. 投资支付的现金

15. 根据《企业会计准则第31号——现金流量表》的规定，支付的现金股利归属于（　　）。

A. 经营活动　　　B. 筹资活动　　　C. 投资活动　　　D. 销售活动

二、多项选择题

1. 下列经济事项中，不能产生现金流量的有（　　）。

A. 将库存现金送存银行

B. 企业从银行提取现金

C. 投资人投入现金

D. 企业用现金购买将于3个月内到期的国库券

2. 从净利润调整为经营活动现金流量，应调增的项目有（　　）。

A. 财务费用　　　　　　　　　　B. 不减少现金费用

C. 非流动资产增加　　　　　　　D. 投资损失

3. 下列各项中，属于经营活动产生的现金流量包括（　　）。

A. 取得投资收益收到的现金　　　B. 支付的所得税

C. 收到的出租固定资产租金　　　D. 购买商品、接受劳务支付的现金

4. 投资活动产生的现金流出包括（　　）。

A. 购建固定资产所支付的现金　　B. 权益性投资所支付的现金

C. 债券性投资所支付的现金　　　D. 购货所支付的现金

5. 企业筹资活动产生的现金流量小于零，可能意味着（　　）。

A. 企业本会计期间大规模偿还债务

B. 企业经营活动与投资活动在现金流量方面运转较好，有能力偿还债务、分配利润等

C. 企业当期进行了增资扩股
D. 企业在投资和企业扩张方面没有更多的作为

6. 在对小企业的现金流量表进行分析时，如果其财务报表显示，企业的经营活动现金流入低于其经营活动现金流出，可能的原因是（　　）。
   A. 企业属于衰退时期　　　　　　B. 企业隐瞒了收入
   C. 企业虚列了成本费用　　　　　D. 企业成本费用上升

7. 现金等价物应具备的特点有（　　）。
   A. 持有期限短　　　　　　　　　B. 流动性强
   C. 价值变动风险小　　　　　　　D. 易于转化为已知金额的现金

8. 下列各项中，属于现金流量表中现金及现金等价物的有（　　）。
   A. 库存现金　　　　　　　　　　B. 其他货币资金
   C. 3 个月内到期的债券投资　　　　D. 随时用于支付的银行存款

9. 下列各项中，属于筹资活动产生的现金流量项目是（　　）。
   A. 以现金偿还债务的本金　　　　B. 支付现金股利
   C. 支付借款利息　　　　　　　　D. 发行股票筹集资金
   E. 收回长期债权投资本金

10. 现金流量分析使用的主要方法是（　　）。
    A. 比率分析　　　B. 项目分析　　　C. 结构分析　　　D. 趋势分析

三、判断分析题

1. 现金流量表是以现金和现金等价物为基础编制的。（　　）
2. 现金流量表的编制基础是权责发生制。（　　）
3. 固定资产折旧的变动不影响当期现金流量的变动。（　　）
4. 企业分配股利必然引起现金流出量的增加。（　　）
5. 企业支付所得税将引起筹资活动现金流量的增加。（　　）
6. 计提坏账准备将引起经营活动现金流量的增加。（　　）
7. 现金流量表中经营活动现金流量净额与利润表的净利润是相同的。（　　）
8. 利息支出将对筹资活动现金流量和投资活动现金流量产生影响。（　　）
9. 即使是经营活动净现金流量大于零，企业也可能仍然处于亏损状态。（　　）
10. 经营活动净现金流量如果小于零，说明企业经营活动的现金流量自我适应能力较差，企业经营状况不好，属于不正常现象。（　　）
11. 经营活动产生的现金流量大于零说明企业盈利。（　　）
12. 其他条件保持相同的情况下，经营活动产生的现金流入净额越大，意味着企业的利润质量越低。（　　）
13. 现金流量表补充资料的编制方法是直接法，分析的起算点为净利润。（　　）
14. 现金等价物就是交易性金融资产。（　　）
15. 现金等价物是指具有与现金几乎相同的变现能力的各种活期存款和短期有价证券、可贴现和转让票据等。（　　）

四、综合分析题

1. 某公司本年有关资料如下：

（1）本期销售商品实现收入为 100 000 万元；应收账款的年初数为 20 000 万元，年末数为 50 000 万元；预收账款的年初数为 10 000 万元，年末数为 30 000 万元。

（2）本期主营业务成本为 1 250 万元；应付账款的年初数为 320 万元，年末数为 200 万元；预付账款的年初数为 100 万元，年末数为 150 万元。

（3）本期实际支付职工工资及各种奖金 44 000 元。其中，生产人员工资及奖金 35 000 元，在建工程人员工资及奖金 9 000 元。

假定不考虑其他因素，要求计算以下项目内容的金额：

（1）"销售商品、提供劳务收到的现金"项目的金额。

（2）"购买商品、接受劳务支付的现金"项目的金额。

（3）"支付给职工以及为职工支付的现金"项目的金额。

2. GREE 公司连续 3 年的现金流量表正表及补充资料部分财务报表数据如表 5-4 所示，请对该公司进行现金流量结构分析和收益质量分析。

表 5-4　GREE 公司有关财务数据　　　　　　　　单位：千万元

项　目	2017 年	2016 年	2015 年
经营活动现金流量			
净利润	1 425	1 094	745
折旧和摊销	135	124	98
存货的减少（减：增加）	457	405	23
经营性应收项目的减少（减：增加）	(598)	(1 518)	(249)
经营性应付项目的增加（减：减少）	797	1 913	1 238
其他	(199)	(371)	97
经营活动现金流量净额	1 894	1 297	1 841
投资活动现金流量			
投资活动现金流入小计	137	98	106
投资活动现金流出小计	423	317	527
投资活动现金流量净额	(286)	(219)	(421)
筹资活动现金流量			
筹资活动现金流入小计	1 061	698	809
筹资活动现金流出小计	1 247	940	727
筹资活动现金净流量净额	(186)	(242)	82
现金及现金等价物净增加额	1 425	789	1 503

第六章

所有者权益变动表分析

引 言

2006企业会计准则将所有者权益变动表也作为必须编制及披露的主要财务报表之一，要求反映企业在会计期内的所有者权益具体组成项目的增减变动情况。所有者权益变动表内部结转各项目的列示信息将详细描述资产负债表中所有者权益项目金额变动的内涵。编制所有者权益变动表是公司受托责任观和综合收益观的重要体现，所有者权益变动表的分析是资产负债表和利润表分析的重要补充。

通过本章的学习，要求了解所有者权益变动表的性质、作用及结构；理解所有者权益变动表中的各项目内涵及编制方法；结合会计知识进一步熟悉利润分配的具体原则和要求；了解所有者权益变动表和资产负债表、利润表数据的内在逻辑关系；了解所有者权益变动表的结构分析及趋势分析方法。

本章的教学重点是所有者权益变动表的内涵、所有者权益变动表各项目质量分析、所有者权益变动表的结构分析及趋势分析。

本章的教学难点是理解所有者权益变动表在会计意义上作为资产负债表和利润表之间的桥梁作用。

第一节 所有者权益变动表分析概述

一、所有者权益变动表的性质

1. 所有者权益变动表的概念

所有者权益变动表是反映所有者权益的各组成部分当期的增减变动情况的报表。所有者权益变动表应当全面反映一定时期所有者权益变动的情况，不仅包括所有者权益总量的增减变动，还包括所有者权益增减变动的重要结构性信息。

2. 所有者权益变动表的内容构成

在所有者权益变动表中,企业至少应当单独列示反映下列项目的信息:①净利润。②直接计入所有者权益的利得和损失项目及其总额。③会计政策变更和差错更正的累计影响金额。④所有者投入资本和向所有者分配利润等。⑤提取的盈余公积。⑥实收资本或股本、资本公积、盈余公积、未分配利润的期初和期末余额及其调节情况。

二、所有者权益变动表的作用

所有者权益变动表具有以下几个方面的作用。

1. 有利于投资者进一步了解企业净资产的状况

随着资本市场的发展,企业的所有者(股东)越来越重视自己的利益,他们迫切地需要详细了解自己的权益状况。所有者权益变动表揭示了构成所有者权益的各组成部分的增减变动情况,有助于投资者准确地理解所有者权益增减变动的根源,更明了企业净资产增值的属性和含金量,可以对企业整体的财务状况和经营成果有更加准确的判断。

2. 有利于充分体现企业的综合收益

综合收益,是指企业在某一期间与所有者之外的其他方面进行交易或发生其他事项所引起的净资产变动。综合收益的构成包括两部分:净利润和直接计入所有者权益的利得和损失。前者是企业已实现并已确认的收益,后者是企业未实现但根据会计准则的规定已确认的收益。在所有者权益变动表中,净利润和直接计入所有者权益的利得和损失均单列项目反映,不仅充分体现了企业的综合收益,而且揭示了企业综合收益的构成情况,加强了信息的完整性、有用性和相关性。

3. 是连接资产负债表和利润表的纽带

由于传统会计原则的限制,越来越多的已确认未实现的利得和损失无法在利润表中列示,而是绕过利润表直接在资产负债表中的所有者权益中确认,这种做法破坏了资产负债表与利润表之间原本的逻辑关系。在这种情况下,所有者权益变动表担负起了资产负债表与利润表之间的纽带的重任,通过所有者权益变动表搭建二者之间的钩稽关系,使财务报告体系中各要素之间能够继续保持紧密的联系。

三、所有者权益变动表的结构

所有者权益变动表由表首、正表两部分组成。

1. 表首

表首主要说明报表名称、编制单位、编制日期、报表编号、货币计量单位等。

2. 正表

正表是所有者权益增减表的主体。为了清楚地表明构成所有者权益的各组成部分当期的增减变动情况,所有者权益变动表按以下形式列示:

(1)以矩阵的形式列报。所有者权益变动表应当以矩阵的形式列示。一方面,列示导致所有者权益变动的交易或事项,改变了以往仅仅按照所有者权益的各组成部分反映所有者权益的变动情况,而是按所有者权益变动的来源对一定时期所有者权益变动情况进行全面的反映；另一方面，按照所有者权益各组成部分及其总额列示交易或事项对所有者权益的影响。

（2）列示所有者权益变动表的比较信息。根据财务报表列表准则的规定，企业需要提供所有者权益变动表的比较信息，因此，所有者权益变动表还就各项目再分为"本年金额"和"上年金额"两栏分别填列。

阅读所有者权益变动表头部分时，首先应该关注编制单位，它体现了会计核算的主体及范围，是分析所有者权益变动数据内涵的重要前提。所有者权益变动表列示编报的日期，表明了所有者权益变动表体现的是时期内动态的流量数据，一般按年度编制和提供所有者权益变动表。

2009年12月24日发布的《财政部关于执行会计准则的上市公司和非上市企业做好2009年年报工作的通知》对所有者权益变动表作了相应调整：删除"（二）直接计入所有者权益的利得和损失"项目及所有明细项目，增加"（二）其他综合收益"项目，规定其他收益各项目在附注中的披露格式。

第二节 所有者权益变动表项目分析

一、会计政策变更和前期差错更正项目分析

1. 会计政策变更

会计政策变更能够提供更可靠、更相关的财务信息。所以，为了体现会计政策变更的影响，在所有者变动表中应单独列示反映企业采用追溯重述法处理的会计政策变更的累计影响金额。通常企业是以自身的主观判断为依据决定是否需要会计政策变更。企业的管理层也可能出于粉饰财务报表的动机而变更会计政策。因此，报表使用者应当对这种可能性有所警惕。

2. 前期差错更正

前期差错更正是为了使企业提供更可靠、更相关的财务信息。所以，为了体现前期差错更正的影响，在所有者权益变动表中应单独列示反映企业采用追溯重述法处理会计差错更正的累计影响金额。但是，只有前期财务报表存在重大会计差错更正时，会计处理才采用追溯重述法，且追溯重述法具有不影响当期损益的特点。前期差错的重要性取决于在相关环境下对遗漏或错误表述的规模和性质的判断。企业往往会选择对己有利的条件作为判断重大会计差错的依据，从而为利润操纵提供空间。

二、直接计入所有者权益的利得和损失项目分析

1. 可供出售金融资产公允价值变动净额

可供出售金融资产资产负债表日按照公允价值计量，而且公允价值变动计入资本公积（或其他资本公积）。这说明，可供出售金融资产随着市场的变动会快速影响企业的净资产。当公允价值上升时，企业的净资产会增加；但是当公允价值下降时，则会冲减企业的净资产。因此，可供出售金融资产形成的资本公积是不稳定的，需要辩证地看待。

2. 权益法下被投资单位其他所有者权益变动的影响

对于按照权益法核算的长期股权投资在被投资单位除净损益以外所有者权益的其他变动,应按照持股比例确认应享有的份额,计入资本公积下的其他资本公积项目。但在处置长期股权投资时,原来计入资本公积的金额要转入当期损益。因此,分析时应该注意企业长期股权投资的经营状态,应关注企业是否为了增加当期收益而不得不处置长期股权投资的情况。

3. 与计入所有者权益项目相关的所得税影响

如果企业某项交易或事项按照企业会计准则规定应该计入所有者权益,那么由该交易或事项产生的递延所得税资产或递延所得税负债应该计入所有者权益。其不构成利润表的递延所得税费用或收益,但会影响资本公积的变动。

三、所有者投入和减少资本项目分析

1. 所有者投入资本

该项目主要反映企业接受投资形成的资本公积、资本溢价或股本溢价。它会增加企业的实收资本和资本公积,从而增加企业的经济实力。分析时要结合多年的数据进行分析,看是否存在通过暂时性大金额投资来增加企业资金、粉饰企业报表的行为。

2. 股份支付计入所有者权益的金额

该项目反映以权益结算的股份支付。在授予日,按照权益工具的公允价值计入相关成本费用,相应地增加资本公积。在行权日,企业再根据实际行权的权益工具数量计算确定应转入实收资本或股本的金额,将其转入实收资本或股本。

四、利润分配项目分析

1. 提取盈余公积

企业应该按规定提取法定盈余公积和任意盈余公积。其中,任意盈余公积是由企业自己决定计提比例的,因此企业拥有很大的自由度。通过该项目可以了解到企业的经营状态和理财政策。

2. 对所有者(或股东)的分配

该项目反映企业对所有者分配的利润金额。现金股利和股票股利是上市公司对所有者分配的两种形式,其中现金股利是广泛采用的股利支付方式,大部分投资者比较看重企业的派现能力。而企业股利分配政策的选择和企业经营现状密切相关。通过该项目可以了解到企业的财务状况、经营业绩及发展前景等内容。

五、所有者权益内部结转项目分析

1. 资本公积转增资本(或股本)

本项目反映的是资本公积转增资本(或股本)的金额,是所有者权益内部的增减变动。有些资本公积不能用于转增资本,如接受非现金资产捐赠。因此,在分析时应该注意资本公

积形成的原因。

2. 盈余公积转增资本（或股本）

企业将盈余公积转增资本（或股本）时必须经过股东大会的批准。在实际转增时，需要按照持股比例结转。盈余公积转增资本的实质就是把净利润分配给股东，分析时需要注意盈余公积转增资本的数额和留存的比例。

3. 盈余公积弥补亏损

该项目反映企业以盈余公积弥补亏损的金额。企业以盈余公积弥补亏损是合理的行为。在分析时需要注意企业是否存在提前以盈余公积弥补亏损的行为，如果存在，则需要分析其原因。

第三节　所有者权益变动表水平分析和垂直分析

一、所有者权益变动表水平分析

所有者权益变动表水平分析是将所有者权益变动表中各组成项目不同时期的数据进行比较，计算其增减百分比，分析其增减变化的原因。这样可进一步了解企业自己积累资金的能力与潜力，并进而对企业的资本保值增值情况做出正确判断，从而提供对决策有用的信息。

为方便分析，将引起所有者权益每个项目变动的因素进行重新组合，形成了不同的水平分析表，以 ABC 公司为例，如表 6-1 ~ 表 6-4 所示。

【例 6-1】

表 6-1　ABC 公司实收资本增减变动分析　　　　　　　　　单位：元

项　目	2017 年	2018 年	增/减/%
一、本年年初余额	962 770 614.00	962 770 614.00	0
二、本年增减变动金额			
1. 股东投入资本			
2. 股份支付计入股东权益的金额			
3. 对股东的分配			
4. 资本公积转增资本（或股本）			
5. 盈余公积转增资本（或股本）			
6. 其他			
三、本年年末余额	962 770 614.00	962 770 614.00	0.00

从表 6-1 可以看出，ABC 公司近两年股本没有发生变化，表明公司并没有采用股本扩张的方式吸引投资者投资。

【例 6-2】

表 6-2　ABC 公司资本公积增减变动分析　　　　　　　　　　单位：元

项目	2017 年	2018 年	增减/%
一、本年年初余额	744 358 222.19	742 414 207.40	-0.26
1. 可供出售金融资产公允价值变动净额	-1 944 014.79		
2. 权益法下被投资单位其他股东权益变动的影响		196 617.07	
3. 与计入股东权益项目相关的所得税影响			
4. 股东投入资本			
5. 股份支付计入股东权益的金额			
6. 资本公积转增资本（或股本）			
7. 其他		-172 935.10	
二、本年年末余额	742 414 207.40	742 437 889.37	0.003 2

从表 6-2 可以看出，ABC 公司近两年资本公积增减变动幅度很小。2017 年由于可供出售金融资产公允价值下降发生损失，使资本公积下降了 0.26%。但 2018 年可供出售金融资产被处置了，对资本公积的影响消失了；但如果没有权益法下被投资单位其他股东权益变动的影响项目，2018 年资本公积还会下降。另外，从这两年影响资本公积的项目上看，它们都不会永久地停留在资本公积中或用于转增资本。

【例 6-3】

表 6-3　ABC 公司盈余公积增减变动分析　　　　　　　　　　单位：元

项目	2017 年	2018 年	增减/%
一、本年年初余额	250 483 618.45	264 399 557.14	5.56
1. 提取盈余公积	13 915 938.69	24 654 083.54	77.16
2. 盈余公积转增资本（或股本）			
3. 盈余公积弥补亏损			
4. 其他			
二、本年年末余额	264 399 557.14	289 053 640.68	9.32

从表 6-3 可以看出，ABC 公司近两年盈余公积都有不同程度的增加，而且增速在提高，由上年增长 5.56% 上升为 9.32%，主要原因是提取盈余公积项目增长了 77.16% 所致。不难看出，盈余公积上涨是 2018 年利润增长所致。

【例 6-4】

表 6-4　ABC 公司未分配利润增减变动分析　　　　　　　　　　单位：元

项目	2017 年	2018 年	增减/%
一、本年年初余额	-18 128 804.02	107 182 234.96	
1. 净利润	139 226 977.67	246 540 835.36	77.08

续表

项 目	2017 年	2018 年	增/减/%
2. 提取盈余公积	13 915 938.69	24 654 083.54	77.16
3. 对股东的分配		96 277 061.40	
二、本年年末余额	107 182 234.96	232 791 925.38	117.19

从表6-4可以看出，该公司2018年未分配利润增长了117.19%，主要原因是当年实现的净利润使未分配利润增加了；2018年公司向股东分配现金股利，在一定程度上减缓了未分配利润上升的幅度。

二、所有者权益变动表垂直分析

所有者权益变动表垂直分析是指对所有者权益的各构成项目金额占所有者权益总额的比重及其变动情况的分析。它能反映企业所有者权益各构成项目的分布情况及其合理性程度，预测其未来的发展趋势，揭示企业目前的资本实力和风险承担能力，反映企业的内部积累能力和对外融资能力，从而间接反映企业目前的经营状况和未来经济发展潜力。所有者权益结构变动分析应考虑的因素包括以下几点。

1. 利润分配政策

在企业经营业绩一定的情况下，所有者权益结构直接受制于企业的利润分配政策。若企业采用高利润分配政策，就会把大部分利润分配给所有者，当期留存收益的数额必然减少，当期所有者权益结构的变动就不太明显；反之，企业采取低利润分配或暂缓分配政策，留存收益比重必然会因此提高。

2. 所有者权益规模

所有者权益结构变动既可能是由所有者总量变动引起的，也可能是由所有者权益内部各项目本身变动引起的。实务中具体有以下3种情况：一是总量变动，结构变动；二是总量不变，结构变动；三是总量变动，结构不变。

3. 企业控制权

企业原来的控制权掌握在原所有者手中，如果企业通过吸收新的投资者追加资本投资来扩大企业资本规模，不但会引起所有者权益构成结构的变化，而且会分散原所有者对企业的控制权。如果老股东不想分散、稀释其对企业的控制权，在企业需要资金时就只能采取负债筹资方式，这样既不会引起企业所有者权益结构发生变动，也不会分散老股东对企业的控制权。

4. 权益资本成本

企业要降低资金成本，应尽量多利用留用利润。如果在所有者权益中加大其比重，企业综合资金的资本成本就会相对降低。

5. 外部环境因素

企业在选择筹资渠道和筹资方式时，往往不会完全依自己的主观意志而定，还受到经济环境、金融政策、资金市场状况、资本保全法规要求等因素的制约。这些因素影响企业的筹资渠道和方式，也必然影响到所有者权益结构。

ABC 公司所有者权益结构变动情况如表 6-5 所示。

【例 6-5】

表 6-5　ABC 公司所有者权益结构变动情况分析　　　　　单位：元

项目	2017 年	2018 年	结构/%	
			2017 年	2018 年
实收资本（或股本）	962 770 614.00	962 770 614.00	46.36	43.23
资本公积	742 414 207.40	742 437 889.37	35.75	33.34
盈余公积	264 399 557.14	289 053 640.68	12.73	12.98
未分配利润	107 182 234.96	232 791 925.38	5.16	10.45
所有者权益合计	2 076 766 613.50	2 227 054 069.43	100.00	100.00

从表 6-5 可以看出，ABC 公司所有者权益中，股本和资本公积所占比重分别由 46.36% 下降为 43.23%，由 35.75% 下降为 33.34%；而未分配利润所占比重由 5.16% 上升为 10.45%，增幅较大。投入资本所占比重下降，主要原因是公司没有进行股本扩张。留存收益所占比重上升，显然是由公司盈利形成的，可以大限度地满足公司维持和扩大再生产的资金需要，另外也预示着公司未来有充实的利润分配潜力。

本章小结

所有者权益变动表是反映所有者权益的各组成部分当期的增减变动情况的报表。所有者权益变动表揭示了构成所有者权益的各组成部分的增减变动情况，有助于投资者准确地理解所有者权益增减变动的根源，表明了企业净资产增值的属性和含金量，有利于对企业整体的财务状况和经营成果有更为准确的定位判断。我国现行的所有者权益变动表对实收资本、资本公积、盈余公积、未分配利润等资产负债表权益项目的增减变动进行了详细列示。所有者权益变动表结构分析应考虑的因素有利润分配政策、所有者权益规模、企业控制权、权益资本成本和外部环境因素等。所有者权益还可以结合时间序列上的数据统计分析方法，进行权益各项目变动规律的趋势分析。

思考题

1. 什么是所有者权益变动表？它有哪些内容？
2. 所有者权益产生的两种方式是什么？
3. 所有者权益变动表的内在结构是怎样的？
4. 全面收益理念是如何反映在所有者权益变动表之中的？
5. 所有者权益变动表分析有何作用？

6. 说明利润分配的程序，利润分配如何影响所有者权益内部项目的变动？
7. 所有者权益变动表与利润表的内在关系是什么？
8. 所有者权益变动表与资产负债表之间的数据钩稽关系是什么？
9. 说明股东权益变动表与利润分配表的联系与区别。
10. 如何对所有者权益变动表进行水平分析？

同步练习

一、单项选择题

1. 所有者权益是指企业资产扣除负债后由股东享有的"剩余权益"，也称为（　　）。
   A. 净负债　　　　B. 净资产　　　　C. 净收益　　　　D. 净流量
2. 下列属于投资者投入的资本的是（　　）。
   A. 所有者权益　　B. 留存收益　　　C. 盈余公积　　　D. 实收资本
3. 下列项目不属于资本公积核算范围的是（　　）。
   A. 股本溢价　　　　　　　　　　　B. 提取公积金
   C. 法定资产重估增值　　　　　　　D. 接受捐赠
4. 盈余公积的项目不包括（　　）。
   A. 法定盈余公积　　　　　　　　　B. 任意盈余公积
   C. 法定公益金　　　　　　　　　　D. 一般盈余公积
5. 下列选项中，正确反映资产负债表中所有者权益报表项目的排列顺序是（　　）。
   A. 实收资本、盈余公积、资本公积、未分配利润
   B. 实收资本、资本公积、盈余公积、未分配利润
   C. 未分配利润、盈余公积、资本公积、实收资本
   D. 盈余公积、资本公积、实收资本、未分配利润
6. 以下属于所有者权益项目的是（　　）。
   A. 长期待摊费用　B. 应付债券　　　C. 未分配利润　　D. 开发支出
7. 当期所有者权益的净变动额等于（　　）。
   A. 总权益变动额　　　　　　　　　B. 总资产变动额
   C. 总股本变动额　　　　　　　　　D. 净资产变动额
8. 下列不影响当期所有者权益变动额的项目是（　　）。
   A. 净利润　　　　　　　　　　　　B. 所有者投入和减少的资本
   C. 所有者权益内部结转　　　　　　D. 利润分配
9. 以下不需要考虑筹资费用的是（　　）。
   A. 长期借款　　　B. 债券融资　　　C. 股权融资　　　D. 留存收益
10. 下列会计事项中，会引起企业净资产总额变动的是（　　）。
    A. 提取盈余公积　　　　　　　　　B. 用盈余公积弥补亏损
    C. 用盈余公积转增资本　　　　　　D. 用未分配利润分派现金股利

二、多项选择题

1. 所有者权益内部结转包括（　　）。
   A. 资本公积转增资本　　　　　　　　B. 盈余公积转增资本
   C. 盈余公积弥补亏损　　　　　　　　D. 利润分配

2. 直接计入所有者权益的利得和损失，主要包括（　　）。
   A. 可供出售金融资产公允价值变动净额
   B. 权益法下被投资单位其他所有者权益变动的影响
   C. 所有者权益内部结转
   D. 进行利润分配

3. 下列属于留存收益的项目有（　　）。
   A. 净利润　　　　B. 未分配利润　　　　C. 盈余公积　　　　D. 实收资本

4. 所有者权益变动表分析提供的信息有（　　）。
   A. 所有者权益各项目的变动结构与趋势
   B. 公司资产的保值增值和股东财富增长的情况
   C. 从全面收益的角度报告更为全面有用的财务信息
   D. 反映了会计政策变更和会计差错更正的影响数额
   E. 反映了财务政策对所有者权益变动的影响

5. 所有者权益变动表的分析方法有（　　）。
   A. 趋势分析　　　　B. 垂直分析　　　　C. 项目分析　　　　D. 决策影响分析
   E. 比率分析

三、判断题

1. 所有者权益的来源包括所有者投入的资本、直接计入所有者权益的利得和损失、留存收益等。（　　）

2. 所有者权益变动表可以反映债权人所拥有的权益，据以判断资本保值、增值的情况以及对负债的保障程度。（　　）

3. 所有者权益变动表中，所有者权益净变动额等于资产负债表中的期末所有者权益。（　　）

4. 若出现未实现的损益，公司的价值就会增减，公积也会随之增减，但未实现的损益不在年度利润表中披露，而是直接计入所有者权益。（　　）

5. 在不考虑其他项目时，将净利润调整为本期所有者权益变动额，应该在净利润的基础上，减去向股东分配的利润。（　　）

6. 我国在2007年1月1日起实施的会计准则中，明确增加所有者权益变动表作为第四张主表。（　　）

7. 全面收益理念体现的是以公允价值为基础的"资产负债表观"，利润表成了资产负债表的副产品。（　　）

8. 初创阶段的公司取得的利润应贯彻先发展后分配的财务理念。（　　）

9. 所有者权益变动表内的项目可以根据资产负债表和利润表的有关数据直接填列。（　　）

10. 所有者权益变动表反映的是资产负债表中所有者权益具体项目的变化过程。（　　）

四、综合分析题

M 公司本年度的所有者权益变动表部分财务报表数据如表 6-6 所示，试对该公司的所有者权益变动情况进行水平分析。

表 6-6　M 公司所有者权益变动表　　　　　　　　　　　　单位：万元

项　目	本期数	上期数
一、上年年末余额	1 520	230
二、本年年初余额	1 520	230
三、本年增减变动金额	284	1 291
（一）综合收益总额	620	503
（二）所有者投入和减少资本	1	788
（三）利润分配	(337)	
（四）所有者权益内部结转		
四、本年年末余额	1 804	1 521

第七章

偿债能力分析

引 言

负债是企业发展的重要融资渠道，无论是企业的经营者还是债权人，抑或是企业的投资者，都十分关心企业的偿债能力。在金融市场上，企业发生的负债可以按照债务合约期限分为短期债务和长期债务，它们各自对应不同的会计核算名称来分类进行确认和计量。短期偿债能力考验着企业资产的流动性，是企业经营获利水平和充分理财能力的集中体现。企业要想健康发展，就必须避免发生债务诉讼及破产风险。长期偿债能力则事关企业的发展战略，是企业资本结构中的稳定因素，它既和企业的获利和发展密切相关，也离不开对金融环境和经济政策的评估和分析。

通过本章的学习，要求掌握偿债能力的概念内涵；了解偿债能力分析的目的和内容；理解不同的财务报表分析主体对于偿债能力分析的要求和关注点；了解短期偿债能力和长期偿债能力的概念、主要影响因素和相互之间的关系；了解影响短期偿债能力和长期偿债能力分析的表外因素；掌握依据主要财务报表构建反映短期偿债能力的指标体系和反映长期偿债能力的指标体系；理解偿债能力各指标之间内在的逻辑联系，了解企业财务危机预警的简单模型。

本章的教学重点是偿债能力的概念内涵、短期偿债能力的指标体系、长期偿债能力的指标体系。

本章的教学难点是结合主要财务报表信息计算有关财务指标来分析企业的偿债能力和信用状况。

第一节 偿债能力分析概述

一、偿债能力的概念

偿债能力是指企业偿付各种到期债务的能力。偿债能力分析是企业财务分析的重要组成部分,有利于了解企业的财务状况和财务风险。企业债权人、经营者、投资者等不同利益相关者对企业进行偿债能力分析的目的也不尽相同。

二、偿债能力分析的目的

进行偿债能力分析出于以下几个方面的目的:

第一,对于企业的债权人来说,进行偿债能力分析的目的是进行正确的借贷决策。偿债能力是信用评价的基础。对于债权人而言,他们关心的是借给企业的钱能否收回,因此,对他们来说,偿债能力分析的主要目的就是研究企业的偿付能力,从而做出正确的借贷决策,保证其借出资金的安全性。

第二,对于企业的经营管理者来说,进行偿债能力分析的目的是保证企业的正常经营。通过对企业偿债能力进行分析,有助于企业经营者了解企业的财务现状、优化企业的融资结构、降低融资成本。企业偿债能力弱又需偿债时,就应提前筹集资金保证偿付;企业偿债能力强时,可以利用闲置资金进行其他投资,保证资金的利用效率。

第三,对于企业的所有者来说,进行偿债能力分析的目的是判断投入资本的保全程度。企业的所有者是企业风险的最终承担者,企业的资产偿还债务后的剩余部分才归属于所有者,因此企业所有者十分关心其投入资本的保全情况。偿债能力分析有利于企业的所有者了解企业的资产负债情况,从而据以做出增减投资的决策,使自身承担较小的风险。

第四,对于公司的投资者来说,进行偿债能力分析的目的是进行正确的投资决策。企业偿债能力是投资者做出投资决策的重要依据之一,它有利于投资者了解企业的财务状况和财务风险程度,从而权衡风险收益,做出是否投资的正确决策。

第五,对于政府来说,进行偿债能力分析的目的是进行宏观调控和财政税收管理。政府为了维护市场秩序会制定很多与企业经营和理财活动相关的规则,这都和偿债能力分析密切相关。同时,政府还可以根据企业的偿债能力分析来判断企业能否进入限制领域进行经营和财务运作。

三、偿债能力分析的内容

资产负债表中的负债按其偿还期的长短可以分为短期负债和长期负债。短期负债又称流动负债,是指偿还期在1年以内(含1年)或一个营业周期内的债务;长期负债也叫非流动负债,是指偿还期在1年以上或一个营业周期以上的债务。根据偿还期的长短不同,企业的偿债能力分析也可以分为短期偿债能力分析和长期偿债能力分析。

1. 短期偿债能力分析

短期偿债能力是指企业用其流动资产偿付流动负债的能力,反映企业偿还即将到期的债务的实力。短期偿债能力分析又称流动性评价,是企业财务分析的重要内容,主要研究企业流动资产和流动负债的关系、企业流动资产对流动负债的保障情况,为企业的利益相关者提供决策依据。

2. 长期偿债能力分析

长期偿债能力是指企业偿还长期债务的能力,或者是企业长期债务到期时,企业盈利或资产可用于偿还企业长期负债的能力。长期偿债能力分析又称风险性评价,是企业财务分析的重要内容,主要研究企业资产与负债的比例关系、企业配置资源的获利能力,以及企业长期资产的规模和结构。

第二节 短期偿债能力分析

一、短期偿债能力的概念及其影响因素

企业的短期偿债能力是指企业用流动资产偿还流动负债的能力,即企业对短期债权人或其承担的到期短期债务的保障程度。短期偿债能力分析又称为流动性分析。

短期偿债能力的影响因素有多个,主要影响因素可以从以下3个方面分析。

1. 流动资产的规模和结构

流动资产是指预计在一年或者超过一年的一个营业周期内变现、出售或耗用的资产。一般来说,流动资产越多,短期偿债能力越强。流动资产从货币资金、短期金融资产、应收票据、应收账款到存货变现能力依次减弱,偿债能力的可靠性也逐渐下降。

2. 流动负债的规模和结构

短期负债规模越大,企业的短期债务压力越大。短期负债规模越大,短期内企业需要偿还的债务负担就越重。此外,还要关注企业短期债务在全部债务中的比重结构。由于企业的流动负债种类多样,还需要根据各类债务的契约特点分析其偿还特点和方式。

3. 企业的经营活动现金流量

由于企业的短期债务多数需要流动性最强的货币资金来进行偿还,因此稳定的经营活动现金净流量将有助于债权人权益的保障。

二、短期偿债能力指标的计算分析

衡量短期偿债能力的指标主要包括营运资本、流动比率、速动比率、现金比率和现金流动负债比。

1. 营运资本

营运资本是指流动资产超过流动负债的部分。其计算公式为:

$$营运资本 = 流动资产 - 流动负债$$

计算营运资本时,流动资产总额和流动负债总额可以直接从资产负债表中取得。当流动资产大于流动负债时,营运资本大于零,表明企业的流动负债有足够的流动资产作为偿还保障;当流动资产小于流动负债时,营运资本小于零,表明企业的流动负债没有足够的流动资产作为偿还保障。

营运资本是反映企业短期偿债能力的绝对量指标。它的优点是可以直观地反映流动资产保障流动负债后的剩余金额。但是,营运资本并不适宜用于对不同规模、不同企业之间短期偿债能力的对比。

2. 流动比率

流动比率是流动资产与流动负债的比值,表示的是企业每1元流动负债可以有几元流动

资产来抵偿。它是衡量企业短期偿债能力最常用的指标,其计算公式如下:

$$流动比率 = 流动资产 \div 流动负债$$

流动比率的计算公式还可以表示为:

$$流动比率 = \frac{流动资产}{流动负债} = \frac{流动资产 - 流动负债 + 流动负债}{流动负债} = \frac{营运资本}{流动负债} + 1$$

在过去很长一段时间里,人们认为生产型企业合理的最低流动比率为2,但是随着经济环境和企业经营方式的变化,流动比率有下降的趋势,很多知名企业的流动比率都低于2。同时要注意,对于不同行业的企业,流动比率通常会有较大的天然差异,营业周期越短的行业,合理的流动比率越低。

【例7-1】

ABC公司流动比率计算分析如表7-1所示。

表7-1　ABC公司流动比率计算分析

项　目	2017年	2018年
流动资产/万元(1)	107 750.74	145 783.94
流动负债/万元(2)	81 142.01	99 518.32
流动比率(3)=(1)÷(2)	1.33	1.46

根据表7-1的计算,可以看出ABC公司2017年的流动比率为1.33,2018年略有上升,为1.46,但均低于公认的标准2,这说明ABC公司短期偿债能力偏低。为了更准确地判断企业短期偿债能力的强弱,还应结合企业所处的行业以及同行业的平均水平进行比较分析。

3. 速动比率

速动比率又称酸性测试比率,是指速动资产与流动负债的比值,其计算公式为:

$$速动比率 = 速动资产 \div 流动负债$$

速动资产的理论计算公式为:

$$速动资产 = 流动资产 - 存货 - 一年内到期的非流动资产 - 其他流动资产$$

实际应用中速动资产公式一般简化为:

$$速动资产 = 流动资产 - 存货$$

在这里需要注意,速动资产是指流动资产减去变现能力较差且不稳定的存货、一年内到期的非流动资产、其他流动资产等项目后的余额。流动比率没有考虑到流动资产的构成与质量。如果流动比率较高但流动资产的流动性比较差的话,则企业的短期偿债能力比较弱。而速动比率就弥补了这个缺陷,它将流动性比较差的流动资产剔除,能够比流动比率更准确地反映企业的短期偿债能力。

一般认为,速动比率为1时比较合适。和流动比率一样,不同行业的速动比率差别比较大,例如,现金零售商店一般应收账款比较少,速动比率低于1就比较正常;但是对于应收账款比较多的商贸企业来说,速动比率很可能大于1。

【例7-2】

ABC公司速动比率计算分析如表7-2所示。

表7-2　ABC公司速动比率计算分析

项目	2017年	2018年
速动资产/万元（1）	44 967.07	70 011.89
流动负债/万元（2）	81 142.01	99 518.32
速动比率（3）=（1）÷（2）	0.55	0.70

从表7-2可以看出，ABC公司的速动比率2017年为0.55，2018年为0.70，2018年比2017年略有提高，但均低于公认的标准1，说明该公司的短期偿债能力较弱。

4. 现金比率

现金比率是指现金资产与流动负债的比值，其计算公式如下：

$$现金比率 = （货币资金 + 交易性金融资产）÷ 流动负债$$

$$保守现金比率 = 货币资金 ÷ 流动负债$$

现金是流动性最强的资产，现金资产包括货币资金、交易性金融资产等。现金资产可以直接用于偿债，因此现金比率比流动比率和速动比率更能准确地衡量企业的短期偿债能力。

现金比率表示的是企业即时的流动性。现金比率过高，表明企业的现金没有得到充分的利用；现金比率过低，则说明企业的及时支付能力存在问题。一般认为，企业的现金比率在0.2以上就可以接受，财务报表分析者应结合企业实际情况和行业水平进行分析。

5. 现金流动负债比

前面讲到的4个衡量企业短期偿债能力的指标都是比较可供偿债的资产与流动负债的存量，只要资产存量超过负债存量，就认为企业短期偿债能力较强；反之，则认为企业短期偿债能力较弱。而现金流动负债比是比较经营现金流量和偿债所需要的现金，如果产生的现金大于需要的现金，则认为企业的短期偿债能力较强；反之，则认为企业的短期偿债能力较弱。

现金流动负债比又称经营现金比率，是指一定时期内经营活动现金流量净额与流动负债的比值，其计算公式为：

$$现金流动负债比 = 经营活动现金流量净额 ÷ 流动负债平均余额$$

"经营活动现金流量净额"可以从现金流量表中获得，一般使用"经营活动产生的现金流量净额"来表示。现金流动负债比从现金流入和流出的角度对企业的实际偿债能力进行考察，反映本期经营活动所产生的现金净流量足以抵付流动负债的倍数。一般认为，该指标大于1时，表示企业偿还流动负债有可靠保证。该指标越大，表明企业经营活动产生的现金净流量越多，越能保障企业按期偿还到期债务，但也并不是越大越好，该指标过大则表明企业流动资金利用不充分，盈利能力不强。

【例7-3】

ABC公司现金流动负债比计算分析如表7-3所示。

表7-3　ABC公司现金流动负债比计算分析

项目	2017年	2018年
经营活动现金流量净额/万元（1）	3 576.37	23 992.39
流动负债平均余额/万元（2）	81 142.01	99 518.31
现金流量比率（3）=（1）÷（2）	0.044	0.241

从表7-3可以看出，该公司2018年的偿债能力很好，而2017年的现金流动负债比只有0.044，比率偏低，其偿债能力较差，应该结合同行业平均水平和其他有关资料进行分析。

三、影响短期偿债能力的表外因素

上述短期偿债能力分析指标都是根据财务报表的数据计算而得，因此这些报表项目的规模与构成必然会影响企业的短期偿债能力。与此同时，许多报表中没有披露的表外因素也会影响企业的短期偿债能力。

1. 增强短期偿债能力的表外因素

增强短期偿债能力的表外因素有以下几种：

（1）可动用的银行贷款指标。是指银行已经同意但企业尚未动用的银行贷款指标，它可以随时增加企业的现金流，提高企业短期偿债能力，一般会在董事会决议中披露。

（2）准备很快变现的非流动资产。企业可能会有一些长期资产可以随时出售变现，却不在"一年内到期的非流动资产"中列示，例如储备的土地、未开采的采矿权、正在出租的房屋等。在企业资金周转困难时，出售这些非流动资产并不会影响企业的持续经营。

（3）偿债能力的声誉。当短期偿债方面出现困难时，偿债能力声誉良好的企业通常比较容易筹集到资金，从而提高企业的短期偿债能力。

2. 降低短期偿债能力的表外因素

降低短期偿债能力的表外因素有以下几种：

（1）与担保有关的或有负债。企业可能会以自己的资产为他人作担保，这就形成了一项或有负债，当或有负债金额较大且有较大可能发生时，会减弱企业的短期偿债能力，应该在评价偿债能力时予以关注。

（2）经营租赁合同中的承诺付款。承诺付款是承诺要付的款项，是企业很可能要偿付的义务。

（3）建造合同、长期资产购置合同中的分期付款。这也是一种承诺付款，应视同需要偿还的债务。

第三节　长期偿债能力分析

一、长期偿债能力的概念及影响因素

长期偿债能力是指企业偿还长期负债的能力。企业的长期负债又称非流动负债，是指偿还期超过1年或一个营业周期的债务，包括长期借款、应付债券、长期应付款等。与流动负债相比，长期负债具有数额较大、偿还期限比较长、财务风险较大等特点。长期偿债能力分析又称风险性评价。长期偿债能力的影响因素主要有4个：

（1）企业的资本结构。一般来说，资本结构越合理，长期偿债能力越强。

（2）长期资产的规模和结构。长期资产主要包括固定资产、无形资产和长期投资。长期资产的专用性越强，变现能力越差，企业的长期偿债能力越低。

(3) 企业的盈利能力。盈利能力越强，长期偿债能力越强。

(4) 企业的债务结构。应付职工薪酬、应交税费等在清偿债务时顺序在前，因此会影响到长期资产能力的评价。

二、长期偿债能力指标的计算分析

衡量长期偿债能力的指标主要有存量指标和流量指标。存量指标主要包括资产负债率、产权比率、权益乘数、长期资本负债率。流量指标主要包括利息保障倍数、现金流量债务比、现金流量利息保障倍数等。

1. 资产负债率

资产负债率又称负债对资产比率，是负债总额与资产总额的比值，其计算公式为：

$$资产负债率 = \frac{负债总额}{资产总额} \times 100\%$$

资产负债率越高，资产对负债的保障程度越低。同时，资产负债率反映了企业资本结构问题，反映企业全部资金中有多大的比例是通过借债而筹集的。资产负债率越高，说明借入资金在全部资产中所占的比重越大，所有者投入的资金越少，企业不能偿还负债的风险越高。债权人希望资产负债率越低越好，因为这样投入资本的安全性高。股东希望利用外部财务杠杆来获取预期报酬和节省委托代理关系中的监督成本，因此也有可能希望维持较高的资产负债率。

企业经营者则在节税收益和财务风险两方面进行权衡，同时希望减少代理者的经营压力。这个指标反映了债权人资本在全部资本中的比例，是衡量企业负债还本水平和财务风险的重要指标。一般情况下，资产在破产拍卖时的售价不到账面价值的50%，因此，如果资产负债率高于50%，则债权人的利益就缺乏保障。因此该指标为50%时，企业偿债能力较好，由于该指标是状态指标，适宜水平也可以放宽至40%~60%，国际上公认的合理标准是60%。不同企业的资产负债率不同，因为它们所持有的资产类别不同。

【例7-4】

ABC公司资产负债率计算分析如表7-4所示。

表7-4 ABC公司资产负债率计算分析

项目	2017年	2018年
负债总额/万元（1）	86 854.99	117 621.39
资产总额/万元（2）	150 096.01	216 123.37
资产负债率（3）＝（1）÷（2）	57.87%	54.42%

从表7-4可以看出，ABC公司2018年的资产负债率比2017年略有下降，下降幅度为3.45%，变化不大。按照我国企业的实际情况来看，ABC公司的资产负债率基本上是合理的。同时，从物质保障程度上看，公司的负债总额只占资产总额的一半，说明公司的长期偿债能力较好。

2. 产权比率

产权比率是企业负债总额与所有者权益总额的比率，表示每1元股东权益借入的债务额。它表明了债权资金和股权资金的相对关系及企业基本财务结构的强弱。其计算公式为：

$$产权比率 = 负债总额 \div 所有者权益总额$$

$$产权比率 = \frac{负债总额}{所有者权益总额} = \frac{负债总额}{资产总额 - 负债总额} = \frac{资产负债率}{1 - 资产负债率}$$

【例 7-5】
ABC 公司产权比率计算如表 7-5 所示。

表 7-5 ABC 公司产权比率

项 目	2017 年	2018 年
负债总额/万元（1）	86 854.99	117 621.39
所有者权益总额/万元（2）	63 241.08	98 501.98
产权比率（3）=（1）÷（2）	137.34%	119.41%

从表 7-5 可以看出，ABC 公司 2018 年的产权比率与 2017 年相比下降了 17.93%，其下降的幅度不大。但该公司两年的产权比率均大于 100%，说明该公司的资金主要来自债权人，整体的偿债能力较弱。结合前面的一般分析以及短期偿债能力分析来看，该公司的流动负债比例较大，短期偿债能力较低。同时进一步说明该公司财务结构的稳健性较低，债权人的保障程度较低，财务风险较大。如果 ABC 公司能降低流动负债的比例，则有利于提高公司的整体偿债能力，降低财务风险。

3. 权益乘数

权益乘数是资产总额对所有者权益总额的倍数，表明每 1 元股东权益拥有的资产额。

$$权益乘数 = 资产总额 \div 所有者权益总额$$

$$权益乘数 = \frac{资产总额}{所有者权益总额} = \frac{所有者权益总额 + 负债总额}{所有者权益总额} = 1 + 产权比率$$

$$权益乘数 = \frac{资产总额}{所有者权益总额} = \frac{资产总额}{资产总额 - 负债总额} = \frac{1}{1 - 资产负债率}$$

产权比率和权益乘数是资产负债率的另外两种表现形式和补充说明，它们和资产负债率的性质是一样的，可以结合使用。产权比率和权益乘数是两种常用的财务杠杆比率。权益乘数较大一般会导致企业财务杠杆率较高，财务风险较大，因此企业必须寻求一种最佳的资本结构。

4. 长期资本负债率

长期资本负债率是指非流动负债占长期资本的百分比，其中长期资本是指非流动负债与所有者权益的总和。长期资本负债率的计算公式如下：

$$长期资本负债率 = \frac{非流动负债}{非流动负债 + 所有者权益} \times 100\%$$

长期资本负债率反映企业的长期资本结构。由于流动负债的金额经常变化，资本结构管理大多使用长期资本结构。该比率越低，长期偿债压力越小，偿债能力越强。

长期负债与营运资金比率是指长期负债与营运资金的百分比，其计算公式如下：

$$长期负债与营运资金比率 = \frac{长期负债}{流动资产 - 流动负债} \times 100\%$$

一般情况下,长期负债不应超过营运资金。长期债务会随着时间延续不断变成短期债务,并用流动资产来偿还。长期债务不超过营运资金,就不会因为这种转化而造成流动资产小于流动负债的情况,从而使长期债权人和短期债权人感到贷款有安全保障。

5. 利息保障倍数

利息保障倍数又称已获利息倍数,是息税前利润与利息费用的比值,反映公司获利能力对企业所产生的利息的偿付保证程度。利息保障倍数是衡量企业付息能力的重要流量指标,是企业信用评级的重要指标。计算公式为:

$$利息保障倍数 = \frac{息税前利润}{利息费用} = \frac{净利润 + 所得税费用 + 利息费用}{利息费用}$$

实际应用中,结合利润表实际情况,简化为:

$$利息保障倍数 = \frac{利润总额 + 财务费用}{财务费用}$$

公式中的"利息费用"是指本期全部费用化的利息,既包括利润表中的财务费用,也包括计入资产负债表的资本化的利息的本期费用化金额。在实务中,如果资本化利息金额较小,则可以用"财务费用"代替分子分母的利息费用。

长期债务不需要每年还本,但需要每年付息。利息保障倍数就是表明每1元利息支付有多少倍的息税前利润作为保障,可以反映债务政策的风险大小。利息保障倍数越大,利息支付越有保障。如果连利息支付都存在问题,那么偿还本金的可能性变更低了。该比值至少应大于1,标准值为3~4倍。若利息保障倍数小于1,表明自身产生的经营收益不能支持现有的债务规模。利息保障倍数等于1也很危险,因为息税前利润受经营风险的影响并不稳定,而利息支付却是固定的。利息保障倍数越大,公司拥有的偿还利息的缓冲资金越多。从长期看,应选择连续多个会计期间进行比较,以说明企业付息能力的稳定性。

三、影响长期偿债能力的表外因素

1. 租赁活动

当企业急需设备厂房而又缺乏资金时,可以通过租赁的方式解决。租赁一般分为融资租赁和经营租赁。融资租赁的负债和资产会显示在资产负债表中,而经营租赁的负债却没有显示在资产负债表中。但是,企业长期进行经营租赁并且金额比较大也具有一定的融资性质,因此这类经营租赁也是一种表外融资,会影响企业的长期偿债能力。

2. 或有事项

或有事项是指过去的交易或者事项形成的,其结果须由某些未来事件的发生或不发生才能决定的不确定事项。常见的或有事项有未决诉讼或仲裁、债务担保等。例如,未决诉讼如果判决失败就会影响企业的偿债能力,因此在评价时应该考虑其影响。这类或有负债具有后果严重、金额巨大等特点,通常应采用概率统计分析方法,按照一定的概率区间进行判断。

3. 债务担保

对于弱势客户,担保措施是银行授信的前提条件。在经济活动中,企业可能会以本企业的资产为其他企业提供法律上的担保,但这种担保责任却未能反映于财务报表之中。在分析时应该结合相关材料判断担保责任带来的长期负债问题，从而正确衡量企业的长期偿债能力。

本章小结

偿债能力是指企业偿付各种到期债务的能力。偿债能力分析有利于债权人进行正确的信贷决策，有利于投资者进行正确的投资决策，有利于经营管理者进行正确的经营决策。偿债能力分析包括短期偿债能力分析和长期偿债能力分析。其中短期偿债能力又称流动性评价，长期偿债能力又称为风险性评价，它们共同构成企业财务分析的重要组成部分。依据主要财务报表，短期偿债能力分析的基本财务指标有营运资本、流动比率、速动比率、现金比率、现金流动负债比等，主要反映企业偿还短期负债的能力；长期偿债能力分析的基本财务指标有资产负债率、产权比率、权益乘数、长期资本负债率、利息保障倍数等，主要反映企业偿还长期债务的能力。此外，在偿债能力分析中，还应注意对影响短期偿债能力和长期偿债能力的表外因素加以分析，只有这样才能得出可靠的结论。

思考题

1. 什么是营运资本？在财务分析中应注意哪些问题？
2. 速动比率计算中为何要将存货扣除？
3. 短期偿债能力分析体系包含哪些具体指标？指标之间有何内在关系？
4. 请从企业、经营者、投资者、债权人的角度分别论述对资产负债率指标的认识。
5. 为什么债权人认为资产负债率越低越好，而投资人认为应保持较高的资产负债率？
6. 利息保障倍数有何作用？运用其分析评价时应注意哪些问题？
7. 短期偿债能力和长期偿债能力之间有何区别与联系？
8. 从财务比率的角度谈谈如何做好企业的融资决策？
9. 企业的利益相关各方为何重视短期偿债能力？

同步练习

一、单项选择题

1. 下列业务中，能够提高企业短期偿债能力的是（　　）。
   A. 用银行存款购置厂房　　　　　　B. 从商业银行取得长期贷款
   C. 用短期借款购置固定资产　　　　D. 向股东发放股票股利
2. 关于流动比率，下列说法不正确的有（　　）。
   A. 流动比率过低，说明企业可能有清偿到期债务的困难
   B. 流动比率过高，说明企业有较多不能盈利的闲置流动资产
   C. 是衡量短期偿债能力的唯一指标
   D. 流动比率以 2:1 比较合适
3. 某企业 2004 年年末流动资产为 200 万元，其中存货 120 万元，应收账款净额 20 万

元，流动负债 100 万元，计算的速动比率为（　　）。

　　A. 0.2　　　　　　B. 0.8　　　　　　C. 0.6　　　　　　D. 0.5

4. 某企业流动资产年末数为 529 150 元，存货年末数为 312 500 元，流动负债年末数为 168 150 元，则该企业速动比率为（　　）。

　　A. 1.288　　　　　B. 2.288　　　　　C. 1.693　　　　　D. 3.147

5. 较高的现金比率一方面会使企业资产的流动性增强，另一方面也会带来（　　）。

　　A. 存货购进的减少　　　　　　　　B. 销售机会的丧失

　　C. 利息费用的增加　　　　　　　　D. 机会成本的增加

6. 若某企业资产负债率的指标值已经大于 100%，则说明（　　）。

　　A. 企业资本结构正常

　　B. 企业已资不抵债，已达到破产警戒线

　　C. 企业充分利用了借入资金，且无风险

　　D. 资产总额的绝大多数是所有者的权益投资

7. 下列各项中，会导致企业资产负债率下降的是（　　）。

　　A. 收回应收款项　　　　　　　　　B. 计提资产减值准备

　　C. 盈余公积转增资本　　　　　　　D. 接受股东追加投资

8. 某企业的流动资产为 360 000 元，长期资产为 4 800 000 元，流动负债为 205 000 元，长期负债为 780 000 元，则资产负债率为（　　）。

　　A. 15.12%　　　　B. 19.09%　　　　C. 16.25%　　　　D. 20.52%

9. 盛大公司年末资产总额为 9 800 000 元，负债总额为 5 256 000 元，计算产权比率为（　　）。

　　A. 1.16　　　　　B. 0.54　　　　　C. 0.46　　　　　D. 0.86

10. 产权比率与权益乘数的关系是（　　）。

　　A. 产权比率 × 权益乘数 = 1　　　　B. 产权比率 + 权益乘数 = 1

　　C. 产权比率 + 1 = 权益乘数　　　　D. 权益乘数 = 1 ÷（1 – 产权比率）

11. 权益乘数表示企业的负债程度，权益乘数越低，企业的负债程度（　　）。

　　A. 越高　　　　　B. 越低　　　　　C. 不确定　　　　D. 为零

12. 某公司年末总资产为 100 万元，流动负债为 20 万元，长期负债为 40 万元，则权益乘数为（　　）。

　　A. 0.6　　　　　B. 1.5　　　　　C. 2.5　　　　　D. 2

13. 甲公司当年税前利润 74 000 元，利息费用 4 000 元，则利息保障倍数为（　　）。

　　A. 11.5　　　　　B. 12.5　　　　　C. 14.5　　　　　D. 19.5

14. 某企业经营活动现金净流量为 80 万元，流动负债为 120 万元，流动资产为 160 万元，则该企业经营活动净现金比率为（　　）。

　　A. 50%　　　　　B. 66.67%　　　　C. 133.33%　　　　D. 200%

二、多项选择题

1. 如果流动比率过高，意味着企业存在以下几种可能（　　）。

　　A. 存在闲置现金　　　　　　　　　B. 存在存货积压

C. 应收账款周转缓慢　　　　　　　　D. 偿债能力很差

2. 对速动比率指标，下列表述正确的有（　　）。

A. 指标值大于1，说明企业偿债能力越差

B. 企业速动资产与流动负债之间的比率关系

C. 经验理想值为1，说明企业有偿债能力

D. 衡量企业流动资产中可以立即用于偿还流动负债的能力

3. 影响长期偿债能力的表外因素有（　　）。

A. 担保责任　　　B. 融资租赁　　　C. 未决诉讼　　　D. 票据贴现

4. 只是改变企业的资产负债比例，不改变原有的股权结构的筹资方式包括（　　）。

A. 短期借款　　　B. 发行债券　　　C. 吸收投资　　　D. 接受捐赠

E. 赊购原材料

5. 造成流动比率不能正确反映偿债能力的原因有（　　）。

A. 季节性经营的企业，销售不均衡　　B. 大量使用分期付款结算方式

C. 年末销售大幅度上升或下降　　　　D. 大量的销售为现销

E. 存货计价方式发生改变

6. 影响企业短期偿债能力的表外因素有（　　）。

A. 可动用的银行贷款指标　　　　　　B. 准备很快变现的长期资产

C. 偿债能力的声誉　　　　　　　　　D. 未决诉讼形成的或有负债

E. 为其他单位提供债务担保形成的或有负债

7. 已获利息倍数的大小与（　　）因素有关。

A. 营业利润　　　B. 利润总额　　　C. 净利润　　　D. 利息支出

E. 所得税费用

8. 在下列各项指标中，可用于分析企业长期偿债能力的有（　　）。

A. 产权比率　　　B. 流动比率　　　C. 速动比率　　　D. 资产负债率

9. 某公司当年的税后利润很多，却不能偿还到期债务。为查清其原因，应检查的财务比率包括（　　）。

A. 资产负债率　　B. 流动比率　　　C. 存货周转率　　D. 应收账款周转率

E. 已获利息倍数

三、判断题

1. 酸性测试比率也可以被称为现金比率。（　　）
2. 当发现企业的固定资产的平均寿命延长时，通常表示该公司的固定资产偿债质量上升。（　　）
3. 采用大量现金销售的商店，速动比率大大低于1是很正常的。（　　）
4. 现金比率可以反映企业随时还债的能力。（　　）
5. 承诺是影响长期偿债能力的其他因素之一。（　　）
6. 一般情况下，长期资产是偿还长期债务的资产保障。（　　）
7. 企业负债比例越高，财务杠杆系数越大，财务风险越大。（　　）
8. 债务偿还的强制程度和紧迫性被视为负债的质量。（　　）

9. 如果企业有良好的偿债能力的声誉,也能提高短期偿债能力。（   ）
10. 在评价企业长期偿债能力时,不必考虑经营租赁对长期偿债能力的影响。（   ）
11. 企业的资本结构应随着经营和理财业务的变化适时调整和改变。（   ）
12. 流动比率越高的企业,其流动资产比率也越高。（   ）
13. 一个公司的流动比率为1.85,说明这个公司有偿付短期债务的问题。（   ）
14. 当企业的流动比率小于1时,赊购原材料将会降低流动比率。（   ）
15. 如果资产负债率大于50%,说明长期偿债能力很强,财务风险很低。（   ）

四、综合分析题

1. Y公司年末产权比率为0.8,流动资产占总资产的40%。该公司资产负债表中的负债项目如表7-6所示。要求计算下列指标:①所有者权益总额;②流动资产和流动比率;③资产负债率;④根据计算结果分析Y公司的偿债能力。

表7-6 Y公司资产负债项目   单位:万元

负债项目	金额	负债项目	金额
流动负债:		流动负债合计	16 000
短期借款	2 000	非流动负债:	
应付账款	3 000	长期借款	12 000
预收账款	2 500	应付债券	20 000
其他应付款	4 500	非流动负债合计	32 000
一年内到期的长期负债	4 000		

2. H公司年末资产负债表部分信息如表7-7所示:①期末流动比率1.5;②期末资产负债率50%;③本期存货周转率4.5次;④本期营业成本315 000元;⑤期初期末存货不变。

要求:根据上述资料,计算资产负债表中空缺项目的金额。

表7-7 H公司资产负债表   单位:元

资产	金额	负债及所有者权益	金额
货币资金	25 000	应付账款	
应收账款		应交税费	25 000
存货		非流动资产	
固定资产	294 000	实收资本	300 000
		未分配利润	
总计	432 000	总计	

3. 案例分析:

资料1:美国通用公司是全球最大的汽车公司,却在2009年6月1日正式向纽约南区联邦破产法院递交破产保护申请。在其所递交的资产报告中,通用的总资产为823亿美元,债务总额为1 728亿美元,通用因此成为美国乃至世界历史上申请破产的最大的工业企业。为确保通用在破产保护下继续运营,美国政府提供给通用约300亿美元的资金援助。通过破产保护程序,通用将其主要优质资产出售给新成立的通用公司。

2005年第四季度,通用公司的亏损是48亿美元。2005年全年的亏损高达86亿美元。2006年,通用继续亏损,但情况有所好转,为19.7亿美元。2007年,通用财报显示,亏损高达387亿美元。2008年第二季度,通用汽车的市值降到自1929年以来的最低水平,11月10日,德意志银行将通用的股票从"持有"转为"出售"。2009年2月20日,通用汽车的收盘市值仅约10亿美元,而当天中国的东风汽车收盘价为4.2元,按总股本20亿股来计算,东风汽车的市值已经超过了通用汽车。

2005年以来,通用汽车公司对其他汽车生产厂家的一系列并购和重组并不成功,在小型车研发方面也落后于亚洲、欧洲同行。其麾下的通用汽车金融公司在这中间扮演了重要角色。为了刺激汽车消费,争抢潜在客户,美国三大汽车巨头均通过开设汽车金融公司来给购车者提供贷款支持。这种方式在短期内增加了汽车销量,收取的高额贷款利息还增加了汽车公司的利润,但也产生了巨大的金融隐患。由美国次贷问题引发的金融危机给美国汽车工业带来了沉重的打击,汽车行业成为次贷风暴的重灾区。2008年以来,美国的汽车销量也像住房市场一样,开始以两位数的幅度下滑,汽车市场首当其冲进入销售寒冬,通用资金流出现枯竭。但通用错失良机,未能如竞争对手福特那样在信贷市场冻结前筹措到足够资金。金融危机成了压垮通用的最后一根稻草。

资料2:吉利汽车控股有限公司是一家民营的港股上市公司,主要业务为制造及分销汽车及汽车零部件。浙江吉利控股集团有限公司总部设在浙江省省会城市杭州,在临海、宁波、台州、上海建有4个专门从事汽车整车和汽车零部件生产的制造基地。

受到经济与能源危机的双重夹击,福特自2005年年底以来亏损严重。美国著名信用评级机构穆迪公司将汽车巨头福特的信用评级降至垃圾级。2006年福特创下有史以来最严重的亏损约127亿美元。于是福特决定缩减规模,主要发展福特品牌,并提出口号"一个福特,一个团队"。

2007年,福特以8.5亿美元的价格将阿斯顿·马丁品牌及产品线出售给英国的一个投资集团。2008年,福特以23亿美元的价格将捷豹、路虎品牌及产品线打包出售给印度的塔塔集团。同年,福特将其持有的20%的马自达股份出售,持股降低至13.4%。沃尔沃汽车公司位于瑞典的哥德堡,是北欧最大的汽车企业,也是瑞典最大的工业企业集团,世界20大汽车公司之一。福特公司花了64亿多美元收购沃尔沃,后又投入数十亿美元,但沃尔沃并没有给福特公司带来相应的回报。沃尔沃轿车在被福特收购后销售额在过去数年来一直下滑,2005—2010年更是连续5年亏损,每年的亏损额均在10亿美元以上,2008年的金融危机更使沃尔沃亏损加剧。

2008年9月以来,有着158年辉煌历史的雷曼兄弟公司轰然倒下,美林集团易主美国银行,大摩也寻求合并,美国最大储蓄银行——华盛顿互惠银行也在为避免破产苦寻买主……受这次金融风暴影响,西方各国经济普遍陷入衰退,而福特公司也因此债务缠身。福特公司选择吉利,实际上是选择了中国。

中国政府众多政策的支持为吉利集团收购沃尔沃公司提供了条件:①我国实行"走出去"战略。国务院推出《关于鼓励支持和引导个体私营等非公有制经济发展的若干意见》

等文件大力鼓励民营企业走出去,鼓励有条件的企业对外投资和跨国经营,加大信贷、保险、外汇等支持力度,加强对"走出去"企业的引导和协调。②我国企业实行海外的并购都要在发改委备案。沃尔沃认识到要走出困境,眼下最大的机遇就是借助中国市场。当吉利在发改委备案后,沃尔沃如果要选择中国,就只能选吉利。③国内政策性银行加大对境外投资的支持力度,在防范风险的基础上,简化境外投资的审批程序。我国在外汇储备存量较高和人民币汇率升值后,放宽了对外投资,这也为吉利集团收购沃尔沃提供了经济保证。至少有3家大型中资银行同意向吉利贷款,其中包括中国银行、中国建设银行及中国进出口银行。④国家出台的《汽车产业调整和振兴规划》明确指出:"以结构调整为主线,推进汽车企业兼并重组。"兼并重组有多种形式,不仅是国内企业之间的兼并重组,也要利用国际金融危机带来的机遇并购海外的汽车企业。

在沃尔沃之前,吉利已经成功操作了两起跨国并购案:①2006年10月控股英国锰铜;②2009年3月全资收购全球第二大的澳大利亚自动变速器公司。这两起并购案里面不乏供应商体系、技术知识产权的谈判和资本运作、文化冲突方面对吉利的考量,为吉利提供了宝贵的并购经验,尤其是资本运作手法堪称经典。"这两个项目并购都是直接用海外资金,用并购的资产做抵押向海外银行贷款,或者在海外资本市场发债、发股。"

2009年9月23日,吉利向高盛集团的一家联营公司定向发行可转换债券和认股权证,募得资金25.86亿港元(约合3.3亿美元)。2009年11月27日,吉利汽车以1.285亿元从母公司吉利控股集团手中收购部分生产线和机器后又通过增发换股的方式逐步将吉利集团旗下的汽车资产悉数注入上市公司。

2010年3月28日,吉利汽车在瑞典哥德堡与福特汽车公司签署了正式收购沃尔沃的协议,从而为这场历时一年多的并购"马拉松"画上了句号,同时18亿美元的收购价也创造了中国民营企业迄今为止金额最大的海外汽车收购案。

2010年8月2日,吉利控股集团董事长李书福和福特首席财务官刘易斯·布思在英国伦敦共同出席交割仪式。中国浙江吉利控股集团有限公司同日在伦敦宣布,已经完成对美国福特汽车公司旗下沃尔沃轿车公司的100%股权收购。

2011年7月27日,吉利汽车的股东吉利集团发布消息称,公司合并沃尔沃轿车后,货币资产为210亿元人民币,预计2011年合并销售收入达1 500亿元。此前,有媒体质疑吉利的负债率为73.4%,认为吉利面临偿债压力。吉利集团就此回复称,欧美大型汽车企业的资产负债率一般保持在70%~80%,甚至更高,中国500强企业平均资产负债率为79.8%。公开资料显示,吉利集团2011年6月份已经发行债券并融资10亿元。

问题:
(1) 如何从财务角度来界定企业破产?偿债能力和企业的持续经营有何重要关系?
(2) 通用和福特公司分别采用了哪些方法来改善亏损的财务状况?
(3) 衡量长期偿债能力的指标有哪些?
(4) 吉利收购沃尔沃后的债务结构对企业的财务风险有何影响?
(5) 怎样对吉利集团的公司债券的信用质量进行评价?
(6) 债权人能否借助企业的外部信用评级来对企业的违约概率加以预测?

第八章 营运能力分析

引 言

企业通过各种投资活动将资金配置成为与生产经营相关的各类资产组合,并通过对资产的使用和管理实现经营成果的产出和企业的价值增值。基于企业一定时期内经济资源的有限性,资产组合的管理水平和营运效率就成为企业提高经济效益的关键。营运能力分析能从不同的层面分析企业的营运效率,便于将企业经营管理水平的问题具体地分解到各类资产管理部门,可进一步从财务的角度分析如何通过具体措施提高各类资产的实际管理水平。营运能力分析中有关收益的数据可以从利润表中取得,有关资产的各类数据可以从资产负债表中取得,但是要注意时期数据和时点数据的匹配问题。

通过本章的学习,要求理解营运能力的概念内涵、影响因素、分析的目的和内容;理解营运能力指标体系构建的通用方法;理解流动资产周转率及其指标体系;掌握应收账款周转率、存货周转率及营业周期的计算和分析;理解非流动资产周转率及其指标体系;了解固定资产周转率指标的计算分析及影响因素;掌握总资产周转率指标的计算及作用。

本章的教学重点是营运能力的概念内涵、流动资产周转率、应收账款周转率、存货周转率及营业周期的计算和分析,总资产周转率指标的计算及作用。

本章的教学难点是结合资产负债表和利润表信息,合理运用有关营运能力指标来分析企业的总体经营效率,并结合偿债能力指标对企业营运能力进行综合分析。

第一节 营运能力分析概述

一、营运能力的概念

营运能力主要是指企业营运资产的效率与效益,企业营运资产的效率主要是指资产的周转率或周转速度;企业营运资产的效益主要是指企业的产出额与资产占用额之间的比率。企业营运能力分析又称经营效率评价,是通过对反映企业资产营运效率与效益的指标进行计算与分析,评价企业资产的营运与管理能力,为企业提高经济效益指明方向。

二、营运能力的影响因素

影响企业营运能力的因素主要有以下几点:

第一,企业所处的行业。企业所处的行业和经营背景会影响企业的资产周转效率。一般来说,落后的、传统的行业资产周转效率相对较低。例如,传统的制造行业资产周转效率就比较低,而服务业资产周转效率相对较高。

第二,企业的经营周期。企业经营周期的长短也会影响企业的资产周转效率。一般来说,在同一行业中,经营周期越短,资产流动性越强,资产运用效率就越高,企业取得的收益就越多。

第三,企业资产结构和资产质量。在企业资产总量已定的情况下,非流动资产所占比重越大,资产的周转速度就越慢。同时,如果企业存在问题资产或者资产质量不高也会影响资产周转效率。

第四,资产的管理力度。资产管理力度会影响企业的资产周转效率。企业资产管理力度比较大,会使企业资产结构优化,资产质量提高,从而加快企业资产的周转效率。

三、营运能力分析的目的

营运能力分析的目的主要包括以下内容:

第一,营运能力分析可以发现企业资产营运中存在的问题,并反映企业对现有资产的管理水平和使用效率。通过营运能力指标的计算,并且对指标进行横向、纵向对比,可以发现企业资产营运过程中存在的问题,帮助企业制定合适的方案来解决问题,提高企业的资产使用效率。营运能力分析是对企业现有资产营运能力进行的分析,通过分析可以了解到企业资产的周转效率、使用效率,从而可以了解企业对其拥有资产的管理水平和使用效率。

第二,营运能力分析是盈利能力分析和偿债能力分析的基础与补充。资产结构中流动性及变现能力强的资产所占的比重越大,企业的偿债能力越强,企业存量资产的周转速度越快,企业实现收益的能力也越强。这就说明,企业营运能力是企业偿债能力和盈利能力的保障。

四、营运能力分析的内容

按照资产的流动性,企业营运能力分析的内容主要包括3个方面,即流动资产营运能力分析、固定资产营运能力分析和总资产营运能力分析。流动资产营运能力分析主要是分析企业在经营管理活动中运用流动资产的能力。流动资产营运能力指标主要有应收账款周转率、存货周转率、营业周期、流动资产周转率等。非流动资产是企业营运的物质基础,其投资能否收回取决于企业的使用效率。对非流动资产使用效率影响最大的是固定资产,所以,非流动资产营运能力分析主要分析固定资产的使用情况和周转速度。总资产营运能力分析主要是总资产周转速度的分析;总资产周转速度可以用来分析企业全部资产的使用效率,是企业全部资产利用效果的综合反映。

第二节　流动资产营运能力分析

流动资产营运能力分析主要包括应收账款周转情况分析、存货周转情况分析和流动资产周转情况分析。

一、应收账款周转率计算分析

1. 应收账款周转率

应收账款周转率是指一定时期内营业收入与应收账款平均余额之间的比值，表明应收账款的流动性。其计算公式为：

$$应收账款周转率 = 营业收入 \div 应收账款平均余额$$

$$应收账款平均余额 = （期初应收账款 + 期末应收账款）\div 2$$

对于企业的内部经营管理者而言，取得赊销收入净额的数据，应该用赊销收入净额代替营业收入进行计算。营业收入应该减去销售退回、销售折让、销售折扣等计算净额。因此上述公式可简化为：

$$应收账款周转率 = 赊销收入净额 \div 应收账款平均余额$$

应收账款周转率一般用来反映企业应收账款变现速度和管理效率，反映企业资产和利润的质量。一般来说，应收账款周转率越高，说明企业收款速度越快，企业资金的流动性越强。

2. 应收账款周转天数

$$应收账款周转天数 = 360 \div 应收账款周转率 = 360 \times \frac{应收账款平均余额}{营业收入}$$

应收账款周转天数是企业从取得应收账款的权利到收回款项、转换为现金所需要的时间。应收账款周转天数越短，说明企业应收账款的流动性越强。一般来说，对应收账款周转率和周转天数分析时要逐一进行横向和纵向比较。一般以同行业的平均水平或者标杆企业的平均水平作为判断标准。

【例 8-1】

ABC 公司应收账款周转率计算如表 8-1 所示。

表 8-1　ABC 公司应收账款周转率计算　　　　　单位：万元

项　目	2017 年	2018 年
营业收入（1）	60 834 136	69 628 669
期初应收账款①	5 515 144	6 603 270
期末应收账款②	6 603 270	7 854 013
平均应收账款余额（2）=（①+②）÷2	6 059 207	7 228 642
应收账款周转率/次（3）=（1）÷（2）	10.04	9.63
应收账款周转天数/天（4）=360÷（3）	36	37

3. 影响应收账款周转率的因素分析

影响应收账款周转率的因素有以下几种：

（1）企业信用政策的选择。如果企业采用宽松的信用政策，那么期末应收账款的账面余额就比较大，应收账款周转率就越小；如果企业采用紧缩的信用政策，那么期末应收账款的账面余额就比较小，应收账款周转率就比较大。企业信用政策的选择会直接影响企业应收账款的账面余额，从而影响应收账款周转率。

（2）企业计提坏账的比例。企业计提坏账比例的不同也会影响企业应收账款期末余额的大小。如果坏账比例比较大，则应收账款期末账面余额就比较小，应收账款周转率就会较大；反之，期末应收账款的期末余额就会比较大，应收账款周转率就会较小。计提坏账比例不同会直接影响企业的应收账款周转率。

（3）应收票据是否纳入应收账款。有的资料在计算应收账款周转率的时候把应收票据也纳入应收账款的范围，认为应收票据也是应收账款的另一种形式。若将应收票据纳入应收账款中，则应收账款周转率会比只计算应收账款小。

二、存货周转率计算分析

1. 存货周转率

存货周转率是指一定时期内营业成本与存货平均余额的比率，可以反映存货的流动性，其计算公式为：

$$存货周转率 = 营业成本 \div 存货平均余额$$

$$存货平均余额 = （期初存货 + 期末存货） \div 2$$

如果没有营业成本的数据，也可以用营业收入代替：

$$存货周转率 = 营业收入 \div 存货平均余额$$

一般来说，如果是有利的经营，存货周转率越快，企业的获利能力就越大。如果企业的存货周转率很慢，说明企业的产品有可能滞销，企业经营能力欠佳。如果企业是季节性生产企业，那么存货周转率的计算就应该以季度、月度来计算平均存货余额。

但存货周转率也不是越高越好。因为存货周转率过高，也可能是由于存货水平太低，甚至经常缺货，或者采购次数过于频繁、批量太小等，这说明企业管理方面存在一些问题。因此，合理的存货周转率应视产业特征、市场行情及企业自身特点而定。企业存货过多会浪费资金，存货过少不能满足流转需要。存货周转率的高低与企业的行业特点、经营策略紧密相关。例如，房地产企业的营业周期相对要长于生产制造企业，因而其存货周转率通常要低于制造企业的平均水平；制造企业的营业周期又相对长于商品流通企业，使得制造企业的存货周转率通常低于商品流通企业的平均水平。存货周转率与企业经营特点具有这种内在相关性，因此在对存货周转率进行比较分析时，应进行趋势分析、同行业分析及影响因素分析，在此基础上做出合理的判断。

2. 存货周转天数

$$存货周转天数 = 360 \div 存货周转率 = 360 \times \frac{平均存货余额}{营业成本}$$

存货周转天数是指企业从取得存货到销售存货所经历的天数，周转天数越短，企业存货的变现能力越强。

【例 8-2】

ABC 公司存货周转率计算如表 8-2 所示。

表 8-2　ABC 公司存货周转率计算　　　　　　　　　　单位：万元

项　目	2017 年	2018 年
营业成本（1）	44 534 509	58 108 009
期初存货余额①	7 688 762	8 471 568
期末存货余额②	8 471 568	11 956 117
平均存货余额（2）=（①+②）÷2	8 080 165	10 213 843
存货周转率/次（3）=（1）÷（2）	5.51	5.69
存货周转天数/天（4）=360÷（3）	65	63

3. 影响存货周转率的因素分析

影响存货周转率的因素有以下几种：

（1）存货计价方法的选择。采用不同的存货计价方法会导致期末存货余额不同。例如，在采用先进先出法的情况下，期末存货余额会比采用加权平均法下期末存货的余额高，这就会导致存货周转率计算产生差异。

（2）企业的经营期间。如果企业是季节性经营的，那么采用年初和年末的余额来计算平均余额就会产生误差，会低估存货的平均余额，因此应该采用季度余额、月度余额来进行平均存货余额的计算。

（3）存货内部结构。根据存货的内部结构及影响存货周转速度的重要项目分析，可以分别计算原材料周转率、在产品周转率等具体指标。

（4）计算口径。财务报表中的存货是扣除存货跌价准备后的净额列示，而营业成本是按实际销售存货的账面价值结转，应注意计算口径的一致问题。

三、营业周期及 OPM 策略[1] 分析

营业周期是指企业从取得存货开始到销售商品并收到现金为止之间的时间间隔。因此营业周期应该是应收账款周转天数加上存货周转天数。即：

营业周期 = 存货周转天数 + 应收账款周转天数

营业周期越短，说明企业完成一次经营活动所需要的时间越短，则资产的流动性越强。在同样的时期内存货流动顺畅，应收账款回收周期短，意味着销售次数增多和销售收入的增加，说明企业资产的使用效率和管理水平高。对营业周期指标进行应用分析时，可以与同行业平均或典型水平进行比较，或者同企业以往各期的营业周期进行比较。分析营业周期指标

---

[1] OPM 战略即 Other People's Money，是指企业充分利用做大规模的优势，增强与供应商的讨价还价能力，将占用在存货和应收账款上的资金及资金成本转嫁给供应商的资本运营管理战略。本质上是一种创新的盈利模式。

时应该关注企业存货的计价方法、计提坏账准备的方法及现销收入与赊销收入之间的比例。

【例 8-3】

ABC 公司营业周期计算如表 8-3 所示。

表 8-3 ABC 公司营业周期计算   单位：天

项　目	2017 年	2018 年
应收账款周转天数①	36	37
存货周转天数②	65	63
营业周期③=①+②	101	100

在分析现金流量与财务弹性之间的关系时，还经常考虑到使用 OPM 策略的影响。企业在经营中不仅存在营业周期的时间间隔，在存货采购阶段还可以赊购的方式占用供应商企业的资金，推迟自身现金支付的时间，其本质就是在增强与供应商议价能力的基础上缩短自身的现金转化周期。用计算公式表示，即：

现金周转期 = 营业周期 – 应付账款周转天数

　　　　 = （存货周转天数 + 应收账款周转天数） – 应付账款周转天数

现金转化周期越短，表明企业的 OPM 策略越有效。这使得企业的财务弹性大大增加，而且有利于经营活动现金流量的增加。

四、营运资本周转率计算分析

营运资本周转率是指企业一定时期内营业收入与营运资本平均余额之比。该指标反映企业营运资本的运用效率，反映每投入 1 元营运资本所能获得的销售收入，同时也反映 1 年内营运资本的周转次数。用计算公式表示，即：

营运资本周转率 = 营业收入 ÷ 营运资本平均余额

一般而言，营运资本周转率越高，说明每 1 元营运资本所带来的销售收入越多，企业营运资本的运用效率也就越高。营运周转率指标将营运能力分析和偿债能力分析综合体现在一个指标之中，反映了营运能力与偿债能力之间的制约平衡关系。营运资本周转率的影响因素比较复杂，需要根据特定事项进行具体分析，还需要结合企业历史水平、同业平均水平或者同类企业进行对比分析。

五、流动资产周转率计算分析

1. 流动资产周转率

流动资产周转率是指一定时期内企业营业收入与流动资产平均余额的比值，其计算公式为：

流动资产周转率 = 营业收入 ÷ 流动资产平均余额

2. 流动资产周转天数

$$\text{流动资产周转天数} = 360 \div \text{流动资产周转率} = 360 \times \frac{\text{流动资产平均余额}}{\text{营业收入}}$$

【例 8-4】

ABC 公司流动资产周转率计算如表 8-4 所示。

表 8-4　ABC 公司流动资产周转率计算　　　　　　　　　单位：万元

项　目	2017 年	2018 年
营业收入（1）	60 834 136	69 628 669
期初流动资产（2）	44 526 118	48 223 466
期末流动资产（3）	48 223 466	51 179 235
流动资产平均余额（4）	46 374 792	49 701 351
流动资产周转率/次（5）=（1）÷（4）	1.31	1.40
流动资产周转天数/天（6）=360÷（5）	275	257

第三节　固定资产营运能力分析

一、固定资产周转率

固定资产周转率是指企业一定时期内营业收入与平均固定资产净值之间的比率，是反映固定资产利用效率的指标。其计算公式为：

$$固定资产周转率 = 营业收入 \div 平均固定资产净值$$

$$平均固定资产净值 = （期初固定资产净值 + 期末固定资产净值）\div 2$$

固定资产周转率表示在一个会计期间内每 1 元固定资产支持的营业收入。固定资产周转率越高，说明企业固定资产的利用效率越高，管理水平越好。在一定时期内固定资产提供的收入越多，说明固定资产投资得当，结构分布合理，营运能力较强；反之，则说明企业固定资产利用效率低，提供的生产经营成果不多，设备系闲置，未能物尽其用。

二、固定资产周转天数

固定资产周转天数表示在一个会计年度内固定资产转换成现金平均需要的时间，即平均天数。固定资产的周转次数越多，则周转天数越短；周转次数越少，则周转天数越长。

$$固定资产周转天数 = 360 \div 固定资产周转率 = 360 \times \frac{平均固定资产净值}{营业收入}$$

【例 8-5】

ABC 公司固定资产周转率计算如表 8-5 所示。

表 8-5　ABC 公司固定资产周转率计算　　　　　　　　　单位：万元

项　目	2017 年	2018 年
营业收入（1）	60 834 136	69 628 669
期初固定资产净值（2）	2 880 509	10 559 244
期末固定资产净值（3）	10 559 244	21 335 520

续表

项　目	2017 年	2018 年
平均固定资产净值（4）	6 719 877	15 947 382
固定资产周转率/次（5）=（1）÷（4）	9.05	4.37
固定资产周转天数/天（6）=360÷（5）	40	82

从表 8-5 可以看出，2018 年 ABC 公司固定资产周转率较 2017 年有所下降，周转天数增加了 1 倍多。主要原因是 2018 年企业增加了新的固定资产，导致平均固定资产净值大幅度增加，而营业收入增长幅度较小，从而导致固定资产周转率大幅下降。

三、影响固定资产周转率的因素分析

固定资产折旧的方法是影响固定资产周转率的主要因素。固定资产折旧方法的不同会导致企业固定资产净值的不同，从而引起固定资产周转率计算产生差异。例如，采用加速折旧方法计算出的固定资产周转率就比采用直线法计算出的固定资产周转率大。

第四节　总资产营运能力分析

总资产营运能力主要是指总资产周转率，是指一定时期内营业收入额同总资产平均额的比率。它是考察资产运营效率的一项重要指标，反映了全部资产的管理质量和利用效率。

一、总资产周转率

总资产周转率是营业收入与总资产的比值，其计算公式为：

$$总资产周转率 = 营业收入 \div 总资产平均余额$$
$$总资产平均余额 = （年初资产总额 + 年末资产总额） \div 2$$

该公式表明，增加销售收入、降低总资产占用额是提高总资产周转速度的有效途径。总资产周转率越快，说明总资产的利用效率越高。

二、总资产周转天数

$$总资产周转天数 = 360 \div 总资产周转率 = 360 \times \frac{总资产平均余额}{营业收入}$$

总资产周转天数表示总资产周转 1 次所需要的时间，也就是总资产转换成现金需要的时间。该公式表明，总资产周转天数越短，总资产的利用效率越高。

【例 8-6】

ABC 公司总资产周转率计算如表 8-6 所示。

表 8-6　ABC 公司总资产周转率计算　　　　　　　　单位：万元

项　目	2017 年	2018 年
营业收入（1）	60 834 136	69 628 669
期初资产总额（2）	53 478 057	74 014 316

续表

项 目	2017 年	2018 年
期末资产总额（3）	74 014 316	79 744 793
总资产平均余额（4）	63 746 187	76 879 555
总资产周转率/次（5）＝（1）÷（4）	0.95	0.91
总资产周转天数/天（6）＝360÷（5）	379	396

从表 8-6 可以看出，ABC 公司 2017 年和 2018 年的总资产周转率均小于 1，总资产周转天数都大于 365 天，而总资产周转率行业平均值为 1.26。这说明该公司总资产的周转速度低，公司应该逐项进行分析，找出影响总资产周转率的主要原因，制定正确的解决方案。

此外，总资产周转天数还可以按以下计算公式分解：

总资产周转天数＝流动资产周转天数＋非流动资产周转天数

本章小结

企业的各项经济资源具体表现为各种形式的资产，通过对资产的配置和组合作用来实现企业价值的增值，因此企业对资产的营运管理能力十分重要。企业对资产的经营管理效率和效益可以通过营运能力来反映，资产营运能力是企业利用现有资源创造效益的能力。企业的营运能力分析也称经营效率评价，主要指周转率和周转期指标。依据主要财务报表，营运能力基本财务比率体系主要有应收账款周转率、存货周转率、营业周期、流动资产周转率、固定资产周转率、营运资本周转率、总资产周转率等指标。企业的营运能力越强即资产管理水平越高，说明企业利用现有经济资源的配置和创造效益的能力越好。营运能力评价分析的数据主要来源于资产负债表和利润表的相关项目，通过对具体指标的计算与分析可判断企业资产管理的效果。

思考题

1. 营运能力分析的主要意义是什么？
2. 反映营运能力的指标有哪些？
3. 什么是营业周期？如何计算分析？
4. 对于不同报表使用人，衡量与分析资产运用效率有何重要意义？
5. 计算分析应收账款周转率、存货周转率指标时，应注意哪些问题？
6. 什么是流动资产周转率？
7. 什么是固定资产周转率？有何特点？
8. 什么是总资产周转率？该指标有何作用？

同步练习

一、单项选择题

1. 严格地说，计算应收账款周转率时应使用的收入指标是（   ）。
A. 主营业务收入　　B. 赊销净额　　C. 销售收入　　D. 营业利润

2. 资产运用效率，是指资产利用的有效性和（　　）。
   A. 完整性　　　　B. 充分性　　　　C. 真实性　　　　D. 流动性
3. 某公司本年销售收入净额为 58 520 万元，年末总资产占用额为 20 120 万元，年初总资产占用额为 16 500 万元，则总资产周转率为（　　）。
   A. 3.5 次　　　　B. 3.2 次　　　　C. 3.8 次　　　　D. 2.9 次
4. 某企业营业收入 870 000 元，流动资产期初余额为 520 100 元，期末余额为 529 150 元，则该企业流动资产周转率为（　　）。
   A. 1.673　　　　B. 1.681　　　　C. 1.658　　　　D. 1.644
5. 某企业期初存货 200 万元，期末存货 300 万元，本期产品销售收入为 1500 万元，本期产品销售成本为 1 000 万元，则该存货周转率为（　　）。
   A. 3.3 次　　　　B. 4 次　　　　C. 5 次　　　　D. 6 次
6. 企业的应收账款周转天数为 90 天，存货周转天数为 180 天，则简化计算营业周期为（　　）天。
   A. 90　　　　　　B. 180　　　　　C. 270　　　　　D. 360
7. 存货周转率的分子是（　　）。
   A. 营运资本　　　B. 存货的平均余额　　C. 营业成本　　　D. 营业收入
8. 某公司流动负债 60 万元，流动比率为 2，速动比率为 1.2，营业成本为 100 万元，年初存货为 52 万元，则本年度的存货周转率为（　　）。
   A. 2　　　　　　B. 2.5　　　　　C. 1.5　　　　　D. 0.8
9. 某企业年销售收入为 3 000 万元，其中销货退回、转让和折扣 30%，应收账款年初数为 199 万元，年末数为 398 万元，则应收账款周转率为（　　）。
   A. 4　　　　　　B. 5　　　　　　C. 6　　　　　　D. 7
10. 某公司 2005 年销售收入为 180 万元，销售成本 100 万元，年末流动负债 60 万元，流动比率为 2.0，速动比率为 1.2，年初存货为 52 万元，则 2005 年度存货周转次数为（　　）。
    A. 3.6 次　　　　B. 2 次　　　　　C. 2.2 次　　　　D. 1.5 次
11. 流动资产周转率的分母是（　　）。
    A. 现金及现金等价物　　　　　　B. 流动资产的平均余额
    C. 营业成本　　　　　　　　　　D. 营业收入
12. 总资产周转率的分子是（　　）。
    A. 资产总额　　　　　　　　　　B. 总资产的平均余额
    C. 营业成本　　　　　　　　　　D. 营业收入
13. 应收账款周转率提高意味着（　　）。
    A. 短期偿债能力增强　　　　　　B. 收账费用减少
    C. 收账迅速，账龄较短　　　　　D. 销售成本降低
14. 营业周期 =（　　）+ 应收账款周转天数
    A. 存货周转天数　　　　　　　　B. 存货订购天数
    C. 存货储存天数　　　　　　　　D. 存货运输天数

二、多项选择题

1. 计算存货周转率可使用以（　　）为基础的存货周转率。
   A. 主营业务收入　　B. 主营业务成本　　C. 其他业务收入　　D. 营业费用
   E. 其他业务成本

2. 可能导致应收账款周转率下降的原因主要有（　　）。
   A. 赊销的比率　　　　　　　　　　B. 客户故意拖延
   C. 企业的收账政策　　　　　　　　D. 客户财务困难
   E. 企业的信用政策

3. 存货周转率中（　　）。
   A. 存货周转次数多，表明存货周转慢　　B. 存货周转次数少，表明存货周转慢
   C. 存货周转天数多，表明存货周转慢　　D. 存货周转天数少，表明存货周转慢

4. 下列各项中，影响资产周转率的有（　　）。
   A. 企业所处行业　　B. 经营周期　　C. 管理力度　　D. 资产构成
   E. 财务政策

5. 企业存货周转率较上年有所加快，而企业的销售收入则负增长，可能是（　　）。
   A. 企业隐瞒了收入　　　　　　　　B. 企业虚增了成本
   C. 企业资金周转困难　　　　　　　D. 企业现金收取率下降

6. 分析企业营运能力的指标有（　　）。
   A. 存货周转率　　　　　　　　　　B. 流动资产周转率
   C. 速动比率　　　　　　　　　　　D. 总资产净利率

7. 总资产营运能力指标包括（　　）。
   A. 总资产周转率　　　　　　　　　B. 固定资产更新率
   C. 不良资产比率　　　　　　　　　D. 无形资产收益率

8. 反映企业的营运能力的计算公式，正确的如下（　　）。
   A. 流动资产周转率（次）＝流动资产平均余额÷主营业务收入净额
   B. 固定资产周转率（次）＝固定资产平均余额÷主营业务收入净额
   C. 流动资产周转率（次）＝主营业务收入净额÷流动资产平均余额
   D. 总资产周转率（次）＝主营业务收入净额÷资产平均余额

9. 反映营运能力的比率有（　　）。
   A. 存货周转天数　　　　　　　　　B. 应收账款周转次数
   C. 已获利息倍数　　　　　　　　　D. 市盈率
   E. 产权比率

三、判断题

1. 应收账款周转率用赊销额取代销售收入，反映资产有效性。（　　）
2. 营业周期越短，资产流动性越强，资产周转相对越快。（　　）
3. 一般情况下，周转率指标中的周转次数越高，表明营运能力越强。（　　）
4. 以收入为基础的存货周转率主要用于流动性分析。（　　）
5. 要使存货总成本最低，只需合理策划进货批量即可。（　　）

6. 一般来说，随着企业规模的不断扩大，流动资产的比重会相对降低。（ ）
7. 计算任何一项资产的周转率时，其周转额均为营业收入。（ ）
8. 为准确计算应收账款的周转效率，其周转额应使用赊销金额。（ ）
9. 应收账款周转率指标越高，销售增长就越快。（ ）
10. 企业固定资产的利用效率越高，闲置设备越少，管理水平越高。（ ）
11. 营业周期是存货周转天数与应收账款周转天数之和。（ ）

四、综合分析题

1. 宝华公司年末资产负债表部分信息资料如表8－7所示：
（1）年末流动比率1.8；
（2）产权比率0.6；
（3）以销售收入和年末存货计算的存货周转率为12次；
（4）以销售成本和年末存货计算的存货周转率为10次；
（5）本年毛利586万元。

要求：计算资产负债表中空缺项目的金额。

表8－7　宝华公司资产负债表　　　　　　　单位：万元

资产	金额	负债及所有者权益	金额
货币资金	34	应付账款	
应收账款净额		应交税金	36
存货		长期负债	
固定资产净额	364	实收资本	320
无形资产净值	26	未分配利润	
总计	568	总计	568

2. 某公司上年产品销售收入为6 624万元，全部资产平均余额为2 880万元，流动资产平均余额为1 152万元，本年销售收入达到7 203万元，全部资产平均余额为2 940万元，流动资产占全部资产的比重为45%。

要求：根据以上资料，计算上年和本年的总资产周转率。

第九章

盈利能力分析

引 言

　　企业与非营利组织的一个重要的区别就是企业具有盈利性。利润是企业创造价值的重要源泉，也是衡量企业经营绩效的最重要的指标，是财务分析内容重要的组成部分。企业的利润也是政府财政税收的重要来源之一。利润的稳定性、增长性和可靠性是评价企业利润质量的重要维度。企业的盈利能力对于所有利益相关者来说有重要的决策参考价值，但不同的主体关注的角度不同，所采用的指标也各有差异。盈利能力的分析主要基于权责发生制下的利润表中的数据，并将资产负债表、现金流量表中的数据结合起来，从不同的层面形成对企业盈利能力的评价指标体系。基于上市公司股票金融产品的公开交易原则和价值投资属性，形成了关于上市公司盈利能力的多种评价指标。

　　通过本章的学习，要求理解盈利能力的概念内涵、分析的目的和内容、影响因素；理解盈利能力指标体系的3个层面，即以营业收入为基础的营业盈利能力分析、以资产为基础的资产盈利能力分析及以投资为基础的投资盈利能力分析；理解各个层面的盈利能力内涵及其指标体系；掌握营业毛利率、营业利润率、营业净利率、销售息税前利润率、成本费用利润率等相关指标；掌握总资产报酬率、总资产净利率等相关指标的内涵及其公式应用；掌握净资产收益率这一重要指标的内涵及其指标的影响因素；理解以每股收益为代表的有关上市公司盈利能力分析的常用指标并能够区别不同的应用场景。

　　本章的教学重点是盈利能力的概念内涵，营业毛利率、营业利润率、营业净利率的计算及分析，总资产报酬率、总资产净利率、净资产收益率的计算及作用，每股收益指标的具体内涵及其计算分析。

　　本章的教学难点是结合利润表和资产负债表信息合理运用有关盈利能力指标来分析企业利润质量的可靠程度。

第一节　盈利能力分析概述

一、盈利能力分析的目的

盈利能力通常是指企业在一定时期内赚取利润的能力。无论是企业的经理人、债权人还是股东，都非常关心企业的盈利能力，并重视对利润率及其变动趋势的分析与预测。进行盈利能力分析的目的主要有以下几个方面。

1. 盈利能力分析可以反映和衡量企业经营业绩

企业经理人的根本任务，就是通过自己的努力使企业赚取更多的利润。各项收益数据反映着企业的盈利能力，也表现了经理人工作业绩的大小。用已达到的盈利能力指标与标准、基期、同行业平均水平、其他企业相比较，则可以衡量经理人工作业绩的优劣。

2. 盈利能力分析可以发现经营管理中存在的问题

盈利能力是企业各环节经营活动的具体表现，企业经营的好坏，都会通过盈利能力表现出来。通过对盈利能力的深入分析，可以发现经营管理中的重大问题，进而采取措施解决问题，提高企业收益水平。

3. 盈利能力分析可以帮助债权人判断企业偿债能力的强弱

对于债权人来讲，利润是企业偿债的重要来源，特别是对长期债务而言。盈利能力的强弱直接影响企业的偿债能力。企业举债时，债权人势必审查企业的偿债能力，而偿债能力的强弱最终取决于企业的盈利能力。因此，分析企业的盈利能力对债权人是非常重要的。

4. 盈利能力分析可以帮助投资者做出投资决策

在市场经济下，股东往往会认为企业的盈利能力比财务状况、营运能力更重要。股东们的直接目的就是获得更多利润，因为对于信用相同或相近的几个企业，人们总是将资金投向盈利能力强的企业。股东们关心企业赚取利润的多少并重视对利润率的分析，是因为他们的股息与企业的盈利能力是紧密相关的。此外，企业盈利能力增加还会使股票价格上升，从而使股东们获得资本收益。

二、盈利能力分析的内容

盈利能力分析是企业财务分析的重点和核心，它主要是对利润率的分析。我们对企业盈利能力的分析将从以下方面进行：①商品经营盈利能力分析包括收入利润率的分析和成本费用利润率的分析。②资产经营盈利能力分析的主要内容是总资产报酬率的分析。③上市公司盈利能力分析的内容是每股收益、每股净资产、股利发放率、市盈率。

三、盈利能力的影响因素

影响盈利能力的因素主要有以下几方面。

1. 资产的运转效率

资产运转效率不仅影响着企业的营运能力，还影响着企业的盈利能力。一般情况下，资产的运转效率越高，企业的营运能力越强，企业的盈利能力也会越强。所以，企业的资产运转效率与企业的盈利能力有着非常紧密的联系，资产运转效率对企业的盈利能力有着非常重要的影响。

2. 营销能力

营业收入尤其是主营业务收入是企业利润最重要的源泉，是企业发展的基础。企业的营销能力是扩大经营规模、增加营业收入的保证。科学有效的营销策略有助于形成良好的营业状况，为企业盈利提供最基本的条件。

3. 企业的利润结构

企业的利润由营业利润、投资收益和营业外收入构成。正常情况下，营业利润应该占利润的大部分。有些企业虽然利润很大，但是仔细分析后会发现主要是营业外收入支撑着企业的利润，这种靠非经常性收益构成的利润是不可靠的。因此，企业的利润结构对企业长期的盈利能力有非常重要的影响。

4. 国家的税收政策

国家的税收政策是国家进行宏观调控的手段，能有效地分配社会资源，调整产业结构。税收政策对企业的发展有很重要的影响，符合国家税收政策的企业能享受国家一系列的税收优惠，可以增强企业的盈利能力；不符合税收政策的企业则不享受税收优惠，不利于企业的盈利能力。因此，分析企业的税收环境对企业的盈利能力分析也是十分必要的。

第二节　商品经营盈利能力分析

商品经营就是企业以市场为导向，组织供产销活动。商品经营的目的是商品的盈利性和供产销的衔接。衡量商品经营盈利能力的指标有两类：一是收入利润率指标；二是成本费用利润率指标。

一、收入利润率指标

1. 营业毛利率

营业毛利率是指企业一定时期的营业毛利和营业收入之间的比率。营业毛利率表明每1元营业收入可以创造的毛利，是企业最终实现利润的基础。影响毛利率的因素主要有销售价格、营业成本和销售结构。其计算公式为：

$$营业毛利率 = \frac{营业毛利}{营业收入} \times 100\%$$

营业毛利等于营业收入减去营业成本，是分析企业利润质量的重要基础数据。毛利是企业获得利润的起点，是企业向各利益相关方进行现金流分配的起点。影响毛利变动的因素比较多，可以选取销售数量、销售单价、产品成本等主要因素对毛利变动进行因素分析，进而对各个因素进行定性分析并明确各部门的责任归属。

营业毛利率是反映公司利润获取能力的核心指标之一，能够直接反映公司竞争能力的强弱，具有比较明显的行业特征，例如，新兴行业和高科技行业毛利率普遍较高，这在一定程度上导致一些行业公司毛利率与净利率相差甚大。营业毛利率又与经济环境有相关关系，例如,资源类行业的毛利率变化就具有比较明显的周期性特点,同时也受到一定的产业政策环境的影响。

2. 营业利润率

营业利润率是指营业利润与营业收入之间的比率。营业利润率反映企业每1元营业收入带来多少营业利润,表明企业营业收入的收益水平。其计算公式为:

$$营业利润率 = \frac{营业利润}{营业收入} \times 100\%$$

营业利润中既包括企业运用经营类资产所取得的收益,也包括投资收益、公允价值变动收益等投资类资产取得的收益,因此营业利润率是对企业日常盈利能力的全面衡量。

3. 营业净利率

营业净利率是指净利润与营业收入之间的比率。营业净利率表明企业每1元营业收入带来多少净利润。其计算公式为:

$$营业净利率 = \frac{净利润}{营业收入} \times 100\%$$

营业净利率反映的是企业的销售收入最终获取税后利润的能力。净利润中包含了营业外收支和所得税的影响因素,因此该指标常常受到投资者的关注。

4. 营业现金比率

$$营业现金比率 = \frac{经营活动现金流量}{营业收入} \times 100\%$$

一般来说,该指标值越高,表明企业营业收入的收现能力越强,对应收账款的管理越好,坏账损失的风险越小。可使用该指标分别进行同业分析和历史分析,分析企业获取现金能力的变化趋势。

5. 销售息税前利润率

销售息税前利润率是指息税前利润与营业收入之间的比率。其计算公式为:

$$销售息税前利润率 = \frac{息税前利润}{营业收入} \times 100\%$$

【例9-1】

根据 ABC 公司利润表及其附表资料,结合营业利润率的计算公式,计算该公司2018年的营业利润率,如表9-1所示。

表9-1 ABC 公司营业利润率　　　　　　　单位:百万元

指　标	2017 年	2018 年
营业收入	23 046.83	27 930.22
营业利润	426.53	289.95
息税前利润	701.71	464.64
利润总额	505.88	290.61
净利润	442.10	262.65

续表

指标	2017 年	2018 年
营业利润率/%	1.851	1.038
营业净利率/%	1.918	0.940
销售息税前净利率/%	3.045	1.664

从表 9-1 可以看出，ABC 公司 2018 年各项营业利润率较上年均有所下降，说明经营能力出现了下降。各项营业利润率从不同角度或口径说明了营业收入的盈利情况。其中，下降幅度最大的是销售息税前利润率，比上年下降 1.38%；营业净利率下降了 0.978%；营业利润率下降了 0.83%。

二、成本费用利润率指标

1. 营业成本利润率

营业成本利润率是指产品营业利润与营业成本之间的比率。其计算公式是：

$$营业成本利润率 = \frac{营业利润}{营业成本} \times 100\%$$

2. 营业成本费用利润率

营业成本费用利润率是指营业利润与营业成本费用总额的比率。其计算公式为：

$$营业成本费用利润率 = \frac{营业利润}{营业成本 + 期间费用} \times 100\%$$

3. 全部成本费用利润率

全部成本费用利润率可以分为两种形式：一是全部成本费用利润率；二是全部成本费用净利润率。全部成本费用利润率的计算公式为：

$$全部成本费用利润率 = \frac{利润总额}{营业成本费用总额 + 营业外支出} \times 100\%$$

全部成本费用净利润率的计算公式为：

$$全部成本费用净利润率 = \frac{净利润}{营业成本费用总额 + 营业外支出} \times 100\%$$

【例 9-2】

ABC 公司成本费用利润率计算如表 9-2 所示。

表 9-2 ABC 公司成本费用利润率指标计算　　　　单位：百万元

项目	2017 年	2018 年
营业成本	19 454.95	23 046.51
营业利润	426.53	289.95
营业成本费用	22 984.64	27 692.34
营业外支出	9.45	250.93
利润总额	505.87	290.61

续表

项目	2017年	2018年
净利润	442.10	262.65
营业成本利润率/%	2.19	1.26
营业成本费用利润率/%	1.86	1.05
全部成本费用利润率/%	2.2	1.04
全部成本费用净利率/%	1.92	0.94

从表9-2可看出，2018年相比2017年，ABC公司成本利润率各指标都有所下降，说明企业成本费用的增长速度快于利润增长速度。对成本利润率的进一步分析，可结合各成本利润率的水平分析和垂直分析进行，也可从各成本利润率之间的关系角度进行，还可从影响成本利润率的因素进行分析。

第三节 资产经营盈利能力分析

资产经营的内涵是合理配置和使用资产，以一定的资产投入取得尽可能多的收益。资产经营的目标是资产的增值和资产盈利能力的最大化。反映资产经营盈利能力的指标主要有总资产报酬率和总资产净利率。

一、总资产报酬率

总资产报酬率又叫总资产收益率，是息税前利润与平均总资产之间的比率。它是反映企业资产综合利用效果的指标。其计算公式为：

$$总资产报酬率 = \frac{利润总额 + 利息支出}{总资产平均余额} \times 100\%$$

$$总资产平均余额 = （期初资产总额 + 期末资产总额）\div 2$$

总资产报酬率指标的基本公式可作如下分解：

$$总资产报酬率 = \frac{营业收入}{总资产平均余额} \times \frac{利润总额 + 利息支出}{营业收入} \times 100\%$$

$$总资产报酬率 = 总资产周转率 \times 销售息税前利润率 \times 100\%$$

【例9-3】

根据ABC公司报表数据计算的有关指标如表9-3所示，采用因素分析法确定总资产周转率和销售息税前利润率变动对总资产报酬率的影响。

表9-3 ABC公司有关指标计算　　　　　　　单位：百万元

项目	2017年	2018年
营业收入	23 046.83	27 930.22
利润总额	505.87	290.61
利息支出	195.83	174.03

续表

项目	2017年	2018年
息税前利润	701.71	464.64
平均总资产	19 813.27	25 890.85
总资产周转率/次	1.163	1.079
销售息税前利润率/%	3.045	1.664
总资产报酬率/%	3.54	1.79

具体计算分析如下：

分析对象：1.79% - 3.54% = -1.75%

因素分析：

总资产周转率变动的影响：(1.079 - 1.163) × 3.045% = -0.26%

销售息税前利润率的影响：1.079 × (1.664% - 3.045%) = -1.49%

总的影响：-0.26% - 1.49% = -1.75%

分析结果表明，2018年ABC公司总资产报酬率比上年下降了1.75%，是由于总资产周转率和销售息税前利润率变动引起的。前者使总资产报酬率下降了0.26%，后者使总资产报酬率下降了1.49%。

二、总资产净利率

总资产净利率是指净利润与平均总资产之间的比率，它反映每1元资产获得的净利润。该比率越高，说明企业盈利能力越强。其计算公式为：

$$总资产净利率 = \frac{净利润}{总资产平均余额} \times 100\%$$

【例9-4】

ABC公司2017年、2018年的净利润和总资产资料如表9-4所示。

表9-4　ABC公司有关指标计算　　　　　　　单位：百万元

项目	2017年	2018年
净利润	442.10	262.65
平均总资产	19 813.27	25 890.85
总资产净利率/%	2.23	1.01

ABC公司2018年总资产净利率相比2017年有所降低，说明该公司的盈利能力有所下降。根据总资产净利率的基本公式，可将其作如下分解：

$$总资产净利率 = \frac{净利润}{总资产平均余额} \times 100\% = \frac{净利润}{营业收入} \times \frac{营业收入}{总资产平均余额}$$

$$总资产净利率 = 营业净利率 \times 总资产周转率$$

【例9-5】

根据ABC公司报表数据计算的有关指标如表9-5所示，采用因素分析法确定营业净利率、总资产周转率变动对总资产净利率的影响。

表 9-5 ABC 公司有关指标计算　　　　　　　　　　单位：百万元

项　目	2017 年	2018 年
营业收入	23 046.83	27 930.22
净利润	442.10	262.65
平均总资产	19 813.27	25 890.85
总资产周转率/次	1.163	1.079
营业净利率/%	1.92	0.94
总资产净利率/%	2.23	1.01

具体计算分析如下：

分析对象：1.01% - 2.23% = -1.22%

因素分析：

营业净利率变动的影响：(0.94% - 1.92%) × 1.163 = -1.14%

总资产周转率变动的影响：0.94% × (1.079 - 1.163) = -0.079%

总的影响：-1.14% - 0.079% = -1.22%

分析结果表明，2018 年 ABC 公司总资产净利率比上年下降了 1.22%，是由于营业净利率和总资产周转率变动引起的。前者使总资产净利率下降了 1.14%，后者使总资产净利率下降了 0.079%。

三、净资产收益率

净资产收益率是指企业的净利润与平均净资产之间的比率，其计算公式为：

$$净资产收益率 = \frac{净利润}{净资产平均余额} \times 100\%$$

第四节　上市公司盈利能力分析

上市公司是指经过批准，可以在证券交易所向社会公开发行股票筹集资金的股份有限公司，其权益资本被分为等额的股份，叫作股本。在进行盈利能力分析时，我们不但要关注上市公司资本经营、资产经营及商品经营的盈利能力，还要关注上市公司的股本盈利能力。上市公司盈利能力分析评价指标主要包括每股收益、每股净资产、股利支付率和市盈率等。

1. 每股收益

每股收益是净利润扣除优先股股息后的余额与发行在外的普通股数量之比，它反映了上市公司发行在外的普通股所能获得的净利润或要承担的净损失。每股收益是衡量上市公司盈利能力和普通股股东的获利水平的一项重要指标。每股收益包括基本每股收益和稀释每股收益，基本每股收益的计算公式是：

$$基本每股收益 = \frac{归属于母公司股东的净利润 - 优先股股利}{发行在外的普通股数量}$$

如果年度内，股票总数发生增减变动，公式中的分母应该采用"加权平均发行在外股数"，其计算公式是：

$$加权平均发行在外股数 = \sum[发行在外股票数额 \times (发行在外月份数 \div 12)]$$

如果企业发行了可转换债券或者优先股，那么当这些证券的持有者行使了权力、将优先股或者债券转换为普通股后，就会稀释每股收益。

在进行每股收益的分析时需要注意，每股收益越高，说明企业的盈利能力越强，但并不代表企业会多分红，企业分红还需要看企业的现金流量和股利分配政策。

$$每股营业现金流量 = \frac{经营活动现金净流量 - 优先股股利}{发行在外普通股平均股数}$$

该指标所表达的实质上是作为每股盈利的支付保障的现金流量，因而每股营业现金流量指标越高越为股东们所乐意接受。

2. 每股净资产

每股净资产是期末归属于母公司股东的所有者权益总额和期末发行在外普通股股数的比值，其计算公式为：

$$每股净资产 = \frac{年末股东权益}{年末普通股股数}$$

一般来说，每股净资产比值越高，说明企业每股拥有的净资产越多，企业的发展潜力越强，企业的盈利能力也越强。但是也不能单独依靠该指标，还要结合其他的指标及资料来评价企业的盈利能力。

3. 股利支付率

股利支付率是普通股每股股利和普通股每股收益的比值，反映普通股股东从每股收益中分到的股利。其计算公式为：

$$股利支付率 = \frac{普通股每股股利}{普通股每股收益} \times 100\%$$

股利支付率和企业的发展阶段、投资机会以及企业的股东结构有很大的关系。如果企业处于发展阶段，投资机会很多，那么企业的股利发放率可能会较低；如果企业处于成熟期，投资机会较少，那么企业的股利发放率可能会比较高。如果企业的股东对现金股利要求比较高，那么企业的股利发放率可能会相对较高；反之则会比较低。因此，在利用该指标时需要结合企业的其他相关资料进行分析。

4. 市盈率

市盈率是指普通股每股市场价格和普通股每股收益的比值，其计算公式如下：

$$市盈率 = \frac{普通股每股市价}{每股收益}$$

计算市盈率时，"每股市价"一般是按全年的平均价格计算的，但是为了计算简便，在很多时候会采用报告前一日的股价来计算。市盈率越大，表明企业发展前景越好。但是，市盈率指标不适用于不同行业的企业间的比较，因为新兴行业市盈率可能会比传统产业高，但并不说明传统产业没有投资价值,也不能说明传统产业的盈利能力差。

【例9-6】

ABC公司的有关数据如表9-6所示。

表9-6 ABC公司有关数据

项 目	2018年	2017年
属于普通股的净利润/百万元	262.65	442.10
普通股股利实发数/百万元	151.86	132.88
普通股平均数/百万股	1 898.21	1 898.21
每股收益/元	0.14	0.23
每股股利/元	0.08	0.07
每股市价/元	4.00	8.00
市盈率/%	28.57	34.78
股利报偿率/%	2.00	0.875

要求:采用因素分析法分析因素变动对股利支付率的影响。

解析:

2018年股利支付率为:$0.08 \div 0.14 \times 100\% = 57.14\%$

2017年股利支付率为:$0.07 \div 0.23 \times 100\% = 30.43\%$

分析对象:$57.14\% - 30.43\% = 26.71\%$

市盈率变动对股利支付率的影响:$(28.57\% - 34.78\%) \times 0.875\% = -5.43\%$

股利报偿率变动对股利支付率的影响:$28.57\% \times (2\% - 0.875\%) = 32.14\%$

由此可见,2018年市盈率下降使股利支付率降低了5.43%;股利报偿率提高,使股利支付率上升了32.14%,两个因素共同影响使股利支付率上升了26.71%。

本章小结

企业作为市场经济中的纳税主体,获利是其生存发展的最终目的。盈利能力是指企业在一定时期内赚取利润的能力,盈利能力分析是企业财务分析的重要组成部分。企业盈利能力分析对投资者、经营者、债权人、政府等利益相关者具有重要的意义。依据财务报表的盈利能力分析主要可以从商品经营盈利能力、资产经营盈利能力、投资盈利能力3个方面来进行分析。评价商品经营盈利能力的基本比率有营业毛利率、营业利润率、营业净利率、息税前利润率、成本费用利润率等指标。评价资产经营盈利能力的基本比率有总资产报酬率和总资产净利率等指标。评价投资盈利能力的基本比率有净资产报酬率指标,其中评价上市公司投资盈利能力的指标还有每股收益、股利支付率、普通股每股股利、市盈率等。

思考题

1. 盈利能力分析的主要目的有哪些?

2. 盈利能力分析主要包括哪些内容？
3. 企业如何处理好长期偿债能力和盈利能力之间的关系？
4. 分析总资产报酬率与偿债能力的关系。
5. 影响企业盈利能力的财务因素有哪些？
6. 上市公司财务报表分析有哪些重要指标？
7. 每股收益分析对投资者有哪些意义？分析时需注意哪些问题？
8. 为什么说现金流动分析可以补充分析盈利能力与偿债能力？
9. 市盈率对投资者有何重要意义？分析市盈率指标时应注意哪些方面？

同步练习

一、单项选择题

1. 企业当年实现销售收入3 800万元，净利润480万元，资产周转率为2，则资产净利率为（　　）。
   A. 12.6%　　　　　B. 6.3%　　　　　C. 25%　　　　　D. 10%

2. 某公司去年实现利润800万元，预计今年产销量能增长6%，如果经营杠杆系数为2.5，则今年可望实现营业利润额（　　）万元。
   A. 848　　　　　B. 920　　　　　C. 1 000　　　　　D. 1 200

3. 某公司本年实现利润情况如下：主营业务利润3 000万元，其他业务利润68万元，资产减值准备56万元，营业费用280万元，管理费用320万元，主营业务收入实现4 800万元，则营业利润率是（　　）。
   A. 62.5%　　　　B. 64.2%　　　　C. 51.4%　　　　D. 50.25%

4. 企业当年实现销售收入3 800万元，净利润480万元，资产周转率为3，则总资产收益率为（　　）。
   A. 4.21%　　　　B. 12.63%　　　　C. 25.26%　　　　D. 37.89%

5. 以下各项指标中，属于评价上市公司获利能力的基本和核心指标的是（　　）。
   A. 每股市价　　　B. 每股净资产　　　C. 每股收益　　　D. 净资产收益率

6. 年初资产总额为2 600万元，年末资产总额为3 640万元，净利润为624万元，所得税208万元，利息支出为26万元，则总资产报酬率为（　　）。
   A. 32.5%　　　　B. 30%　　　　C. 27.5%　　　　D. 20%

7. 年初所有者权益总额为5 000万元，年末所有者权益总额为6 000万元，净利润为1 000万元，所得税250万元，利息支出为300万元，则净资产报酬率为（　　）。
   A. 16.7%　　　　B. 18.2%　　　　C. 13%　　　　D. 23.9%

8. 假设某公司普通股2000年的平均市场价格为17.8元，其中年初价格为16.5元，年末价格为18.2元，当年宣布的每股股利为0.25元。则该公司的股票获利率是（　　）。
   A. 25%　　　　　B. 0.08%　　　　C. 10.96%　　　　D. 1.7%

9. 某公司年末流通在外普通股为55 000股，当年分配普通股股利为44 000元，优先股股利8 400元，未发行新股，该公司每股股利为（　　）。

A. 0.95元　　　　B. 0.74元　　　　C. 0.8元　　　　D. 1.04元

10. 某公司的有关资料为：股东权益总额8 000万元，其中优先股权益340万元，全部股票数是620万股，其中优先股股数170万股。计算的每股净资产是（　　）元。

A. 12.58　　　　B. 12.34　　　　C. 17.75　　　　D. 17.02

11. 某上市公司年初流通在外的普通股股数为500万，4月1日增发普通股200万，该公司年末发行在外的普通股加权平均股数为（　　）万股。

A. 500　　　　B. 650　　　　C. 550　　　　D. 600

12. 年初所有者权益总额为5 000万元，年末所有者权益总额为6 000万元，净利润为1 000万元，所得税250万元，利息支出为300万元，则净资产报酬率为（　　）。

A. 16.7%　　　　B. 18.2%　　　　C. 13%　　　　D. 23.9%

13. 某上市公司当年实现净利润3 000万元，年初流通在外的普通股股数为500万，7月1日增发普通股200万，该公司每股收益为（　　）元。

A. 3　　　　B. 4.2　　　　C. 5　　　　D. 6

二、多项选择题

1. 获利能力分析是财务分析的重点，包括（　　）。

A. 以营业收入为基础的获利能力分析　　B. 以资产为基础的获利能力分析
C. 以投资为基础的获利能力分析　　D. 以现金流量为基础的获利能力分析

2. 净资产收益率中的净资产由（　　）组成。

A. 实收资本　　B. 资本公积　　C. 盈余公积　　D. 未分配利润

3. 每股收益具有连接（　　）报表的功能。

A. 现金流量表　　B. 销售情况表　　C. 资产负债表　　D. 利润表

4. 下列各项中，影响毛利率变动的内部因素有（　　）。

A. 市场开拓能力　　B. 成本管理水平　　C. 产品构成决策　　D. 企业战略要求
E. 售价

5. 股票获利率的高低取决于（　　）。

A. 股利政策　　　　　　　　　　B. 现金股利的发放
C. 股票股利　　　　　　　　　　D. 股票市场价格的状况
E. 期末股价

6. 影响营业利润率的因素主要包括两项，即（　　）。

A. 其他业务利润　　B. 资产减值准备　　C. 财务费用　　D. 主营业务收入
E. 营业利润

7. 以下哪些属于获利能力指标？（　　）

A. 净资产收益率　　B. 资产净利率　　C. 总资产周转率　　D. 营业利润率

三、判断题

1. 企业的销售（营业）净利润率是分析企业偿债能力时常用的指标。（　　）

2. 每股股利发放多少，既取决于企业的盈利能力，又取决于企业的股利发放政策。（　　）

3. 对企业盈利能力进行分析时，要剔除关联交易给企业利润带来的影响。（　　）

4. 存货发出计价采用后进先出法时,在通货膨胀情况下会导致高估本期利润。（　　）
5. 从公司管理者的角度看,关注度最高的财务比率是每股市价。（　　）
6. 每股收益越高,意味着股东可以从公司分得更多的股利。（　　）
7. 一般来说,市盈率高,表明公司的获利能力强,对投资者的吸引力大,股票的风险小。（　　）
8. 成本费用率越高,表明企业为取得收益所付出的代价越小,企业成本费用控制得越好,企业的获利能力越强。（　　）
9. 股东权益增长的来源是企业的主营业务利润。（　　）
10. 公司总资产的利用效率下降,公司的盈利能力也会相应地降低。（　　）
11. 销售毛利率 = 1 - 销售成本率。（　　）
12. 当主营业务收入一定时,营业利润越大,营业利润率越高。（　　）
13. 市盈率越高的股票,买进后股价下跌的可能性越大。（　　）

四、综合分析题

1. 已知：甲、乙、丙3个企业的资本总额相等,均为4 000万元,息税前利润也都相等,均为500万元。负债平均利息率6%。但3个企业的资本结构不同,其具体组成如表9-7所示。

表9-7　甲、乙、丙3企业基本结构　　　　　　　　单位：万元

项　目	甲公司	乙公司	丙公司
总资本	4 000	4 000	4 000
普通股股本	4 000	3 000	2 000
发行的普通股股数	400	300	200
负债	0	1 000	2 000

假设所得税税率为25%,则各公司的每股净收益为多少？

2. F公司年末资产总额为6 000万元,股东权益总额为3 500万元,流动负债为1 500万元,长期负债为1 000万元。其中现金及现金等价物为800万元,本年度到期的长期借款和短期借款及利息为800万元。股东权益中普通股股本总额为2 000万元,每股面值为10元。该公司本年度实现净利润为1 200万元,股利之福利为40%,全部以现金股利支付。

公司当年的经营活动现金流量业务如下：销售商品、提供劳务4 000万元；购买商品、接受劳务支付现金1 800万元；职工薪酬支出300万元；支付所得税费用400万元；其他现金支出200万元。该公司经营活动现金流量占公司全部现金净流量的80%。公司的销售收现比为90%。本年度公司资本性支出为1 600万元。

要求：根据上述资料,计算现金比率；现金流动负债比、现金债务总额比、现金到期债务比；每股经营现金净流量。

第十章

发展能力分析

引言

财务报表分析作为辅助决策的重要手段,不但要对企业的财务状况和经营成果进行静态和动态相结合的分析,更要对企业的发展能力及前景进行分析评价,这有助于企业适应多变的市场竞争环境。前面的章节系统地分析了企业的偿债能力、营运能力和盈利能力,这些能力的提高都是为了进一步提高企业的生存和发展的能力。虽然财务报表个体数据有很大的随机性特征,但是企业的发展阶段呈现出周期性特点,因此趋势分析法的使用可以从更加宏观的角度观察到企业的未来发展规律。

通过本章的学习,要求理解发展能力的概念内涵、分析的目的和内容、影响因素;理解发展能力的指标体系,即从营业发展能力的角度来看,掌握销售增长率、资产增长率等相关指标,从财务发展能力的角度来看,掌握净利润增长率、股利增长率等相关指标的内涵及其公式应用;理解可持续发展的含义;掌握可持续增长率的计算及其分析;了解可持续发展与企业财务活动之间的关系。

本章的教学重点是发展能力的概念内涵、销售增长率、营业利润率、营业净利率的计算及分析,可持续发展增长率的计算分析。

本章的教学难点是对可持续增长率的内涵作用的理解,以及理解发展能力分析中定量与定性分析方法的结合。

第一节 发展能力分析概述

一、发展能力分析的目的

1. 企业发展能力的概念

企业的发展能力,亦称企业的发展潜力、成长能力、增长能力,指企业通过自身的生产经营活动,不断扩大积累而形成的发展潜能。发展能力分析又称企业的成长性评价。传统的财务分析仅从静态的角度分析企业的财务状况和经营状况,强调企业的盈利能力、营运能力和偿债能力,但这三方面能力的分析仅能提供企业过去的经营状况,并不能完全表征企业的持续发展能力。然而,企业的利益相关者们关注的不仅仅是企业目前的、短期的经营盈利能力,更重要的是企业未来的、长期的和持续的增长能力。企业无论是增强盈利能力、偿债能力,还是提高营运能力,其目的都是提高企业的增长能力。也就是说,企业的发展能力分析其实是盈利能力、偿债能力和营运能力的综合分析。

2. 企业发展能力分析的目的

企业能否持续增长对投资者、经营管理者及其他相关利益团体至关重要。对于投资者而言,企业能否持续稳定地增长,不仅关系到投资者的报酬,而且关系到企业是否真正具有投资价值。对企业的经营者来说,要使企业获得成功,就不能仅仅注重目前暂时的经营能力,更应该注意企业未来的、长期的和持续的发展能力。对债权人而言,发展能力同样至关重要,因为企业清偿债务的资金来自企业未来的现金流。正因为发展能力如此重要,所以有必要对企业的实际发展能力进行深入分析。发展能力分析的目的具体体现在以下两个方面:

(1) 利用发展能力的有关指标衡量和评价企业的增长潜力。企业经营活动的根本目标就是不断增强企业自身持续生存和发展的能力。反映企业增长能力的主要指标包括销售增长率、收益增长率、股东权益增长率。通过实际增长能力指标与计划、同行业的其他同类指标进行比较,可以评价企业增长能力的强弱。

(2) 通过发展能力分析发现影响企业增长的关键因素,调整企业战略。企业战略研究表明,在企业市场份额既定的情况下,如果企业采取一定的经营战略和财务战略,就能够使企业的价值最大化。因此,在评价企业目前盈利能力、营运能力、偿债能力和股利政策的基础上,通过深入分析影响企业持续增长的相关因素,确定企业未来增长速度,相应调整其经营战略和财务战略,能够实现企业的持续增长。

二、发展能力分析的内容

发展能力分析又称企业成长性评价,基本内容包括两方面:企业发展能力指标分析和可持续增长策略分析。

1. 企业发展能力指标分析

发展能力指标分析就是运用财务指标对企业的未来增长能力和企业的未来发展趋势加以评估。企业价值要获得增长,就必须依赖于营业收入、收益、股东权益和资产等主要因素的不断增长。企业发展能力指标分析就是通过计算和分析销售增长率、收益增长率、股东权益增长率、资产增长率等指标,衡量企业在营业收入、收益、股东权益、资产等方面的发展能力,并对其发展趋势进行评估。

2. 可持续增长策略分析

企业为了达到可持续增长,需要运用销售政策、资产营运政策、融资政策和股利政策4个经济杠杆。在财务分析过程中,可以借助可持续增长率这个综合指标全面衡量企业综合利用这些经济杠杆所能获得的预期增长速度。因此,可持续增长策略分析主要包括:分析影响企业可持续增长的因素；分析企业为了达到发展战略目标应该选择的增长战略，包括经营战略分析和财务战略分析。

三、发展能力的影响因素

企业发展能力衡量的核心是企业价值增长率，而影响企业价值增长的因素主要有以下几个方面。

1. 销售收入

企业发展能力的形成依托于企业不断增长的销售收入。销售收入是企业收入的来源之本，也是导致企业价值变化的根本动力。只有销售收入不断稳定地增长，才能体现企业的不断发展，才能为企业的不断发展提供充足的资金来源。

2. 资产规模

企业的资产是取得收入的保障，在总资产收益率固定的情况下，资产规模与收入规模之间也存在着正比例关系。同时，总资产的现有价值反映着企业清算时可获得的现金流入额。

3. 净资产规模

在企业净资产收益率不变的情况下，净资产规模与收入规模之间也存在着正比例关系。只有净资产规模不断成长，才能反映新的资本投入，表明所有者对企业的信心，同时对企业负债筹资提供保障，有利于企业的进一步发展对资金的需求。

4. 资产使用效率

一个企业的资产使用效率越高，其利用有限资源获取收益的能力越强，就越能给企业价值带来较快的增长。

5. 净收益

净收益是收入与费用之差，反映企业一定时期的经营成果。在收入一定的条件下，费用与净收益之间存在着反比例关系。只有不断地降低成本，才能增加净收益。企业的净收益是企业价值增长的源泉，所有者可将部分收益留存于企业用于扩大再生产，而且可观的净收益可以吸引更多新的投资者，有利于企业的进一步发展对资金的需求。

6. 股利分配

企业所有者从企业获得的利益分为两个方面：一是资本利得；二是股利。一个企业可能有很强的盈利能力，但企业如果把所有利润都通过各种形式转化为消费，而不注意企业的资本积累，那么即使这个企业效益指标很高，也不能说这个企业的发展能力很强。

第二节 发展能力的指标分析

一、营业发展能力指标分析

1. 销售增长指标

持续盈利能力是指企业在一定时期内获取利润的能力，也称为企业的资金或资本增值能力。常使用销售收入增长率指标进行衡量。销售收入增长率指标反映了企业当年的销售增长情况，是衡量企业经营状况和市场占有能力的重要指标，是评价企业成长状况和发展能力的重要指标。只有不断增加销售收入，才能保证企业持续稳定的发展。其计算公式为：

$$销售收入增长率 = \frac{本年销售收入增长额}{上年销售收入总额} \times 100\%$$

本年销售收入增长额是本年销售收入总额与上年销售收入总额的差额。如果销售增长率小于零，说明企业本期销售收入较上期减少，导致企业销售市场份额萎缩；如果增长率大于零，说明本期销售收入较上期有所提高。

【例10－1】

ABC公司销售增长率指标计算如表10－1所示。

表10－1　ABC公司销售增长率指标计算　　　　　　单位：千元

项目	2015年	2016年	2017年	2018年
营业收入	608 047	1 060 539	1 798 408	2 316 444
本年营业收入增加额	—	452 492	737 869	518 036
销售增长率/%	—	74.42	69.57	28.81

从表10－1可以看出，该公司自2016年以来，销售规模不断扩大，营业收入从2016年的1 060 539千元增加到2018年的2 316 444千元；但从增长幅度看，这3年的销售增长率却一直呈下降趋势，尤其是2018年的下降幅度很大，说明该公司的销售增长速度已经开始放慢，逐渐趋于稳定水平。

2. 资产增长指标

资产增长指标常使用总资产增长率指标进行衡量。总资产增长率指标反映了企业当年的资产扩张情况。可以通过它衡量企业本期资产规模的增长情况，评价企业经营规模总量上的扩张程度。其计算公式为：

$$总资产增长率 = \frac{本年总资产增长额}{年初资产总额} \times 100\%$$

本年总资产增长额是年末资产总额与年初资产总额的差额。总资产增长率越高，表明企业在一个经营周期内的扩张速度越快。但应注意分析资产质与量的关系，避免资产盲目扩张。

二、财务发展能力指标分析

1. 权益增长指标

权益增长指标常使用权益增长率指标进行衡量。资本积累率指标反映了投资者投入资本的保全性与增长性，是企业发展能力的重要指标。所有者权益在当年的变动水平是企业扩大再生产的源泉，体现了企业发展的水平。其计算公式为：

$$权益增长率 = \frac{本年所有者权益增长额}{年初所有者权益} \times 100\%$$

权益增长率越高，表明企业的资本保全性越强，其应对风险、持续发展的能力越强。该指标为负值，则表明企业资本受到侵蚀，所有者权益受到侵害，应予以重视。

2. 收益增长指标

收益增长指标常使用营业利润增长率、净利润增长率、股利增长率等指标进行衡量。

营业利润增长率指标反映了营业利润的增长水平。其计算公式为：

$$营业利润增长率 = \frac{本年营业利润增长额}{上年营业利润总额} \times 100\%$$

净利润增长率指标反映了净利润的增长水平。其计算公式如下：

$$净利润增长率 = \frac{本年净利润增长额}{上年净利润总额} \times 100\%$$

股利增长率指标反映了股利的增长水平。其计算公式为：

$$股利增长率 = \frac{本年每股股利增长额}{上年每股股利} \times 100\%$$

第三节 可持续发展能力分析

一、可持续发展能力分析的含义

在激烈的市场竞争中，企业取得长久的发展并不断增加企业价值是一项十分困难的事情。因此，为了保持企业的可持续发展，必须做好长期经营与财务战略决策。可持续发展能力分析实质是企业长期经营发展战略和财务成长策略的分析，进行可持续发展能力分析是为企业长期经营与财务战略决策提供依据的重要保证和基本条件之一。

经营战略主要是指企业的业务销售政策和资产营运政策；财务战略主要指企业融资政策和股利政策。因此，可持续发展能力分析就是对企业的业务销售政策、资产营运政策及企业融资政策和股利政策的分析。

二、可持续增长率分析

可持续增长率是分析企业可持续发展能力的核心指标，它是企业在保持目前经营战略和财务战略的情况下能够实现的增长速度。

企业留存收益是连接并反映企业业务销售政策、资产营运政策，以及企业融资政策和股利政策及其实施效果的中心指标，也就是说留存收益既能够反映销售及资产营运政策及其实施效果，又能够反映企业融资政策和股利政策的实施效果。因此，以留存收益为基础计算的权益增长率（即扣除实收资本及资本公积融资影响的权益增长率）比较贴切地反映了可持续增长的效果。

可持续增长率就是企业在经营战略和财务战略不变的情况下公司销售所能增长的最大比率。具体来讲，可持续增长率的假设条件如下：

(1) 公司目前的资本结构不变。
(2) 公司目前的股利支付率不变。
(3) 公司不打算发售新股，增加债务是其唯一的外部筹资来源。
(4) 公司的销售净利率不变，并且可以涵盖负债的利息。
(5) 公司的资产周转率不变。

在这 5 个假设同时成立的条件下，销售的增长率称为可持续增长率。

以留存收益为基础计算的权益增长率表示可持续增长率。计算公式为：

$$可持续增长率 = \frac{净资产增加额}{期初净资产} \times 100\% = \frac{本期留存收益}{期初净资产} \times 100\% = 本期净利润 \times \frac{本期留存收益率}{期初净资产}$$

$$= 按期初净资产计算的净资产收益率 \times 本期留存收益率$$

$$= 按期初净资产计算的净资产收益率 \times (1 - 股利支付率)$$

$$= 销售净利率 \times 总资产周转率 \times 权益乘数 \times (1 - 股利支付率)$$

企业可持续发展能力分析就是在本年度企业可持续增长率数据的基础上，根据市场环境和企业战略，分析影响企业可持续增长率的各个因素，包括销售净利率分析、总资产周转率分析、财务杠杆率分析、股利支付率分析，并相应调整企业的经营政策和财务政策，以实现企业的可持续发展。

【例 10-2】

某公司在某年度用 5 000 万元权益资金赚取了 1 000 万元净利润，即净资产收益率为 20%，则下一年度的净利润在净资产收益率不变的情况下将增加为 1 200 万元（即 20% × 6 000 万元）。因此，只要该公司保持 20% 的净资产收益率，不发放股利，此时权益资金增长率为 20%（即 200/1 000），如果保持目标资本结构不变，负债也增长 20%。如果经营效率（即销售净利率和总资产周转率）不变，销售增长率也将达到 20%。如果企业发放股利，如股利支付率为 40%，则留存收益占投资的比率为 60%，企业增长率为 20% × 60% = 12%，即企业可持续增长率最大值为 12%。本例中，600 万元净利润用于再投资下一年度产生的净利润将为 1 120 万元（5 600 × 20% = 1 120 万元），增长率为 12%。

本章小结

企业的发展能力是指企业通过自身的生产经营活动，不断扩大积累而形成的发展潜能。企业要生存和获利就必须不断发展，具有成长能力。企业能否持续增长对投资者、经营者及其他利益相关者至关重要，因此发展能力分析也是企业财务分析的重要组成部分。企业发展能力指标分析是通过销售增长率、收益增长率、股东权益增长率、资产增长率等指标衡量企业在各方面的发展能力，并对其发展趋势进行评估。涉及发展能力各项指标计算的数据主要来源于公司资产负债表、利润表及所有者权益变动表的相关项目。企业可持续发展是企业发展能力的重要体现，是企业经营政策和财务政策合力汇聚的结果，通常用可持续增长率来计算分析。可持续增长率是分析企业可持续发展能力的核心指标，它是企业在保持目前经营战略和财务战略的情况下能够实现的增长速度。基于可持续增长率数据，企业可以进行可持续发展策略分析，并对经营政策和财务政策进行调整，以实现可持续发展。

思考题

1. 发展能力分析的主要目的是什么？
2. 企业的发展能力受到哪些因素的制约？
3. 分析发展能力可以使用哪些财务指标来综合评价？

4. 盈利能力和发展能力的内在关系是怎样的？
5. 为什么说销售增长率是评价发展能力的最重要的指标？
6. 什么是总资产增长率？什么是股东权益增长率？

同步练习

一、单项选择题

1. 企业发展能力中，最重要也是最首要的是（   ）。
   A. 销售增长率　　　B. 权益增长率　　　C. 资产增长率　　　D. 收益增长率
2. 企业收益增长的主要表现有（   ）。
   A. 主营业务利润　　B. 净利润　　　　　C. 销售收入　　　　D. 毛利率
3. 可持续项目分析中涉及的财务政策指标是（   ）。
   A. 资产负债率　　　B. 速动比率　　　　C. 利息保障倍数　　D. 现金流量负债比
4. 对销售（营业）增长率指标，下列表述正确的有（   ）。
   A. 是评价企业成长状况和发展能力的重要指标
   B. 是衡量企业经营状况和市场占有能力，预测企业业务拓展趋势的标志
   C. 是企业扩张资本的重要前提
   D. 指标小于0说明收入有增长，指标越低，增长越快
   E. 指标大于0，说明收入有增长，指标越高，增长越快

二、多项选择题

1. 某公司能够达到的可持续增长率为5%，若要实现大于5%的销售周转率，可以采用的方法有（   ）。
   A. 降低杠杆比率　　　　　　　　　　　B. 提高杠杆比率
   C. 提高销售净利率　　　　　　　　　　D. 降低股利支付率
2. 企业发展能力分析中，可以选用的评价指标有（   ）。
   A. 销售增长率　　　B. 权益增长率　　　C. 资产增长率　　　D. 收益增长率
3. 在运用发展能力框架对企业进行发展能力分析时，还应考虑（   ）。
   A. 企业的发展规模　　　　　　　　　　B. 企业所处的生命周期
   C. 企业的资产规模　　　　　　　　　　D. 企业的经济实力
4. 与企业可持续发展分析相关的指标有（   ）。
   A. 总资产周转率　　B. 股利支付率　　　C. 资产负债率　　　D. 销售净利率

三、判断题

1. 如果预计销售增长率高于持续增长率，公司就应重新考虑或改进原有的经营政策和财务政策。　　　　　　　　　　　　　　　　　　　　　　　　　　　　　　　（   ）
2. 可持续增长率实际上是公司同时运用内部资本和外部资本所能支持的销售增长率的最高极限值。　　　　　　　　　　　　　　　　　　　　　　　　　　　　　（   ）
3. 在企业每年销售收入不断增长、销售利润不断提高时，如果企业管理当局把利润都分配了，企业的后续发展能力不会受到影响。　　　　　　　　　　　　　　　（   ）

4. 企业的增长速度不能超过上年的可持续增长率。( )
5. 分析企业的发展能力时,不仅要看企业的销售增长率,还要考虑它的权益、资产增长率的情况。( )
6. 销售净利率越高,股东权益净利率也一定高。( )
7. 可持续增长率的高低取决于净资产收益率和股利支付率两个因素。( )
8. 企业的发展能力最终还要看盈利能力,盈利能力大,发展潜力也越大。( )

四、综合分析题

1. WK 公司某年度财务报表的部分数据信息如表 10-2 和表 10-3 所示。

表 10-2 WK 公司资产负债表　　　　　　　　　　　　　单位：万元

资产	期末数	期初数	负债和所有者权益	期末数	期初数
流动资产：			流动负债：		
货币资金	44 823.6	50 084.0	应付票据	18 940.0	12 089.3
应收票据	1 073.2	1 425.2	应付账款	56 849.6	55 016.6
应收账款	73 323.6	59 607.5	流动负债合计	192 713.1	187 923.1
存货	46 813.2	61 464.2	长期借款	3 032.5	
流动资产合计	183 536.8	182 463.1	负债合计	197 225.2	188 040.9
固定资产	80 284.7	70 343.5	未分配利润	7 818.2	6 578.4
非流动资产合计	131 804.4	118 197.1	所有者权益合计	118 116.0	112 619.3
资产合计	315 341.2	300 660.2	负债和权益合计	315 341.2	300 660.2

表 10-3 利润表（简表）　　　　　　　　　　　　　　　单位：万元

项　目	本期金额	上期金额
一、营业收入	218 202.4	189 563.6
减：营业成本	172 715.4	147 305.5
税金及附加	448.3	391.6
销售费用	21 159.5	19 336.2
管理费用	14 569.8	13 545.1
财务费用	2 927.5	3 788.0
资产减值损失	2 285.8	1 482.7
加：公允价值变动收益（损失以"-"号填列)		
投资收益（损失以"-"号填列)	1 982.4	1 245.9
二、营业利润	6 078.5	4 960.4
加：营业外收入	897.9	591.9
减：营业外支出	133.2	238.9
三、利润总额	6 843.2	5 313.4
减：所得税费用	982.7	677.5
四、净利润	5 860.4	4 635.9

要求：计算该公司的以下各项指标。
（1）流动比率、速动比率、现金比率、资产负债率、利息保障倍数。
（2）应收账款周转率、存货周转率、流动资产周转率、总资产周转率。
（3）营业净利率、总资产净利率、净资产收益率。
（4）营业收入增长率、总资产增长率。

2. 苹果公司连续 5 年的资产负债表及利润表的部分数据如表 10-4 所示。

表 10-4　苹果公司有关财务数据　　　　　　　　单位：千万元

项目	2018 年	2017 年	2016 年	2015 年	2014 年
流动资产	1 051	1 000	810	595	494
非流动资产	243	191	159	138	116
资产合计	1 294	1 191	969	733	610
流动负债	321	298	292	242	162
非流动负债	109	109	116	10	5
所有者权益	864	784	561	481	443

要求：根据表中资料，回答下列问题。
（1）计算股东权益增长率，分析影响增值的因素。
（2）计算净利润增长率并分析净利润增长的来源和趋势。
（3）计算销售增长率并分析销售增长的效益和趋势。
（4）计算资产增长率并分析资产增长的规模是否适当、来源是否合理、趋势是否稳定。
（5）分析 2018 年度基本每股收益和利润分配方案，计算 2018 年的可持续增长率。

综合分析与业绩评价

引 言

财务报表综合分析工作建立在对资产负债表、利润表、所有者权益变动表和现金流量表的详细解读,以及对企业偿债能力、营运能力、盈利能力和发展能力等单项指标具体分析的基础上。综合分析通过一系列专门方法的应用可以全方位揭示企业的财务状况、经营成果和发展趋势,可以达到利益相关者对企业在经营年度和管理者任期内的经营绩效的分析评价,是财务分析主体把脉企业整体发展情况的重要手段。在实践工作中还可以把综合分析的结论作为线索进一步进行各类有针对性的具体能力的单项分析。

通过本章的学习,要求了解综合分析与业绩评价的内涵、特点;理解综合分析与单项分析的联系与区别;理解综合分析对于企业经营管理的重要作用;了解综合分析与业绩评价的方法种类;理解沃尔评分法、杜邦分析法、综合绩效法的内涵及应用;了解平衡计分卡等综合分析方法的特点及思路等;理解综合分析各类方法的应用场景。

本章的教学重点是沃尔评分法的基本步骤、杜邦分析法综合模型的指标分解及因素分析、综合绩效法的应用思路。

本章的教学难点是根据分析目的选择有针对性的综合分析方法,并根据综合分析的内容进行企业经营绩效的评价。

第一节 综合分析与业绩评价概述

前面分别对企业的偿债能力、营运能力、盈利能力和发展能力分别进行了分析,本章从整体的角度对企业的综合能力和业绩进行全面系统的分析和评价。

一、综合分析与业绩评价的含义

综合分析和业绩评价是在单项能力分析的基础上,将单项能力的衡量指标结合起来,系统、全面、综合地对企业的财务状况和经营成果进行分析和评价，说明企业整体财务状况和经营业绩的优劣。因为只对企业进行单项分析并不能了解企业的整体状况，有些企业偿债能力很强但是盈利能力和营运能力却不怎么样，因此，进行综合分析与业绩评价是非常有意义的。

对企业进行综合分析和业绩评价有许多方法，本章重点介绍4种评价方法，分别是：杜邦分析法、沃尔评分法、综合绩效法和平衡计分卡法，这些方法将在后面几节进行详细介绍。

二、综合分析和业绩评价的特点

相对于单项分析来说，综合分析和业绩评价有以下几个特点：

第一，分析方法不同。单项分析通常把企业财务活动分成若干个具体的部分，逐个进行分析；而综合分析则是从整体的角度进行分析，具有概括性和抽象性，评价范围广泛。单项分析是综合分析和业绩评价的基础。

第二，分析的重点不同。单项分析认为所有的评价指标是同等重要的，没有体现出它们之间的联系；综合分析和业绩评价的指标有主辅之分，重点强调主要指标，在对主要指标分析的基础上再进行辅助指标的分析，各指标之间有层次关系，主辅指标应相互配合。

第三，分析的目的不同。单项分析的目的具有很强的针对性，例如，偿债能力分析的目的就是企业偿债能力的强弱，找出问题并给出解决方法；而综合分析和业绩评价的目的是要全面评价企业的财务状况和经营成果。

第二节　综合分析与业绩评价的方法

一、沃尔评分法

1. 沃尔评分法概述

亚历山大·沃尔是财务状况综合评价的先驱者，他在其20世纪初出版的《信用晴雨表研究》和《财务报表比率分析》中提出了信用能力指数的概念，把若干个财务比率用线性关系结合起来，用来评价企业的信用水平，这种评价企业信用水平的方法叫作沃尔评分法。

沃尔评分法选中了7项财务比率，分别是流动比率、产权比率、固定资产比率、存货周转率、应收账款周转率、固定资产周转率、所有者权益周转率。这些指标中，流动比率、产权比率、存货周转率、应收账款周转率可以通过前面学习的内容计算得到，在这里介绍一下固定资产比率和所有者权益周转率的计算公式：

$$固定资产比率 = 资产 \div 固定资产$$
$$所有者权益周转率 = 营业收入 \div 所有者权益$$

2. 沃尔评分法的使用步骤

（1）选择评价指标并分配指标权重。

（2）确定各项比率指标的标准值，即各指标在企业现时条件下的最优值。

（3）计算企业在一定时期各项比率指标的实际值。

(4) 形成评价结果。

沃尔评分法的公式为：实际分数 = 实际值 ÷ 标准值 × 权重。

当实际值＞标准值时，此公式正确；但当实际值＜标准值为理想时，实际值越小，得分应越高，用此公式计算的结果却恰恰相反。另外，当某一单项指标的实际值畸高时会导致最后总分大幅度增加，掩盖情况不良的指标，从而给管理者造成一种假象。下面采用沃尔评分法对 WH 公司 2018 年的财务状况进行综合评价，如表 11 – 1 所示。

【例 11 – 1】

表 11 – 1　沃尔评分法

财务比率	分值	标准比率	实际比率	相对比率	评分
流动比率	25	2	1.13	0.57	14.13
产权比率	25	1.5	2.94	1.96	49.00
固定资产比率	15	2.5	3.74	1.50	22.44
存货周转率	10	8	5.69	0.71	7.11
应收账款周转率	10	6	9.63	1.61	16.05
固定资产周转率	10	4	4.37	1.09	10.93
所有者权益周转率	5	3	3.44	1.15	5.73
合计	100				125.39

从表 11 – 1 可以看出，WH 公司得分 125.39 分，分数越高说明企业的财务状况越理想。从表中可以看出，虽然 WH 公司总分是 125.39 分，结果比较好，但是其中的流动比率和存货周转率的相对比率都小于 1，说明这两项指标结果不好，没有达到标准的比率，企业应该格外关注。

沃尔评分法存在的一个最大的缺陷就是，没有证明为什么要选择这 7 个指标，而不是别的指标，而且，也没有解释每个指标权重的合理性。此外，个别指标的异常表现会对总体的评分产生巨大的影响，有可能会对企业的总体评价产生偏差。

后来人们对沃尔评分法进行了改进，主要有以下几个方面：

(1) 将财务比率的标准值由企业最优值改为行业平均值。
(2) 入选指标时全面考虑企业各类财务分析内容。
(3) 适当选取一些非财务指标作为参考。
(4) 设定评分值的上限（正常值的 1.5 倍）和下限（正常值的一半）。
(5) 评分时不采用乘法关系，改为加法关系，即

$$综合得分 = 评分标准值 + 调整分$$

$$调整分 = \frac{实际比率 - 标准比率}{每分比率}$$

$$每分比率 = \frac{行业最高比率 - 标准比率}{最高评分 - 评分标准值}$$

3. 信用评级简介

沃尔评分法是早期的信用评价方法。对企业进行信用评价的理念发展到现在，形成了作

为资本市场运行基石的成熟的信用评级体系。信用评级分析方法是以构建信用评级指标体系为基础来进行实践的。目前国际级的信用评级机构主要有美国标准普尔公司和穆迪公司,信用评价的主要特点是:主体评级和债项评级相结合,定性分析与定量分析相结合,注重现金流量的分析。信用评级的一般步骤如下:

(1) 接受企业或委托申请,签订评级协议。
(2) 推荐评级机构初评。
(3) 评级公司成立评级小组,审核企业资料。
(4) 到受评企业现场调研,企业补充资料。
(5) 分析论证,形成评级报告。
(6) 评级公司专家委员会评审定级。
(7) 评级公司颁发企业资信等级证书。
(8) 数据登录信贷咨询系统,并向社会公告。
(9) 监察与跟踪反馈。

客户信用评估是企业是否向顾客提供商业信用而对客户的还款能力进行评价。企业对客户信用评价可用5个C来概括,即重点分析影响信用的5个方面。因这5个方面英文的第一个字母都是C,故称之为5C分析法。这5个方面是:品德(Character)、能力(Capacity)、资本(Capital)、抵押品(Collateral)和情况(Conditions)。通过5C分析,可以基本判断客户的信用状况,为最后是否向顾客提供商业信用做好准备。

二、杜邦分析法

1. 方法简介

杜邦分析法(也称为杜邦鉴定、杜邦等式、杜邦模型或者杜邦方法)是由美国化工集团——杜邦集团从20世纪20年代开始使用的一种财务分析方法。这种系统性的分析方法主要侧重于公司财务管理中对3种至关重要的方面的管理,分别是:营运管理、资产管理、资本结构。杜邦分析显示了各个重要的财务数据之间的内在联系,也可以说是对资本回报率进行了进一步解析。

2. 使用方法

具体来讲,杜邦模型将权益净利率进行了详细的分解分析,其逻辑结构如图11-1所示。其计算公式如下:

$$净资产收益率 = 净利润 \div 所有者权益$$

$$净资产收益率 = \frac{净利润}{销售收入} \times \frac{销售收入}{总资产} \times \frac{总资产}{所有者权益} = 销售净利率 \times 总资产周转率 \times 权益乘数$$

杜邦分析将净资产收益率分解为3个不同但又相互联系的指标,即销售净利率、资产周转率、权益乘数。这3个指标分别代表了对企业至关重要的3个方面的信息,即盈利能力、营运能力、财务杠杆。通过这种分析,使用者可以更加清晰地分析企业在这3个方面做得如何,同时避免了因过分注重资产回报率而被单纯的高资产回报率蒙蔽了企业真实价值的不足。

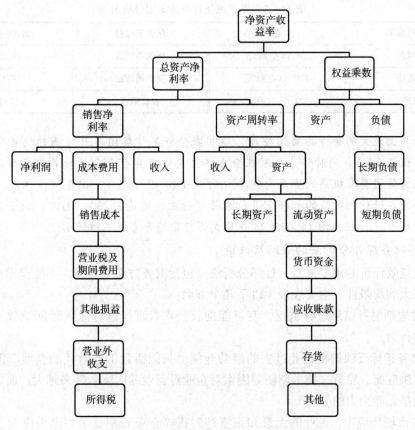

图 11-1 传统杜邦分析体系的基本架构

例如，一个高资产回报率的企业有可能同时是债台高筑的企业，其原因是企业为了提高资产回报率而进行高杠杆经营，这种经营方式在外部因素良好的情况下，如央行实行低利率、行业处于朝阳产业进而被政府支持、上下游企业违约风险小等，由于财务杠杆效应，企业可以在直接投资很少的情况下大大提高其净利润。然而，在高杠杆情况下，一旦外部环境出现变化，对企业造成的不确定性将是巨大的，如应收账款降低1个百分点，在5倍杠杆的情况下企业净利润将会降低5个百分点，而高额借款的情况下将对企业造成极大的还款压力。这种情况下，杜邦分析法将清晰地显示这种风险，从而为利益相关者做出相对正确的判断提供参考。

【例 11-2】

不同类型的企业使用杜邦分析法情况如表 11-2、表 11-3 所示。

表 11-2 不同周转率的企业类型

高周转率企业	例如：超市
高边际利润企业	例如：酒类企业
高杠杆企业	例如：金融企业

表 11-3　路易威登轩尼诗集团分析表

资产回报率	24.02%	所有者权益	137.96 亿欧元
净利润	33.14 亿欧元	销售净利率	19.43%
销售额	170.53 亿欧元	资产周转率	53.11%
资产	321.06 亿欧元	权益乘数	2.33

作为世界上最大的奢侈品集团公司，路易威登轩尼诗集团具有极高的销售净利率（所属行业平均值7.6%）。同时作为一家在全世界主要城市具有专卖店的品牌专卖店企业，路易威登轩尼诗集团具有极高的资产周转率（行业平均42.36%），但是权益乘数（2.33）告诉我们该企业在进行相对低的杠杆下进行经营（行业平均值3.23）。因此，该企业取得如此高的资产回报率（行业平均14.07%）并且成为行业领导者就不难理解了。

3. 杜邦财务综合分析法的缺陷及改进

从企业绩效评价的角度来看，杜邦分析法只包括财务方面的信息，不能全面反映企业的实力，有很大的局限性，主要表现为以下几个方面：

（1）对短期财务结果过分重视，有可能助长公司管理层过分注重短期绩效，忽略长期价值创造的行为。

（2）财务指标反映的是企业过去的经营业绩，只能衡量工业时代的企业。但在信息时代，顾客、供应商、雇员、技术创新等因素对企业经营业绩的影响越来越大，而杜邦分析法在这些方面是无能为力的。

（3）在市场环境中，企业的无形知识资产对提高企业长期竞争力至关重要，杜邦分析法却不能解决无形资产的估值问题。

因此，在使用杜邦分析法时，必须结合企业的其他信息加以分析。

三、平衡计分卡

平衡计分卡是20世纪90年代由哈佛大学商学院教授罗伯特·开普兰和大卫·诺顿根据"通用电气的绩效评估报告"以及20世纪上半叶在法国流行的"仪表盘评估法"设计制定出来的。他们认为过去的方法过分注重财务指标，而其他方面，比如用户体验、上下游企业关系、企业潜力等都对企业的表现和长远发展有至关重要的影响，往往是这些因素影响了企业的表现。将这种方法称为"平衡记分卡"是因为这种方法将非财务评价指标加入传统的评价体系中，构造了一个更加"平衡"的评价体系。它代表了国际上最前沿的管理思想，集测评、管理与交流功能于一体。

平衡计分卡综合考虑了财务因素和非财务因素的业绩评价系统。相比其他方法，它更强调非财务指标的重要性。平衡计分卡通过4个层面来解释企业组织的行为，它们分别是：学习成长层面、商业过程层面、客户层面、财务层面；通过"战略地图"来描绘组织如何创造价值。下面对每个层面及"战略地图"详细解释。

（1）学习成长层面。这个层面包括员工培训和企业文化的自我成长。在一个主要以知识型员工构成的组织中，员工是最主要的资源，尤其是在近年来快速发展的科技浪潮中，让员工能保持持续学习不仅对员工个人的发展至关重要，更是对企业的发展举足轻重。开普兰和诺顿更加强调的是"学习"而不是"培训",是营造一种主观能动的氛围而不是流于形式的企业活动。平衡计分卡强调对未来进行投资的重要性,要求企业必须对员工、信息系统及组织程序进行大量投资。

(2)商业过程层面。这个层面考量的是一个组织内部运行是否高效、一个企业的商业过程是否达到了高效满足客户的要求、是否达到了每个商业过程都增加价值的目的。平衡计分卡下的业务流程遵循"调研和寻找市场—产品设计开发—生产制造—销售与售后服务"的轨迹展开,其中信息管理系统的应用在帮助管理者将总体目标分解到基层的过程中扮演了极为重要的角色。

(3)客户层面。近些年来的管理哲学越来越多地认识到客户满意度在任何行业的重要性,满意度最终决定了客户的去留。在此层面的分析中,客户特点和产品线的配对研究至关重要。平衡计分卡在评价客户满意度方面发挥着重要作用。

(4)财务层面。开普兰和诺顿并未否认准确及时地提供财务数据的重要性,但他们更加强调财务数据的采集和分析的集中化和自动化,也就是说更好地整合财务数据、利用财务数据,而不是让企业被财务指标左右从而丢失了长期竞争力。同时,在平衡计分卡中,对财务层面的考量加入了风险测评、成本绩效考核数据等。

平衡记分卡代表了国际上最前沿的管理思想,集测评、管理、交流功能于一体。平衡记分卡使用大量的超前和滞后指标来评价企业是否向着其战略目标的方向前进。平衡计分卡将战略置于中心地位,是一个战略管理系统,而非仅是企业绩效评价系统。平衡计分卡能够提供很多非财务指标,从而能反映导致财务指标变动的深层次原因,它注重对未来利润的推动胜于对过去利润的统计。

平衡计分卡方法的分析步骤如下:

(1)定义研究评价对象的战略。平衡计分卡能反映战略,其4个方面均与企业的战略密切相关,这一步骤是设计一个好的平衡计分卡进行综合分析的基础。

(2)就战略目标取得一致意见。综合各种因素,管理集团在目标上达成一致。应将平衡计分卡的每一个方面的目标数量控制在合理的范围内,仅对那些影响组织成功的关键因素进行测评。

(3)选择和设计分析测评指标。目标一旦定下,主要是选择和设计判断这些目标能否达到。指标必须能准确地反映每一个特定目标。平衡计分卡中的每一个指标都是表达组织战略的因果关系链中的一部分。在设计指标时,不宜采用过多的指标,一般平衡计分卡中每一个方面使用三四个指标就足够了。这也体现了财务报告综合分析指标设计的简明原则和有效性原则。

(4)制订实施计划。要求各层次管理人员均参与测评。将平衡计分卡的指标与企业的数据库和管理信息系统相联系,在全组织范围内应用。

(5)监测和反馈。每隔一定时间就要向最高主管报告平衡计分卡的测评情况。在对设定的指标进行一段时间的测评、并且认为已经达到目标时,就要设定新的目标或对原有目标设定新的指标。平衡计分卡被用作战略规划、目标制定及资源配置的过程,不断地监测和反馈。

本章小结

财务报表综合分析和业绩评价是在分项能力分析的基础上，更加全面地评价企业整体的财务状况和经营成果。综合分析和业绩评价在单项能力分析的基础上，将单项能力的衡量指标结合起来，系统、全面、综合地对企业的财务状况和经营成果进行分析和评价，说明企业整体财务状况和经营业绩的优劣。它是实现财务报表分析的应用实践价值的重要过程。

本章主要介绍了常用的沃尔评分法、杜邦分析法、平衡计分卡的原理步骤和应用特点。这些方法对于财务报表分析在信贷分析、证券投资、信用分析、企业金融、监管审计等领域都有着十分重要的应用价值。

思考题

1. 描述杜邦财务分析体系中的主要财务指标之间的内在关系。
2. 简述企业绩效评价综合指数法的应用步骤。
3. 什么是杜邦分析法？杜邦分析法有哪些特点？指标分解模型是什么？
4. 简述平衡计分卡综合分析方法的优势。
5. 综合评价的主要优点和局限性是什么？
6. 营业利润率、总资产收益率、长期资本收益率指标之间有什么内在联系？

同步练习

一、单项选择题

1. 夏华公司下一年度的净资产收益率目标为16%，资产负债率调整为45%，则其资产净利率应达到（　　）。
   A. 8.8%　　　　B. 16%　　　　C. 7.2%　　　　D. 23.2%
2. 某企业的资产净利率为20%，若产权比率为1，则权益净利率为（　　）。
   A. 15%　　　　B. 20%　　　　C. 30%　　　　D. 40%
3. 丙公司2011年的销售净利率比2010年提高10%，权益乘数下降5%，总资产周转次数下降2%，那么丙公司2011年的净资产收益率比2010年提高（　　）。
   A. 2.41%　　　B. 4.42%　　　C. 8%　　　　D. 2.13%
4. 根据我国1999年6月颁布的《国有资本金绩效评价规则》中评价指标体系的规定，下列指标中属于评价财务效益状况的基本指标是（　　）。
   A. 资产负债率　　B. 净资产收益率　　C. 价值增长率　　D. 总资产周转率
5. 杜邦财务分析体系的核心指标是（　　）。
   A. 权益乘数　　B. 净资产报酬率　　C. 股利支付率　　D. 可持续增长率

二、多项选择题

1. 可以用来计算企业业绩的财务指标有很多，包括（　　）。
   A. 经济增加值　　B. 现金流量　　C. 每股收益　　D. 市场价值

2. 国有资本金效绩评价的对象包括（　　）。
A. 国有控股企业　　　　　　　　　B. 国有独资企业
C. 有限责任公司　　　　　　　　　D. 股份有限公司
3. 财务绩效定量评价是指对企业一定期间（　　）方面进行的定量对比分析和评判。
A. 盈利能力状况　　　　　　　　　B. 资产质量状况
C. 债务风险状况　　　　　　　　　D. 经营增长状况
4. 在杜邦分析图中可以发现，提高净资产收益率的途径有（　　）。
A. 使销售收入增长高于成本和费用的增加幅度
B. 降低公司的销货成本或经营费
C. 提高总资产周转率
D. 在不危及企业财务安全的前提下，增加债务规模，增大权益乘数

三、判断题

1. 综合分析可以分为流动性分析、盈利性分析及财务风险分析等部分。（　　）
2. 杜邦分析法的最核心指标是净资产收益率。（　　）
3. 在其他条件不变的情况下，权益乘数越大，则财务杠杆系数作用就越大。（　　）
4. 在总资产利润率不变的情况下，资产负债率越高，净资产收益率越低。（　　）
5. 流动资产周转率属于财务绩效定量评价中评价企业资产质量的基本指标。（　　）
6. 依据杜邦分析原理，在其他因素不变的情况下，提高权益乘数，将提高净资产收益率。（　　）

四、综合分析题

资料：已知某企业 2018 年、2019 年有关资料如表 11-4 所示。

表 11-4　某企业 2018—2019 年有关资料　　　　　　单位：万元

项　　目	2018 年	2019 年
销售收入	280	350
其中：赊销成本	76	80
全部成本	235	288
其中：销售成本	108	120
管理费用	87	98
财务费用	29	55
销售费用	11	15
利润总额	45	62
所得税	15	21
税后净利	30	41
资产总额	128	198
其中：固定资产	59	78

续表

项　目	2018 年	2019 年
现金	21	39
应收账款（平均）	8	14
存货	40	67
负债总额	55	88

要求：运用杜邦分析法对企业的净资产收益率及其增减变动与原因进行分析。

第十二章

财务分析报告的撰写

引 言

无论是大中型企业还是中小型企业,财务分析报告都日益成为辅助决策的重要信息产品。企业中的财务分析岗位需要定期进行财务分析报告的撰写。企业信息化系统中的财务分析模块可为财务分析报告的撰写提供便捷的平台支持。企业财务分析报告是在财务分析的基础上,概括、提炼做出说明性和结论性的书面资料。通过财务分析报告,可以把有关分析的情况、数字、原因等表述清楚,向上级主管部门、单位领导或企业内部有关部门汇报,以便积极采取措施,有效地运用人力、物力和财力,全面提高财务管理水平,促进计划顺利完成。同时也可为未来提供可靠的预测、决策数据。

通过本章的学习,要求了解财务分析报告的概念及作用、分类及目的;了解财务分析报告的岗位需求和市场价值;掌握财务分析报告的撰写格式、基本要求及注意事项;了解财务分析岗位的工作内容及特点。

本章的教学重点是财务分析角度的界定、财务分析内容的组织、财务分析报告的撰写方法。

本章的教学难点是根据财务报表分析主体的要求撰写出有决策参考价值的财务分析报告。

第一节 财务分析报告概述

一、财务分析报告的概念

财务分析报告是企业依据会计报表、财务分析表及经营活动和财务活动所提供的丰富的、重要的信息及其内在联系,运用一定的科学分析方法,对企业的经营特征、利润实现及其分配情况,资金增减变动和周转利用情况,税金缴纳情况,存货、固定资产等主要财产物资的盘盈、盘亏、毁损等变动情况，及对本期或下期财务状况将发生重大影响的事项做出客观、全面、系统的分析和评价，并进行必要的科学预测而形成的书面报告。

二、财务分析报告的作用

会计是通过一定的方式向利益相关者提供有用的决策和控制信息的一个信息系统。财务会计的最终产品是财务报告。然而，企业经营活动是错综复杂的，会计的核算过程也是错综复杂的，财务报告却是抽象的，它只能提供某一方面的总括数字。财务报告信息的使用者往往对会计技术知之甚少或一无所知，为了使财务报告使用者能够清晰地认识和理解财务报告的内容，把报告所记载的数据变成有用的信息，财务报告分析主体通过搜集资料，把相关年度的财务报告和其他核算资料结合起来，通过一系列的数据、指标计算和对比分析，找出各指标形成和变化的原因，从而更清楚地揭示企业经营理财中所存在的问题，并提出相应的合理化对策建议，这个过程就是财务报告分析过程，而财务报告分析过程最终形成的书面成果就是财务分析报告。

财务分析报告除了能为各种信息需要者提供更加清晰明了的有用决策和控制信息作为其决策和控制的依据以外，还可以帮助企业进行财务预测，制定更符合客观规律的财务预算。财务预算应该是在对企业所处经济环境进行细致考察、对企业的能力进行客观评价、对历史财务资料进行正确的计算和分析之后，经过科学的预测得来的。所以，财务分析报告的提供是进行财务预测和制定财务预算的基础工作之一。

通过财务分析报告，还可以揭示企业经营理财中存在的问题和不足，并针对问题提出改进措施，这样企业经营管理工作就能够有的放矢，最终达到避免风险、提高经济效益的目的。

另外，全面、系统的综合性财务分析报告，可以作为今后企业进行财务报告动态分析的重要历史参考资料。

三、财务分析报告的岗位供给

在一般公司中，财务经理具有重要的价值和作用。财务经理负责公司财务、物流范畴内的一切管理工作，为经营管理和决策提供全面准确的财务数据，保证财务、物流各环节流程的顺畅和安全。财务经理能力素质要求包括以下几个方面：①分析能力：财务分析、三大报表分析、经营分析。②资金运用能力：对资金的管理和合理运用，规避财务风险。③研究能力：对税务和合理避税的研究能力。④控制能力：对整体财务状况的掌控能力。⑤外协能力：同银行、税务、保险、工商等机构发生业务关系的能力。⑥培养下属的能力：培养出本岗位适合的接班人。财务分析工作可以由财务经理承担，也可以单独设置专门的岗位和人员，进行企业相关的各类财务分析工作，其中就包括对财务报表分析及撰写经营管理者需要的各类财务分析报告。

一般公司的财务部组织结构如图 12-1 所示。

随着我国金融实践的不断深化，商业银行信贷实践要求企业高效运用财务分析。企业财务分析是商业银行信贷客户经理、授信评审人员和风险监控人员等必须掌握的一项基本技能。证券分析师日益成为证券市场发展的重要组成部分，证券分析师对财务报表分析的良好

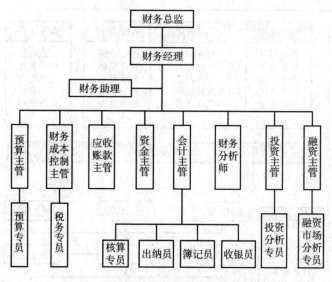

图 12-1　一般公司的财务部组织结构

把握有助于对企业价值的评估,他们的财务分析报告将成为投资者进行投资决策的重要参考依据。证券分析师财务分析报告的质量也是证券市场效率的重要基础。目前,在注册会计师考试、实用投融资分析师考试、中国银行业从业人员资格考试、证券投资基金销售人员从业考试、全国期货从业人员资格考试等多项资格类认证考试内容中均涉及对财务分析知识的基本技能要求。

四、财务分析报告的信息化实践

财务分析目前已经成为企业财务工作的重要组成部分,是企业对已有的财务状况和经营成果及未来前景的一种评价和决策分析。在各类财务信息化软件中,内置了财务分析系统,该系统采用多种数学模型和计算方法,对多种数据进行整合分析,从无序散乱的数据中挖掘规律,为企业的财务决策、计划、控制提供广泛的帮助。

目前相关财务软件的财务分析模块主要提供报表分析、指标分析、因素分析和预算管理等。用户可以根据系统提供的各种分析工具,对公司的财务状况进行一个比较全面的分析,以了解公司财务状况的经营收益。如图 12-2 所示的金蝶财务软件管理系统通过各模块工具为用户提供了全面的分析。

报表分析提供对资产负债表、利润表和自定义报表等的分析,并对每一报表系统提供结构分析、比较分析、趋势分析 3 种分析方法。指标分析在财务分析中占有重要的地位,财务指标可以反映企业的财务状况、资金运作能力、偿债能力及盈利能力等,通过对财务指标的分析,可以对企业的财务状况和经营成果做出总结,并为以后的生产经营活动提供宝贵的经验和素材。对于财务中的一些需要进行深入分析的对象,如利润、税金等,可使用因素分析法进行分析。首先选择分析对象;其次确定影响分析对象变动的因素及因素与因素之间的计算关系;最后进行深入的分析。预算管理则通过现金预算、预计利润表、预计资产负债表等管理工具来实现企业财务预算。

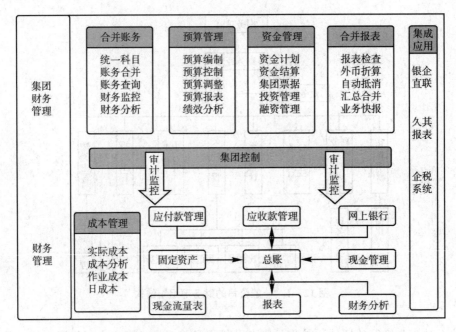

图 12-2 金蝶财务软件模块结构

五、我国财务分析报告的发展

财务分析报告对研究企业微观主体的运行情况有着重要的价值。政府部门在近几年也开始逐渐重视企业财务报表的披露及第三方财务分析的价值实现。上市公司的财务报表定期向社会公众进行披露,相关部门也定期对中小微企业财务报表进行抽查和监管。

我国企业财务分析报告的形式和组成部分主要是指标分析,其指标包括盈利能力比率、偿债能力比率、资产管理比率、发展能力比率等。但我国企业的财务分析报告注重财务指标分析,极少提到审计报告和会计报表附注分析,这就给那些经营效益不好的单位管理者有机可乘。随着会计信息系统越来越复杂,原有的财务分析报告体系已远远不能满足现在分析的需要,运用以前的分析体系分析现有的财务报告也会出现很大的偏差,甚至得出相反的结论,所以应结合企业理财实践中的应收账款分析、存货分析、营业外收支分析、关联方交易分析。此外,还要进行一些补充财务指标分析,如主营业务收现率、主营业务付现比、审计报告分析。

第二节 财务分析报告的格式及要求

一、财务分析报告的格式

财务分析报告的具体格式并不是很重要,也没有严格统一的要求,其写法不必千篇一律。但一般来讲,财务分析报告主要包括以下几个组成部分。

1. 标题

财务分析报告的标题是分析目的和分析内容的抽象和概括，一般应标明财务报告的期间，如"某公司某年度财务分析报告"。有的财务分析报告为了提高标题的透明度，还会加上副标题。

2. 引言

财务分析报告的引言多数是概括介绍企业当前的形势、报告的背景、分析的目的。引言应该简明扼要。有时财务分析报告的引言与正文并无明显的界限，也有不要引言直入正题的。

3. 正文

正文部分是财务分析报告的主体部分。首先，按照可比口径计算说明各项主要财务经济指标的完成情况，即通过实际与计划或与上年同期的对比，反映财务经济指标的完成情况；然后，分析变动的原因，同时肯定所取得的成绩，揭示所存在的问题。正文部分要注意突出中心、突出重点、突出问题的症结所在。只有重点突出的财务分析报告，才能让人读了以后清楚明了地知晓关键问题在哪里。具体写作时，应有重点地总结分析企业取得某一重要成绩的状况和经验，或者有重点地总结分析企业存在薄弱环节的状况和造成的原因，切忌罗列数据、面面俱到而又不分析存在的问题，也不寻找产生问题的原因。正文部分的写作还要注意对具体情况的分析要深入完整，得出的结论必须公正。

另外，正文部分在说明情况、分析问题时要注意形式的多样化，可以直接用数字对比说明，可以用表格、文字加以说明，也可将上述形式综合起来。哪一种形式更有助于说明问题、更清晰地表现问题，就采用哪一种形式。

4. 结论

财务分析报告的结论主要是针对存在的问题提出针对性强的改进意见、措施或建议。其目的是改善经营管理和财务情况，提高经济效益。最后，还应有署名和报告日期。

二、财务分析报告的要求

1. 要突出重点，忌泛泛而谈

财务分析报告重在揭露问题、查找原因、提出建议。因此，分析内容应当突出当期经营理财情况的重点，抓住问题的本质，找出影响当期指标变动的主要因素，重点剖析造成指标较大变化的主客观原因。

2. 要深入剖析，忌浅尝辄止

针对财务指标，要善于深入调查研究，捕捉其发展变化过程中偶然现象中的必然规律；抱着实事求是的态度，通过对现有大量详细资料的反复推敲、印证，去粗取精，去伪存真，得出对企业财务情况客观公正的评价。

3. 要通俗易懂，忌过于专业

财务分析报告主要是服务于企业内部经济管理的改善、经济运行质量的提高，为领导当参谋、让群众明家底，或为广大的股东、债权人进行投资决策提供信息依据。因此财务分析报告应尽量淡化专业味，少用专业术语，多用大众词汇，做到直截了当、简明扼要、通俗易懂。

4. 要坚持定期提供与日常提供相结合的原则

随着财务决策和控制对信息及时性要求的不断提高,要求分析者能够更及时地分析企业日常的财务状况、盈利能力、资产管理能力及企业的未来发展趋势,甚至要求对财务情况进行实时动态跟踪分析。因此在注重定期提供财务分析报告的同时也要重视提供日常分析报告。

5. 要注重财务分析报告通用性和专用性的结合

企业财务分析报告就是从各种基本财务报表着手,对企业各期的财务经济指标进行分析,编制财务情况说明书。但从效果上看,事先缺乏与阅读对象沟通,缺乏对主要财务经营事项进行有的放矢的专题分析,面面俱到,无法突出重点的通用性,其实际作用有限。在实际工作中,根据不同信息需求者的不同需要针对某一范围或某一事项有的放矢的专题分析,往往更有实用性。因此,财务分析报告应围绕企业领导和员工、外部的利益相关者最关心的热点问题和实际工作中遇到的新问题来展开,传递对领导和各种利益相关者决策和控制有用的信息,真正起到参谋作用。

6. 重视及实现财务分析报告的市场价值

企业财务分析报告经过了比较完整的财务报表分析程序,综合使用了多种财务报表分析方法,属于智力密集型劳动产品,有着比较广泛的应用实践领域,如信贷实务、证券投资、并购重组、政府监管等。因此财务分析报告的加工制作方是具有受托责任的,应该合理地界定自身的权利与义务的边界。属于公司商业秘密的应该负有保密责任;属于可以公开发布的内容必须仔细甄别取舍。同时必须在具备合法资质的媒介平台上进行发布,并应结合市场需求合理界定其可能带来的决策价值。

三、财务分析报告的范例

接下来以苏宁云商集团股份有限公司财务分析报告为例进行说明。

(一) 公司简介

苏宁电器于 1990 年创立于江苏南京,原名为苏宁电器股份有限公司,2013 年 2 月 19 日更名为苏宁云商股份有限公司。苏宁电器是中国 3C(家电、电脑、通信)家电连锁零售企业的领先者,是商务部重点培育的"全国 15 家大型商业企业集团"之一。经过 30 年的发展,现已成为中国最大的商业企业集团,品牌价值 2 691.98 亿元(2019 年)。苏宁是中国商业企业的领先者,经营商品涵盖传统家电、消费电子、百货、日用品、图书、虚拟产品。2004 年 7 月,苏宁电器在深圳证券交易所上市。凭借着优良的业绩,苏宁电器得到了投资市场的高度认可,成为全球家电连锁零售业市场价值最高的企业之一。围绕市场需求,按照专业化、标准化的原则,苏宁电器形成了旗舰店、社区店、专业店、专门店 4 大类、18 种形态,旗舰店已发展到第七代。其一般经营项目包括:家用电器、电子产品、办公设备、通信产品及配件的连锁销售和服务,计算机软件开发、销售、系统集成,百货、自行车、电动助力车、摩托车、汽车的连锁销售,实业投资,场地租赁,柜台出租,国内商品展览服务,企业形象策划,经济信息咨询服务,人才培训,商务代理,仓储,微型计算机配件、软件的销售,微型计算机的安装及维修,废旧物资的回收与销售,乐器销售,工艺礼品、纪念品销售,国内贸易。

(二)主要财务指标分析

1. 短期偿债能力分析(如表12-1所示)

表12-1 短期偿债能力评价指标

指标	2014年度	2015年度	2016年度	2017年度	2018年度
流动比率	1.46	1.41	1.22	1.30	1.25
速动比率	1.15	1.02	0.81	0.88	0.87
现金流动负债比	0.27	0.16	0.18	0.13	0.05

可以看出,2014—2018年上半年,苏宁电器的流动比率和速动比率没有特别大的起伏变化,基本比较稳定,流动比率保持在1~1.5;而速度比率基本在0.8~1浮动。2015年年末流动比率比2014年年末流动比率下降。从债权人的角度看,债务的保障程度下降了;从经营者的角度看,短期偿债能力下降了,财务风险提高了,企业筹集到资金的难度提高了。

2018年上半年的现金比率为0.62,而2017年比2016年现金比率增加了0.09,说明企业用现金偿还短期债务能力有所上升。2016年年末的现金比率与2014年、2015年年末现金比率相比下降了,说明该企业用现金偿还短期债务的能力降低。但是现金比率并不能全面反映企业偿债能力,应结合企业利用现金资源的程度来分析。

2. 非流动偿债能力分析(如表12-2所示)

表12-2 非流动偿债能力评价指标

指标	2014年度	2015年度	2016年度	2017年度	2018年度
资产负债率/%	57.03	57.08	61.48	61.78	61.75
产权比率/%	138.82	130.18	154.74	141.68	141.05
利息保障倍数	-21.71	-13.97	-15.05	-16.42	-11.03
股东权益比率/%	41.64	42.92	38.52	38.22	38.26

从表12-2可以看出,苏宁近几年资产负债率基本保持在60%左右,说明其保持在一个良好的水平,而且还呈现上升的趋势。从债权人的角度看,资产负债率越低越好;对投资人或股东来说,负债比率较高可能带来一定的好处。产权比率相对稳定,2018年上半年为141.05%,而2017年年末较上一年有所下降。这说明负债受股东权益保护的程度有所提高。苏宁的利息支付倍数一直为负数,从2017年年初开始波动幅度较大,2014年年末为-21.71。税前利润上升,但利息费用始终是负数,说明企业筹资较少,主要靠投资取得利润,企业没有更好地利用负债经营带来的财务杠杆效应。从长期来看,企业可能面临经营上的亏损风险。股东权益比例2014—2015年相对较高,说明债权人的利益的保障程度较高,2015年之后一直下降,幅度不大,说明债权人的利益保障程度还较高,但有所下降。

总之,苏宁云商的偿债风险比较高,而且是以流动负债为主,这意味着公司的短期偿债压力较大。

3. 资产营运能力分析（如表12-3所示）

表12-3 资产营运能力分析　　　　　　　　　　　　　　　　　　单位：次

指标	2014年度	2015年度	2016年度	2017年度	2018年度
应收账款周转率	255.06	104.03	63.73	63.21	37.72
存货周转率	8.58	7.85	6.64	5.28	2.89
固定资产周转率	18.77	22.17	16.65	12.32	6.08
总资产周转率	2.03	1.89	1.81	1.45	0.73
流动资产周转率	2.46	2.33	2.41	2.03	1.06

苏宁的应收账款周转率2014—2018年上半年一直呈大幅度下降趋势，尤其是2015年比2014年下降了59.21%，2016年比2015年下降了38.74%。说明企业营运资金过多停滞在应收账款上，苏宁的应收账款回收速度下降，影响了正常的资金周转。

苏宁的存货周转率2014—2018年上半年一直呈下降趋势，2018年上半年为2.89%，2017年比2016年下降了20.48%，说明存货周转速度下降，存货占用水平降低，流动性变弱，存货转换为现金的速度变慢，降低了企业的变现能力。

固定资产周转率从2015年起一直是下降的，由2016年的16.65%下降到2017年的12.32%，说明企业对固定资产的利用率在降低，可能会影响企业的获利能力。

总资产周转率近几年也呈下降趋势，2018年上半年0.73%，2016年的1.81%下降到2017年的1.45%，资产运营水平需要强化。

可以看出，苏宁云商近几年流动资产周转率走势相对平稳，2017年比2016年有所降低，但总体还是良好的，表明企业流动资产周转速度较快，利用较好。

4. 获利能力分析（如表12-4所示）

表12-4 获利能力分析

项目	2014年度	2015年度	2016年度	2017年度	2018年度
销售毛利率/%	17.35	17.83	18.94	17.76	15.25
销售净利率/%	5.13	5.44	5.20	2.55	1.17
总资产利润率/%	8.34	5.42	8.17	3.29	0.85
净资产报酬率/%	19.88	21.88	21.59	9.40	2.55
每股收益/元	0.62	0.57	0.69	0.36	0.10
市盈率	36.91	24.31	12.94	15.66	

销售毛利率相对平稳，说明苏宁的最终获利能力很强，且有所提高，也说明内部管理良好。

销售净利率2014—2016年相对平稳，2017年销售净利率为2.55%，同比下降了5%。

总资产利润率在2014—2016年相对较高，说明企业在增加收入、节约资金使用等方面取得了良好的效果。但2017年、2018年度降幅较大，说明企业资产利用效率降低。

2014—2016年，净资产报酬率虽有所上升，但总体保持在一个较平稳的水平，说明企业获取收益的能力较强。但2017年净资产报酬率仅为9.4%，同比下降了56.46%。苏宁的净资产报酬率目前正在逐年降低，说明企业为股东创造的价值还不够高，需要提高。

市盈率通常指静态市盈率，是用来比较不同价格的股票是否被高估或低估的指标。一般认为，如果一家公司股票的市盈率过高，则该股票的价格具有泡沫，价值被高估。

每股收益近几年也有所下降，说明企业获利能力降低。

综上所述，苏宁的盈利能力总体呈下降趋势，但还是处在良性发展的过程，盈利水平也算比较稳定。但是，净资产报酬率，总资产利润率的数据值得关注；资产利用效率和企业经营管理水平还需要进一步提高。

5. 与国美盈利能力的对比分析（如表12-5所示）

表12-5 2014—2018年国美的盈利能力各项指标

项目	2014年度	2015年度	2016年度	2017年度	2018年度
销售毛利率/%	9.98	11.63	12.63	12.96	15.30
销售净利率/%	3.34	3.85	3.01	-1.69	0.81
总资产利润率/%	3.97	4.58	3.83	6.90	1.19
净资产报酬率/%	13.91	14.78	11.75	-5.35	1.43

无论是国美还是苏宁，近几年的毛利率都呈上升趋势，2017年苏宁毛利率虽略有下降但整体比国美高约5个百分点。从表中可看出，苏宁总资产利润率比国美有较大优势，但又有缓慢的下滑趋势；国美2016年有较小的下降，2017年回升，而苏宁2017年的总资产利润率低于国美。

由表12-4、表12-5可知，2014—2018年各年度，苏宁的销售净利率、净资产报酬率都高于国美，而国美虽然2014—2015年有小幅度增长，但2015—2017年销售净利率和净资产报酬率都整体呈下降趋势。总的来说，苏宁的盈利能力虽有下降，但与国美相比还是很强的。

6. 综合评价

本财务报告通过对苏宁公司概况和所在行业的大概了解，以及对其财务报表和各种财务比率的分析，对公司的财务状况进行了简单的解析，从中可以看出苏宁电器有以下几个显著特点：

（1）苏宁的经营模式主要以负债为主导，而流动负债所占负债总额的比重较高，所以苏宁电器的短期偿债风险存在隐患。

（2）扩张规模以及同行业的竞争，导致出入市场竞争压力的加剧，使得资产周转速度降低，营运能力近两年来出现了下滑。

（3）现金流问题是困扰苏宁公司的一大问题，虽然苏宁公司的应收账款周转很快，但是由于以应付账款为主的大额负债需要支付，导致苏宁公司的现金流不足，而且资金缺口有越来越大的趋势；库存周转率也有下降的趋势，说明快速扩张的苏宁公司正面临库存增加的挑战。

公司由于行业的特殊性，而且其经营模式也很有个性，所以，还不能断言对于苏宁财务状况的分析和判断已经非常到位了，因此，有必要将苏宁和国内同行兼竞争对手的国美，以及来自海外的同行兼对手的情况放在一起进行行业内的横向财务比较，也要结合本公司实际情况进行分析，从而达到对苏宁乃至对中国电器零售行业的全面而准确的分析和理解。

本章小结

财务分析报告是依据财务报表分析的理论和方法对企业进行分析和评价，进行必要的科学预测而形成的书面报告。财务分析报告内容依据其不同的使用主体而具有一定的市场价值。信息化软件中的财务分析模块可以提高财务分析工作的规范性和及时性。财务分析报告的基本格式应包括标题、引言、正文和结论。财务分析报告的撰写有一定的要求，必须明确使用主体和服务对象，内容要突出重点、深入剖析，行文要图文并茂、观点明确，应用时要注意坚守责任和合理发布。

思考题

1. 我国财务分析报告的发展现状如何？
2. 财务分析报告的分类有哪些？
3. 财务分析报告的主要内容应该包括哪些？
4. 财务分析报告的撰写需要注意哪些问题？
5. 如何结合信息化财务分析模块更好地进行财务分析工作？
6. 财务分析报告的应用领域有哪些？
7. 财务报表分析的岗位需求有哪些？
8. 财务分析报告如何实现市场价值？
9. 财务分析报告撰写过程中可以使用哪些信息化辅助技术？
10. 财务分析报告在发布披露及信息传播过程中应该注意哪些问题？我国目前主要有哪些财务报告指定发布平台？

同步练习

一、单项选择题

1. 编写财务分析报告的基本要求不包括（　　）。
   A. 客观公正　　　　B. 面面俱到　　　　C. 逻辑清晰　　　　D. 文图结合
2. 反映企业偿债能力的指标有（　　）。
   A. 应收账款周转率　B. 资产负债率　　　C. 现金比率　　　　D. 营业利润率
3. 反映投资者获利能力的核心指标是（　　）。
   A. 权益乘数　　　　B. 净资产收益率　　C. 股利支付率　　　D. 可持续增长率
4. 只依据资产负债表就可以计算的财务比率有（　　）。
   A. 利息保障倍数　　B. 权益乘数　　　　C. 净资产收益率　　D. 流动资产周转率

5. C 公司流动资产为 900 万元，流动负债为 500 万元，该公司赊购原材料 300 万元，则（   ）。
   A. 流动比率下降　　　B. 流动比率提高　　　C. 营运资本增加　　　D. 营运资本减少
6. 财务分析依据的主要资料是（   ）。
   A. 企业内部的会计核算资料　　　　　　B. 财务报告
   C. 企业外部的信息资料　　　　　　　　D. 行业资料
7. 可以用来反映企业财务效益的是（   ）。
   A. 资本积累率　　　B. 已获利息倍数　　　C. 资产负债率　　　D. 总资产报酬率
8. 进行融资结构弹性调整时，判断其属存量调整还是流量调整的依据是（   ）。
   A. 资产规模是否发生变化　　　　　　　B. 负债规模是否发生变化
   C. 所有者权益规模是否发生变化　　　　D. 净资产规模是否发生变化
9. 下列指标中，受到信用政策影响的是（   ）。
   A. 固定资产周转率　　　　　　　　　　B. 长期资本周转率
   C. 存货周转率　　　　　　　　　　　　D. 应收账款周转率

二、多项选择题

1. 财务报表初步分析的内容有（   ）。
   A. 阅读　　　B. 比较　　　C. 解释　　　D. 调整
2. 下列各项业绩评价指标中，属于非财务计量指标的有（   ）。
   A. 市场占有率　　　B. 质量和服务　　　C. 创新　　　D. 生产力
3. 对财务报表进行分析，主要是对企业（   ）进行分析，为进一步分析奠定基础。
   A. 投资情况　　　B. 筹资情况　　　C. 财务状况　　　D. 经营成果
4. 财务分析报告应该包括的内容有（   ）。
   A. 分析目的　　　B. 分析结论　　　C. 分析内容　　　D. 主要分析方法
5. 下列各项指标中，能够反映财务弹性的指标有（   ）。
   A. 现金流量适合比　　　　　　　　　　B. 营运指数
   C. 每股经营现金流量　　　　　　　　　D. 现金股利保障倍数

三、判断题

1. 财务分析的结果是评价和预测公司经营成果和财务状况的唯一依据。（   ）
2. 财务报表分析的对象是企业的经营活动。（   ）
3. 财务报表分析是一个新兴的专业方向。（   ）
4. 财务报表分析在会计信息供给和会计信息需求之间架起了一座桥梁。（   ）
5. 价值是衡量公司业绩的最佳标准，但不是唯一标准。（   ）
6. 商业智能将数据仓库、联机分析处理、数据挖掘等技术结合起来应用于 ERP 中，实现技术服务于决策的目的。（   ）
7. 企业放宽信用政策，就会使应收账款增加，从而增大了发生坏账损失的可能。
（   ）
8. 关联方之间资源和义务的转移价格是了解关联方交易的关键。（   ）
9. 因为定量分析预测结果更为准确，所以财务分析时只需要定量分析，不需要定性

分析。 ( )
10. 进行趋势分析和预测分析可以发现企业发展的趋势和规律。 ( )

四、综合分析题

1. M 公司某年度财务报表的部分数据信息如表 12-6 ~ 表 12-8 所示。

表 12-6　M 公司年度资产负债表（简表）　　　　　　　　单位：万元

资产	期末数	期初数	负债和所有者权益	期末数	期初数
流动资产：			流动负债：		
货币资金	44 823.6	50 084.0	应付票据	18 940.0	12 089.3
应收票据	1 073.2	1 425.2	应付账款	56 849.6	55 016.6
应收账款	73 323.6	59 607.5	流动负债合计	192 713.1	187 923.1
存货	46 813.2	61 464.2	长期借款		3 032.5
流动资产合计	183 536.8	182 463.1	负债合计	197 225.2	188 040.9
固定资产	80 284.7	70 343.3	未分配利润	7 818.2	6 578.4
非流动资产合计	131 804.4	118 197.1	所有者权益合计	118 116.0	112 619.3
资产合计	315 341.2	300 660.2	负债和权益合计	315 341.2	300 660.2

表 12-7　M 公司年度利润表（简表）　　　　　　　　单位：万元

项　目	本期金额	上期金额
一．营业收入	218 202.4	189 563.6
减：营业成本	172 715.4	147 305.5
税金及附加	448.3	391.6
销售费用	21 159.5	19 336.2
管理费用	14 569.8	13 545.1
财务费用	2 927.5	3 788.0
资产减值损失	2 285.8	1 482.7
加：公允价值变动收益（损失以"-"号填列）		
投资收益（损失以"-"号填列）	1 982.4	1 245.9
二、营业利润	6 078.5	4 960.4
加：营业外收入	897.9	591.9
减：营业外支出	133.2	238.9
三、利润总额	6 843.2	5 313.4
减：所得税费用	982.7	677.5
四、净利润	5 860.4	4 635.9

表12-8 M公司年度现金流量表（简表）　　　　　　　　单位：万元

项目	本期金额	上期金额
一、经营活动现金流量净额	2 961.2	6 407.6
二、投资活动现金流量净额	-2 842.3	-14 313.6
三、筹资活动现金流量净额	-17 153.4	20 230.5
四、汇率变动对现金的影响	25.3	23.7
五、现金及现金等价物净增加额	-17 009.2	12 348.2
补充资料		
将净利润调节为经营活动现金流量：		
净利润	5 860.4	4 635.9
加：……		
经营活动现金流量净额	2 961.2	6 407.6
现金及现金等价物净增加情况		
现金期末余额	44 823.6	50 084.0
减：现金的期初余额	50 084.0	31 730.5
……		
现金及现金等价物净增加额	-17 009.2	12 348.2

要求：

（1）计算期末营运资本、流动比率、速动比率、资产负债率、产权比率。

（2）计算流动资产周转率、总资产周转率、营业净利率、资产净利率、净资产收益率。

（3）计算现金流动负债比、现金负债总额比、销售现金比率、总资产现金回收率、现金股利保障倍数。

（4）简要说明资产负债表、利润表与现金流量表有关报表项目的主要钩稽关系。

2．R公司某年度财务报表的部分会计信息如表12-9所示。

表12-9 R公司年度资产负债表（简表）

编制单位：R公司　　　　　　　201×年12月31日　　　　　　　　单位：万元

资产	期末数	期初数	负债和所有者权益	期末数	期初数
流动资产：	270		流动负债：	90	
货币资金	50		应付票据		
应收票据	30		应付账款		
应收账款	70		流动负债合计		
存货	120		长期借款	100	
流动资产合计			负债合计	190	
固定资产	200	350	未分配利润		
非流动资产合计			所有者权益合计	280	
资产合计	470	545	负债和权益合计		

已知该公司上年的销售利润率为18%，总资产周转率为0.5次，2010年销售收入为400万元，其中赊销收入为200万元，销售成本为250万元，期间费用为100万元，利息费用为6万元，所得税税率为25%。

要求：

（1）计算反映企业偿债能力的流动比率、速动比率、资产负债率、已获利息倍数。

（2）计算反映企业营运能力的总资产周转率、应收账款周转率、存货周转率。

（3）计算反映企业盈利能力的销售利润率、成本费用利润率、总资产报酬率、净资产报酬率。

（4）计算反映企业总资产增长能力的总资产周转率。

（5）根据以上计算结果对企业的财务状况进行分析和评价。

3. 实践环节：按照以下模板，完成对所研究的上市公司的财务分析报告的撰写。

公司2018年财务分析报告

一、公司简介（600字以内）

二、利润表项目分析

1. 利润总额

2018年净利润为（　　）万元，与2017年的（　　）万元相比，增长率为（　　）%。

2. 营业利润

2018年营业利润为（　　）万元，与2017年的（　　）万元相比，增长率为（　　）%。

3. 投资收益

2018年投资收益为（　　）万元，与2017年的（　　）万元相比，增长率为（　　）%。

4. 营业成本

2018年营业成本为（　　）万元，与2017年的（　　）万元相比，增长率为（　　）%。

5. 销售费用

2018年销售费用为（　　）万元，与2017年的（　　）万元相比，增长率为（　　）%。

6. 管理费用

2018年管理费用为（　　）万元，与2017年的（　　）万元相比，增长率为（　　）%。

7. 财务费用

2018年财务费用为（　　）万元，与2017年的（　　）万元相比，增长率为（　　）%。

8. 评价

相比于2017年，你对该公司2018年的业绩情况有何总括评价？请填写表12-10。

表12-10　R公司成本构成变动情况（占主营业务收入的比例）

项目名称	2018年		2017年	
	数值/万元	百分比/%	数值/万元	百分比/%
营业收入				
营业成本				

续表

项目名称	2018 年		2017 年	
	数值/万元	百分比/%	数值/万元	百分比/%
税金及附加				
销售费用				
管理费用				
财务费用				

三、资产结构分析

1. 资产构成基本情况

2018 年年末资产总额为（　　）万元，流动资产为（　　）万元，其中，存货净额为（　　）万元，应收账款净额为（　　）万元，货币资金为（　　）万元，分别占公司流动资产合计的（　　）%、（　　）%和（　　）%。非流动资产为（　　）万元，其中，在建工程为（　　）万元，固定资产净额为（　　）万元，分别占公司非流动资产的（　　）%、（　　）%。

2. 资产的增减变化

2018 年总资产中，流动资产为（　　）万元，所占比例为（　　），与 2017 年的流动资产（　　）万元、所占比例相比，流动资产所占比例为（　　），流动资产的增长率为（　　）。

3. 资产的增减变化原因分析

使资产总额增加的主要因素有：

(1)

(2)

(3)

使资产总额减少的主要因素有：

(1)

(2)

(3)

请填写表 12-11。

表 12-11　R 公司主要资产项目变动情况

项目名称	2018 年		2017 年	
	数值/万元	百分比/%	数值/万元	百分比/%
流动资产				
长期投资				
固定资产				
存货				

续表

项目名称	2018 年		2017 年	
	数值/万元	百分比/%	数值/万元	百分比/%
应收账款				
货币性资产				

四、资产结构分析

1. 资产构成基本情况

2018 年负债总额为（   ）万元，实收资本为（   ）万元，所有者权益为（   ）万元，资产负债率为（   ）%。在负债总额中，流动负债为（   ）万元，占负债和权益总额的（   ）%；短期负债为（   ）万元，长期负债为（   ）万元，付息负债合计占资金来源总额的（   ）%。

2. 流动负债构成情况

公司有息负债及应付票据所占比例为（   ），占流动负债的（   ）%，表明公司的偿债压力（   ）。公司经营活动派生的负债资金（如应付账款等）数额为（   ），占流动负债的（   ）%，资金成本为（   ）。

3. 负债的增减变化情况

2018 年负债总额为（   ）万元，与 2017 年的（   ）万元相比，增长率为（   ）%。公司负债规模（   ），负债压力（   ）。

4. 负债的增减变化原因分析

使负债总额增加的主要因素有：

（1）

（2）

（3）

使负债总额减少的主要因素有：

（1）

（2）

（3）

5. 权益的增减变化

2018 年所有者权益为（   ）万元，与 2017 年的（   ）万元相比，增长率为（   ）%。

6. 权益的增减变动分析

使所有者权益增加的主要因素有：

（1）

（2）

（3）

使所有者权益减少的主要因素有：

（1）

（2）

(3)

请填写表 12-12、表 12-13。

表 12-12 资本构成

项目名称	2018 年		2017 年	
	数值/万元	百分比/%	数值/万元	百分比/%
资本总额				
所有者权益				
流动负债				
长期负债				

表 12-13 所有者权益变动

项目名称	2018 年		2017 年	
	数值/万元	百分比/%	数值/万元	百分比/%
所有者权益合计				
资本金				
资本公积				
盈余公积				
未分配利润				
少数股东权益				

五、现金流量分析

1. 现金流入结构分析

2018 年现金流入为（　　）万元。公司通过销售商品、提供劳务所收到的现金为（　　）万元，它是公司现金流入的来源，占公司当期现金流入总额的（　　）%。公司销售商品、提供劳务所产生的现金满足经营活动的现金支出需求，销售商品、提供劳务使企业的现金净增加/减少（　　）万元。公司通过增加负债所取得的现金占公司当期现金流入总额的（　　）%。

2. 现金流出结构分析

2018 年现金流出为（　　）万元。购买商品和接受劳务所支付的现金（　　），占现金流出总额的（　　）%。

3. 现金流动的稳定性分析

2018 年最大的现金流入项目依次是：

(1) _____

(2) _____

(3) _____

最大的现金流出项目依次是：

(1) _____

(2) _____

(3) _____

4. 现金流动的协调性评价

2018 年公司投资活动需要的资金（　　）万元，经营活动创造资金（　　）万元。投资活动所需要的资金能/不能被经营活动所创造的资金满足，需要/不需要公司筹集资金。2018 年公司从企业外部筹集的资金净额为（　　）万元。

5. 现金流量的变化（如表 12-14 所示）

2018 年现金及现金等价物净额为（　　）万元。

2018 年经营活动产生的现金流量净额为（　　）万元。

2018 年投资活动产生的现金流量净额为（　　）万元。

2018 年筹资活动产生的现金流量净额为（　　）万元。

表 12-14　现金流入流出对比　　　　　　　　单位：万元

流入项目	数值	流出项目	数值
销售商品、提供劳务收到的现金		购买商品、接受劳务支出的现金	
收到的其他与经营活动有关的现金		支付给职工的现金	
处置固定资产、无形资产和其他长期资产收回的现金净额		支付的其他与经营活动有关的现金	
借款所收到的现金		支付的各项税费	
吸收投资收到的现金		构建固定资产、无形资产和其他长期资产所支付的现金	
收到的其他与筹资活动有关的现金		偿还债务所支付的现金	
		分配股利、支付利息所支付的现金	

六、公司财务识别性分析

七、偿债能力分析

1. 支付能力

从支付能力来看，公司 2018 年的日常现金支付能力（　　），短期借款为（　　）万元。

2. 流动比率

从资产负债表情况来看，2018 年流动比率为（　　），与 2017 年的相比，变化（　　）个百分点。

3. 速动比率

2018 年速动比率为（　　），与 2017 年的相比，变化（　　）个百分点。

请填写表 12-15。

表 12-15　偿债能力指标

项目名称	2018 年	2017 年
流动比率		
速动比率		
利息保障倍数		
总资产负债率		

八、盈利能力分析

1. 盈利能力基本情况

公司 2018 年的毛利率为（　　）%，总资产报酬率为（　　）%，净资产收益率为（　　）%，成本费用利润率为（　　）%。

请填写表 12-16。

表 12-16　盈利能力指标

项目名称	2018 年	2017 年
毛利率		
营业利润率		
成本费用利润率		
总资产报酬率		
总资产收益率		

2. 对外投资的盈利能力

2018 年净资产收益率为（　　）万元，与 2017 年的（　　）万元相比，增长率为（　　）%。

3. 净资产收益率

2018 年净资产收益率变化的主要原因是（　　），净利润与 2009 年相比（　　）。

2018 年所有者权益为（　　）万元，与 2017 年的（　　）万元相比，增长率为（　　）%。净利润的增长速度（　　），所有者权益的增长速度（　　），致使净资产收益率（　　）。

4. 总资产报酬率

2018 年总资产报酬率为（　　）%，与 2017 年的（　　）% 相比，变化（　　）个百分点。

成本费用利润率为（　　）%，与 2017 年的（　　）% 相比，降低/升高（　　）个百分点。

2018 年成本费用投入的经济效益比 2017 年上升/下降的主要原因是：2018 年实现利润（　　）万元，与 2017 年的（　　）万元相比，增长率为（　　）%。2018 年成本费用总额为（　　）万元，与 2017 年的（　　）万元相比，增长率为（　　）%。利润的增长速度（　　）成本费用的增长速度，致使成本费用投入经济效益（　　）。

九、营运能力分析

1. 存货周转天数

公司 2018 年存货周转天数为（   ）天，2017 年为（   ）天，2018 年比 2017 年快（   ）天。

2. 应收账款周转天数

2018 年应收账款周转天数为（   ）天，2017 年为（   ）天，2018 年比 2017 年快（   ）天。

3. 营业周期

公司 2018 年营业周期为（   ）天，2017 年为（   ）天，2018 年比 2017 年快（   ）天。

4. 总资产周转天数

公司 2018 年总资产周转次数为（   ）次，比 2017 年周转速度（   ），周转天数从（   ）天到（   ）天。

评价：对该公司的营运能力进行总括评价。

十、发展能力分析

1. 销售收入增长率

公司的销售收入趋势（   ）。2018 年销售收入为（   ）万元，与 2017 年的（   ）万元相比，增长率为（   ）%。

2. 净利润增长率

公司的净利润趋势（   ），2018 年的增长速度比上一年（   ）。2018 年的净利润为（   ）万元，比 2017 年增长/降低（   ）%，净利润的增长率为（   ）%。

3. 资本增长性

公司的股东权益变化趋势（   ），2018 年的增长速度比上一年（   ）。2018 年的股东权益为（   ）万元，比 2017 年增长/降低（   ）%，股东权益的增长率为（   ）%。

评价：对公司的发展能力进行总括评价。

十一、同业比较分析

1. 结合同行业公司的资产负债表重点项目进行比较分析。

2. 结合同行业公司的利润表重点项目进行比较分析。

3. 结合同行业公司的现金流量表重点项目进行比较分析。

十二、杜邦分析

该公司及同行业公司杜邦分析如图 12-3 所示。

（1）从该公司与同行业公司的比较分析可见，每 100 元股东权益在两家公司所产生的收益率相差（   ）倍，（   ）公司好。为什么差距如此大？要深入分析影响净资产收益率的各个因素。

（2）从两家公司的比较可见，该公司每 100 元总资产所实现的净利润是同行业公司的（   ）倍。可以把这个指标进一步分解为销售净利率与总资产周转率两个指标。

（3）从两家公司的比较可见，该公司每 100 元销售收入所实现的净利润，比同行业公司高/低出（   ）%。这表示二者在成本费用控制方面存在差距。

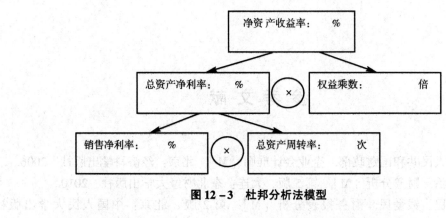

图 12-3 杜邦分析法模型

（4）从两家公司的比较可见，该公司总资产周转明显比同行业公司要（   ），总资产周转率是同行业公司的（   ）倍。这表示二者在资产管理效率方面存在差距。

在两家公司比较中，该公司的权益乘数为（   ），说明该公司的财务风险相对（   ）。

该公司的资产负债率为（   ）%，相比同行业公司的资产负债率（   ）%，可以说，该公司管理层的管理风格是稳健/激进的。

总体分析结论与建议：

对经营运作、投融资决策进行分析后形成小组意见，对运作过程中存在的问题提出改进建议。

（1）_____

（2）_____

（3）_____

参 考 文 献

[1] 中华人民共和国财政部．企业会计准则［M］．北京：经济科学出版社，2006．

[2] 张先治．财务分析［M］．第5版．大连：东北财经大学出版社，2010．

[3] 张新民，钱爱民．财务报表分析［M］．第2版．北京：中国人民大学出版社，2011．

[4] 陈少华．财务报表分析方法［M］．第2版．厦门：厦门大学出版社，2011．

[5] 王淑萍．财务报告分析［M］．第3版．北京：清华大学出版社，2011．

[6] 孙建华．财务报表分析［M］．北京：清华大学出版社，2012．

[7] 庄小欧，甘娅丽．财务报表分析［M］．北京：北京理工大学出版社，2010．

[8] 崔宏．财务报表阅读与信贷分析实务［M］．北京：机械工业出版社，2013．

[9] 姜国华．财务报表分析与证券投资［M］．北京：北京大学出版社，2011．

[10] 吴井红．财务预算与分析［M］．第2版．上海：上海财经大学出版社，2010．

[11] 于久洪．财务报表编制与分析［M］．第2版．北京：中国人民大学出版社，2012．

[12] 李莉．财务报表分析［M］．北京：人民邮电出版社，2013．

[13] 袁淳，吕兆德．财务报表分析［M］．北京：中国财政经济出版社，2008．